図解!

本気の製造業「管理会計」実践マニュアル

—経営カイゼン(コストダウン、在庫管理、原価計算)にしっかり取り組む

吉川武文［著］　王子経営研究会［編］

日刊工業新聞社

本気の方々へのメッセージ

このテキストには会計の話が出てきます。
残念ながら、会計を難しいと感じる方は少なくありません。

しかし会計は、
今、会社が進んでいる方向が正しいのか／間違っているのかを示す羅針盤です。
会計を使わずに会社の経営を改善することはできません。
どうすればよいか…

ご安心下さい！

もし、今の会計（財務会計）が難しいと感じるなら、
会社を経営するためのシンプルで使いやすい会計を作ってしまえばよいのです！
それを管理会計と呼びます。

そんな管理会計の一つが、
本テキストで紹介している付加価値会計です。

きっと大丈夫です。
このテキストに出てくる会計は、絶対に便利です。
本当に本気なら、会社も必ず元気になります！

〈本気の方々へ、最初の質問〉

質問１	今の会計がデザインされたのは、いつ頃でしょうか？	100年前／50年前／20年前
質問２	日本のカイゼンができあがったのは、いつ頃でしょうか？	60年前／40年前／20年前
質問３	「ジャパンアズNo.1」の出版は、いつ頃でしょうか？	40年前／30年前／20年前
質問４	グーグルが設立されたのは、いつ頃でしょうか？	40年前／30年前／20年前
質問５	日本の一人当たりGDPは、先進国で何位でしょうか？	3位／10位／最下位

答えは本文の中にあります

経営判断に使える数値を！

永らく「技術立国」「モノづくりの国」と言われてきた日本ですが、最近、なんだか様子が変です。


「コストが下がらない！」

「利益が出ない!!」

「事業の明日が見えない…」


そんな場面にしばしば遭遇します。いったい、日本のモノづくりはどうなってしまったのでしょうか？

切羽詰まった製造業では不祥事も続いています。


「コストダウンも、在庫削減も、設備保全やムダ取りやリストラも全てやった。それなのに会社は元気にならない」

「これから、どうしたらよいのかわからない」

「今、何をすべきかわからない」


そんな声も耳にします。実は…

日本が誇ってきたモノづくりのセオリーは今から60年も前に作られたものでした。

そして、当たり前のことが、全く当たり前になされていません。例えば以下はどうでしょう？

✔ 現場にやらせているカイゼンの効果が何円になるのかを**金額で把握**していますか？

✔ 工場内だけでなく、**サプライチェーン全体**を見渡したカイゼンをやっていますか？
✔ サプライチェーン全体の活動を担える**組織を整備**していますか？
✔ **生産技術部**の皆さんは、今は何に取り組んでいますか？
✔ コスト目標と実績の差が**毎日確認できる仕組み**がありますか？
✔ 期末1日の在庫削減ではなく**平均在庫**を管理していますか？　在庫の金利は**具体的に何円**ですか？
✔ 工場内の在庫削減だけでなく、**売上債権の管理**にも同じくらい目を配っていますか？
✔ 自社の**ＷＡＣＣ（ワック）**を知っていますか？　それが関係者に周知されていますか？
✔ **事業の付加価値**を数値で見える化する仕組みがありますか？
✔ **ホワイトカラーの生産性**をどのように測定し評価していますか？

やるべきことは、まだまだたくさんあるはずです。本当に本気なら！

それは、進化が止まってしまった日本のモノづくりに、ほんの少し「会計」という光を当てることで見えてくるものです。しかもその会計は、いわゆる財務会計のような難解なものではありません。

では、これから一つずつ順番に見て参りましょう。

1日も早く、日本のモノづくりの輝きが復活することを祈りつつ。

目次

Ⅱ．SCMのカイゼン・マニュアル

Ⅲ．在庫管理のカイゼン・マニュアル

V. 原価計算のカイゼン・マニュアル

VI. 意思決定のカイゼン・マニュアル

Ⅶ．設備投資のカイゼン・マニュアル

Ⅷ．キャッシュフロー経営のカイゼン・マニュアル

Ⅸ．未来工場のカイゼン・マニュアル

I

コストダウンのマニュアル
経営カイゼンの基本中の基本

コストダウンが上手くいかない？　困りましたね。

製品のコストの内訳はどんな具合ですか？

え、知らない？　それは本当に困ったことです…

1 最初にやるべきこと…コストの内訳を把握する

当たり前のようでいて、案外と実行されていないこと

〈コストダウン、はじめの一歩〉

改めて言うまでもないことですが（?・）、コストダウンを真に成功させるためには、まずコストの内訳を知らなければなりません。これが案外と実行されていないのが日本のモノづくりの現実です。**コストダウンに取り組む方々が、コストの内訳を知らないのです！** 実際、カイゼンやコストダウンのテキストを紐解いても、コストの内訳や、コストを管理するための会計の話が殆ど出てきません。これはとても深刻なことです。

高度経済成長の頃のようにやるべきことが明白だった時代には、それでも問題ありませんでした。しかし今日のビジネス環境では、世界の変化はめまぐるしく、目指すべきことも多様化しています。ですからコストの内訳をしっかりと把握した上で、優先順位を考えながら行動しなければなりません。コストダウンは、①コストの内訳の把握に始まり、②内訳別に対策を立て、③対策の実行を経て、④コストが内訳別にどう変化したかを再び把握する、という活動だということを、まずはしっかりと肝に銘じましょう。

〈コストは何処に潜んでいるか?・〉

では、まずは以下のポイントについて会社の今の状況を確認してみてください。

- ✔ 会社で発生している費用には、どのようなものがありますか？
- ✔ 工場の中の費用だけではなく工場の外の費用も把握しましたか？
- ✔ それは、変動費でしたか？／固定費でしたか？
- ✔ それぞれの費用は、それぞれ具体的に何円でしたか？

実際にやってみると思いのほか難しかったのではないでしょうか？　でもこれはどうしても避けて通れない作業です。費用の内訳や金額次第でやるべきことは当然に変わってくるからです。

大丈夫ですか？　はじめの一歩

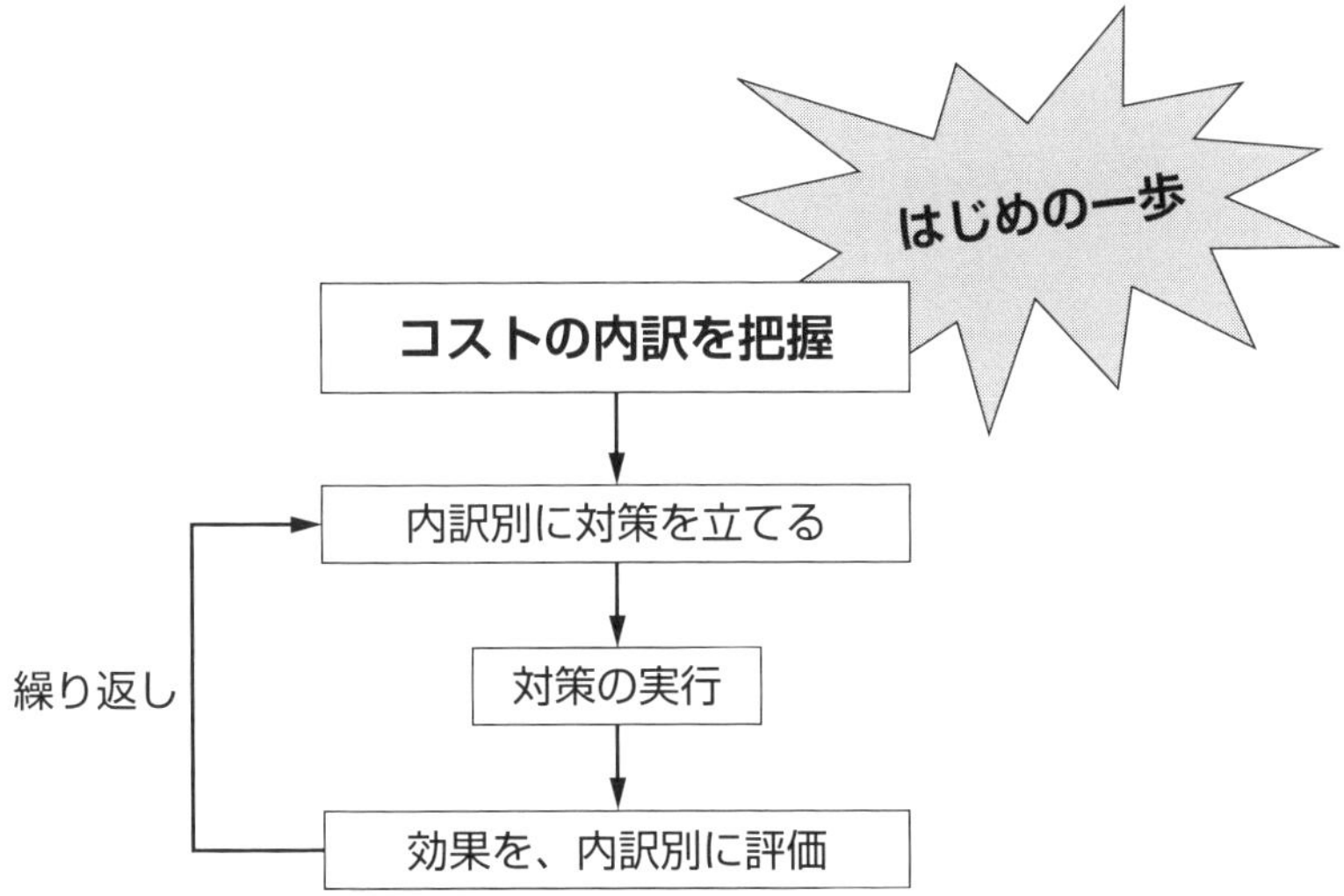

この表が、きちんと埋められますか？

		変動費	固定費
工場内で発生	○○費	(○円)	(○円)
	○○費	(○円)	(○円)
	○○費	(○円)	(○円)
工場外で発生	○○費	(○円)	(○円)
	○○費	(○円)	(○円)
	合計	(○円)	(○円)

ポイントBOX
①コストダウンを成功させるため、まず費用の内訳を把握する
②費用は工場の内も外も把握し、変動費か固定費かを区別する

2 必要な情報を集める

サプライチェーンを辿って点検すれば、漏れなく費用を把握できる

〈サプライチェーンとは何か?〉

漏れなく費用を拾い上げるにはサプライチェーンという概念が役に立ちます。モノづくりは、①銀行からお金(運転資金)を借り入れ、②そのお金で材料や部品を調達し、③工場内で加工し、④更に外注先で加工し(例えば仕上塗装など)、⑤それをお客様に届け、⑥売上代金を回収し、⑦最終的に運転資金を銀行に返済するという一連の活動です。これを「サプライチェーン」と呼びましょう。

サプライチェーンを順に辿っていけば、管理すべき費用を漏れなく拾い上げられます。その各ステップで発生する費用は、会社が営むビジネスによって様々ですが、ここではモノづくりを前提にばっさり単純化したモデルで考えてみることにしましょう。

〈モノづくりでは五つの費用が代表的〉

会社が原材料や部品を購入し、それを生産活動で消費すると発生する費用が「材料費」です。この材料を工場内で加工すれば「労務費」が発生し、材料は仕掛品へと姿を変えます。仕掛品を外注業者に頼んで仕上げ塗装すれば「外注加工費」が発生し、仕掛品は完成して製品になります。この製品を、物流業者を使ってお客様の所に届ければ「外注物流費」が発生し、製品は売掛金や受取手形といった売上債権へと姿を変えます。最後にこの売上債権を現金で回収し、借り入れていた運転資金を銀行に返済することでサプライチェーンが完結するのです。この際、運転資金を借り入れていたことに伴う「金利」も支払わなければなりません。

ここで取り上げた五つの費用(材料費、労務費、外注加工費、外注物流費、運転資金の金利)は**サプライチェーンを回せば回すほど多く発生する費用**ですから、これらを「変動費」と呼びます。これに対してサプライチェーンを回しても回さなくても発生する費用のことを「固定費」と呼びます。

会社のサプライチェーンを辿ってみよう！

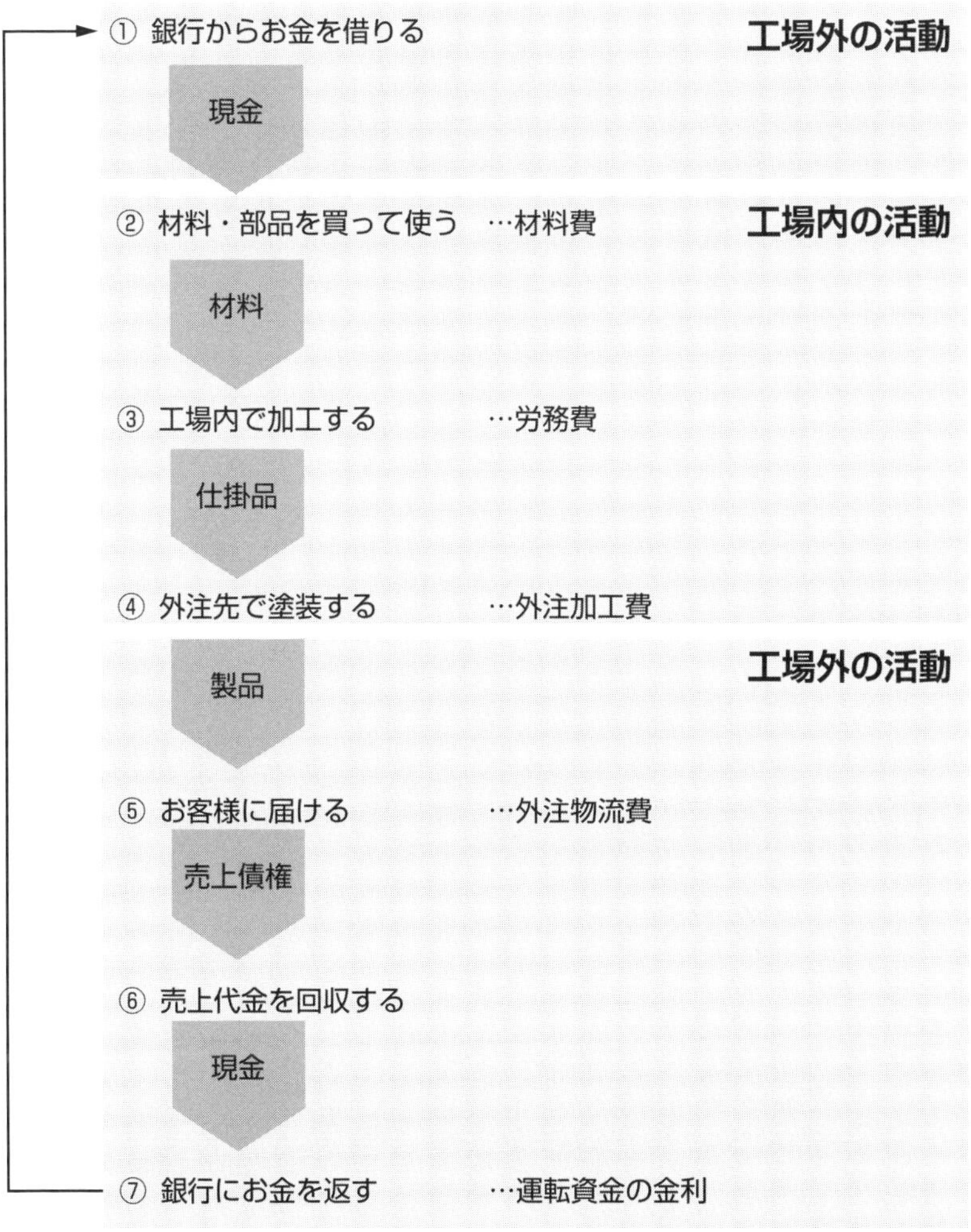

ポイントBOX

①費用を漏れなく把握するには、サプライチェーンを辿る
②サプライチェーンで発生する費用は、会社により様々なので注意する

3 ところで、コストって何ですか？

これがぐらついていたら、経営力イゼンは始まらない

〈変動費VS固定費〉

全ての費用を漏れなく拾い上げるためサプライチェーンを辿ってみました。変動費と固定費という言葉も出てきました。今後の混乱を避けるため、一度、これらの関係を整理しておきましょう。単純に捉えれば、サプライチェーンをどんどん回し、売上を増やせば増やすほど発生する費用が「変動費」です。即ち変動費とは、売上高の増減に比例して増減する費用だと言えます。これに対してサプライチェーンを回しても回さなくても発生する費用が「固定費」です。

〈変動費こそがコストだ!〉

ところで、**なぜ変動費は売上高の増減に比例して増減するのでしょうか？** それは変動費が、売上を実現する都度、会社の外部から調達され消費されるものだからです。正にこれこそがコストダウン活動がターゲットにし、常に節減に努めるべきコストなのです。即ち、変動費＝コストです。

〈固定費は資源だ!〉

では固定費とは何なのか？

固定費は発生額があらかじめ決まっているものですから、コストダウン活動のターゲットとすべきコストではありません。固定費は会社の内部に在って会社の活動を回している経営資源（ヒト・モノ・カネ）であり、会社という存在そのものだからです。そんな固定費をやみくもに切り捨てれば会社は本質的に競争力を失ってしまうでしょう。

しかしその一方で、固定費は常に生産性を問われるべき存在でもあります。即ち、育てる視点が必要になるのです。それはいわゆるダイエットが、引き締まった健康な体型を目指すものであり、決して体重ゼロ（!）を目指すものではないのと同じです。コストと資源では管理の目標が全く違うということを、ここではしっかりと理解しておいてください。

変動費と固定費、入り口の理解

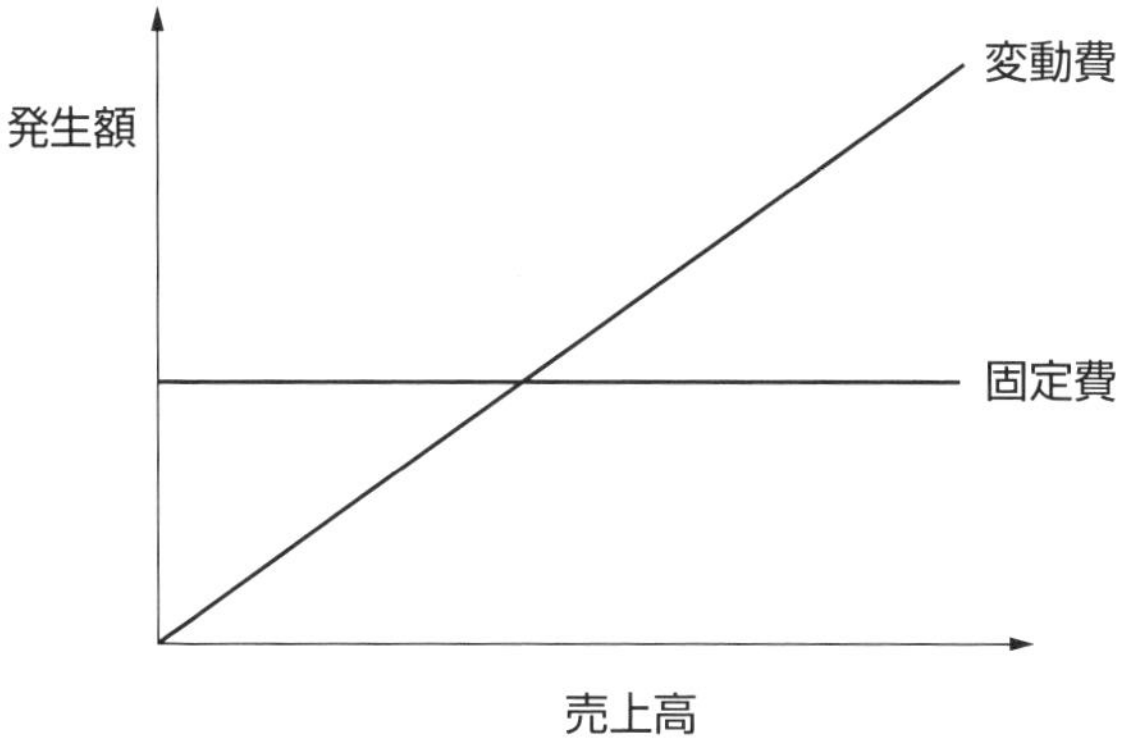

売上実現のため、都度に調達され消費されるもの＝コスト

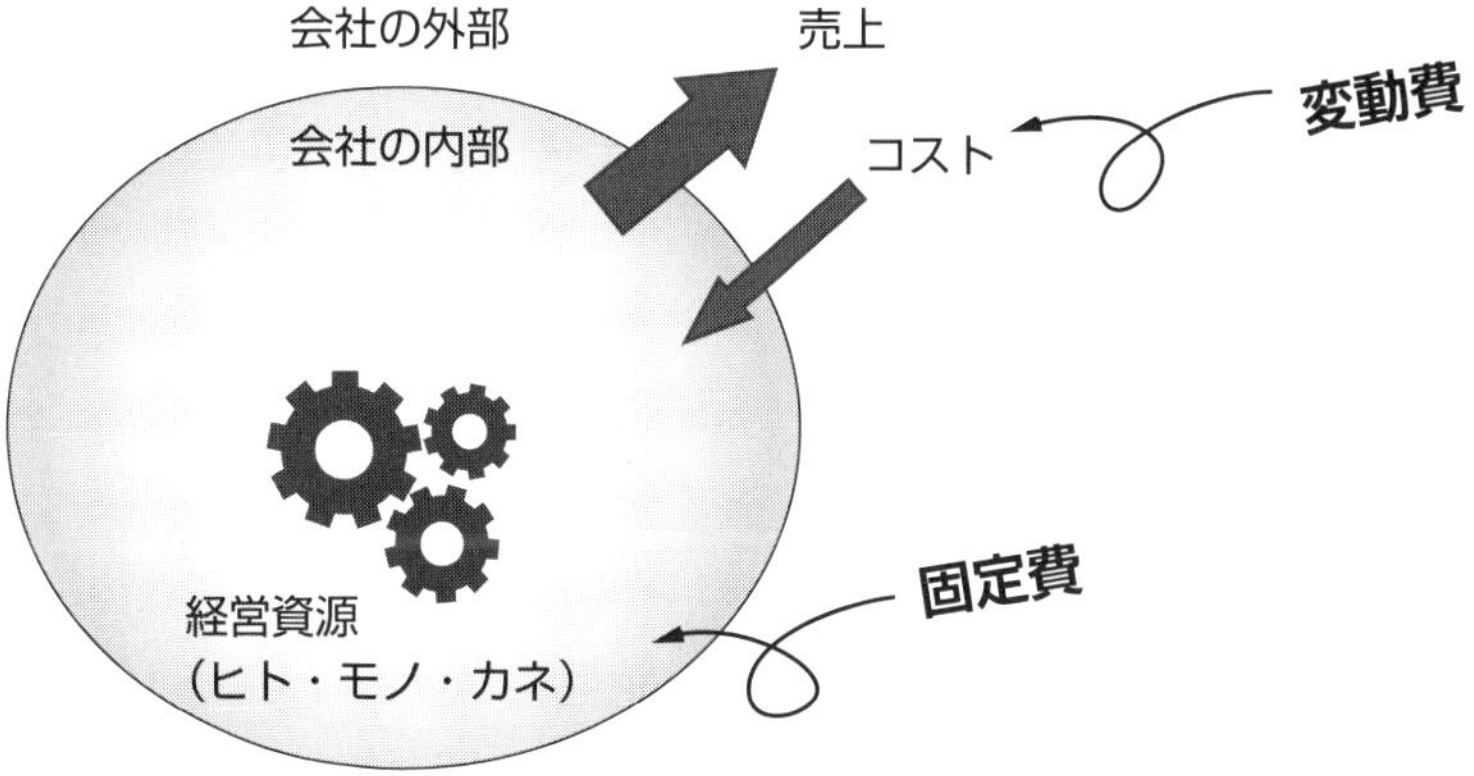

ポイントBOX
①変動費の本質は、節減に努めるべき「コスト」
②固定費の本質は、常に生産性を問いながら育てる「資源」

4 混ぜるな、キケン！変動費と固定費

見過ごしてはならない、変動費と固定費の管理目標の違い

〈変動費の管理のポイント〉

変動費と固定費の本質からくる管理目標の違いを整理しておきましょう。

まず変動費は、売上を実現しようとする都度に外部から調達され消費されるコストでした。調達と消費の意思決定をするのは、事業活動の最前線にいる担当者の方々です。

「今日は製品を2トン作るから、添加剤は100kg投入しよう」

この時、担当者は添加剤の使用許可を経営トップに求めたりはしません。その代わり消費がでたらめにならないよう**必ず標準使用量が定められているはずです**。

「製品1トンあたりの添加剤の使用量は50kgとする」

従って、変動費の管理のポイントは、標準使用量と実際の使用量を比較することです。もし異常な差異が見つかれば、直ぐに原因を明らかにし（作業のミス、機械の故障、原材料の異常等々）、すぐに是正もしなければなりません。

「なぜ今日は、製品1トンあたりの添加剤の使用量が6kg多かったのだろう？」

この比較はなるべく頻繁に行います。遅くとも1日1回が目標です。そうしなければ差異の原因がわからなくなり、材料を無駄にし続けてしまうからです。

〈固定費の管理のポイント〉

他方、固定費は変動費とは異なり、調達の意思決定をするのは経営トップです。期初以前に金額は決まっていますから、月次で予算の執行状況を確認すれば足り、毎日の異常値チェックまでは必要はありません。その一方で、常に生産性を問い、その資源を維持すべきか／手放すべきかの判断をすることになります。

固定費の管理目標はしっかり使い切ることです。これに対し変動費の管理目標はなるべく使わないことです。両者を混ぜると適切な管理ができなくなるので注意しましょう。

変動費の管理目標…なるべく使わない！

コスト

調達する人	担当者
調達のタイミング	必要な都度
管理の方法	毎日の差異管理（標準vs実際）
管理の目標	標準値の遵守 コストダウン（なるべく使わないこと）
管理責任者	担当者

固定費の管理目標…しっかり使い切る！

資源

調達する人	経営トップ
調達のタイミング	期初以前
管理の方法	毎月の予算管理（予算vs実際）
管理の目標	生産性の向上（しっかり使い切ること）
管理責任者	経営トップ

ポイントBOX

①変動費には必ず標準値を定め、実際の使用量との差異を管理する
②変動費と固定費は別々に管理。管理目標が異なるものを混ぜてはいけない

5 何をコスト管理の対象にするかを決める

コストなら標準値を定め、実績と比較し、差異を毎日管理する

〈変動費と固定費を区分する方法〉

費用を変動費（コスト）と固定費（資源）に区分する一般的な方法を調べると様々なものが紹介されています。例えば「高低点法」は過去の実績データのうち、生産量が最も高かった時の費用と、最も低かった時の費用に着目し、その間の費用の動きが直線的だとみなして変動費と固定費を区分する方法です。「最小自乗法」は過去の実績データ全体を活かし、数学的に変動費と固定費を区分する方法です。

しかしこれらは、会社の外部から会社の過去のデータを分析するための方法ですから、経営カイゼンの場面では妥当とはいえません。経営カイゼンのために必要なのは、変動費と固定費を管理目標**（どのように管理したいのか）**に基づいて主体的に分けていく方法です。これを「勘定科目法」と呼びます。

〈勘定科目法の実際〉

勘定科目法を行う時には、中小企業庁の「中小企業の原価指標」に例示されている区分例なども参考にできます。現実には変動費と固定費の両方の性質を持った費用（基本料金と従量料金の組み合わせ等）もあるので厄介ですが、管理の目的を考えて基本料金部分を固定費、従量料金部分を変動費とすることも可能です。

〈便宜的固定費に注意〉

会社が都度に外部から調達し、標準的な使用量を定め、実際の使用量と比較して差異を管理するものが変動費（コスト）だと定義をしました。言葉を返せば、物理的な性質としては変動費でも、標準使用量を定めた差異管理をしないなら、経営管理上の変動費ではないということです。これを他の変動費とは区別して「便宜的固定費」と呼んでおきましょう。

先程の中小企業庁による区分例では、水道光熱費や支払運賃や荷造費などが該当します。このうち水道光熱費や荷造の材料費などは後述する配賦計算（第49話）によって原価計算に組み込み、管理することになります。

参考…中小企業庁による区分の例

変動費	直接材料費、買入部品費、外注費、間接材料費、その他直接経費、重油等燃料費、当期製品仕入原価
固定費	直接労務費、間接労務費、福利厚生費、減価償却費、賃借料、保険料、修繕料、水道光熱費、旅費、交通費、その他製造経費、販売員給料手当、通信費、支払運賃、荷造費、消耗品費、広告費、宣伝費、交際・接待費、その他販売費、役員給料手当、管理部門の事務員給料手当、販売員給料手当、支払利息、割引料、従業員教育費、研究開発費、その他管理費

勘定科目法による区分の例

変動費	材料費 変動労務費 外注加工費 外注物流費 運転資金の金利など
固定費	上記以外の費用（ヒト、モノ、カネ）

これが便宜的固定費

	物理的な変動費	物理的な固定費
管理上、重要なもの	変動費（コスト） 標準値を定めて管理する	固定費（資源） 生産性を管理する ヒト/モノ/カネ
管理上、重要度が低いもの	便宜的固定費 配賦で管理する	固定費 生産性を管理しないことが多い

ポイントBOX

①変動費と固定費は、どのように管理したいかで区分をする（勘定科目法）
②物理的な変動費でも、差異管理をしないなら固定費とする（便宜的固定費）

6 コストダウンは作業者だけの責任ではない！

新しい競争力の源泉と、ターゲットの変化に目を向ける

〈ターゲットの変化〉

従来のコストダウン活動は工場内の活動にのみ注目しがちでした。その一方で、サプライチェーン全体の戦略は手薄になりがちで、ジャストイン購買やゼロ在庫が過度に指向されてきたのです。しかし、これからはサプライチェーン全体を見渡した新しいビジネスターゲットにも、果敢に挑戦しなければなりません。

また、従来の日本のモノづくりには採算に無頓着な場面が多々ありました。日本の技術者にはコストや原価計算の知識が乏しく、「良いものなら売れるはず」という行き過ぎた技術信仰もありました。それでも横並びの製品開発をしていた時代には原価企画で失敗するリスクは低かったのです。しかし、これからの日本の技術者はしっかりと原価の知識を学び、市場の要求に見合った合理的な原価を製品開発の段階から作り込んでいかなければなりません。なぜなら、以下のとおり今日では**後からコストダウンする余地が殆どないからです。**

〈競争力を生む活動の変化〉

かつて、日本のモノづくりの強さを支えていた活動に「カイゼン」があります。カイゼンは工場の作業者が自主的に行ってきた安全や品質向上、更にはコストダウンのための活動です。今も日本のモノづくり復活への期待が込められるカイゼンですが、近年は技術の標準化、コモディティ化、自動化などが加速度的に進展し、作業者がやれることは定められた手順に従って逸脱なく作ることのみとなりました。

こうなると製品のコストは設計段階で概ね決まってしまいますから、工場の作業者に過大なコストダウンの責任を負わせてはいけません。

今日のコストダウンの柱は、①製品開発の段階で行う合理的な原価設計、②原材料の調達や外注先選定の段階で行う合理的な購買戦略やネットワークの構築、③適切な在庫戦略、などへと移っているのです。

ターゲットの変化を理解しよう！

昔　製造部門
- ✔労務費
- ✔在庫の管理費

↓

これから　全社
- ✔材料費
- ✔労務費
- ✔外注加工費
- ✔外注物流費
- ✔運転資金の金利

競争力を生む活動の変化を理解しよう！

昔　製造部門
- ✔生産作業のムダ取り
- ✔工場で無駄な在庫を持たない努力

↓

これから

技術部門	✔製品開発で行う原価設計の戦略 ✔設備投資の戦略
購買部門	✔原材料の購入価格と在庫の戦略 ✔外注先の選定、発注管理の戦略
物流部門	✔物流費・納期・在庫の戦略
販売部門	✔売上債権の回収戦略 ✔サプライチェーン上の各戦略の整合
製造部門	✔定められた設計原価を守ること

ポイントBOX

①新しいコストダウンはサプライチェーン全体がターゲット
②合理的な製品設計、購買戦略、在庫戦略などが新たな競争力を生む活動となる

7 経営カイゼンの最終目標は、損益計算書の改善！

損益計算書の読み方マニュアル、見かけの難しさに惑わされない

〈損益計算書を、どう使えばよいのか？〉

カイゼンやコストダウン活動は、最終的には損益計算書を改善するための活動だと言えます。そこでいったんは損益計算書を眺め、その構造をしっかり理解しておきましょう。

ところで…ここで「損益計算書」と申し上げると少しギョッとする方もいるかもしれません。コストダウンに取り組む方々が損益計算書や貸借対照表を敬遠する場面が少なくないことの背景には、様々な歴史的経緯で歪んでしまった普通の会計（財務会計と呼ばれるもの）の悲しい現実があります。

〈実は、決して難しくない！〉

枝葉末節を捨て去れば、**損益計算書は単純です！** それはまず売上高から出発します。この売上高から①売上原価を引けば売上総利益（粗利とも呼ばれる）が求まります。粗利から②販売費および一般管理費（名前が長いので、略して販管費とも呼ばれる）を引けば営業利益が求まります。更に営業利益から③営業外費用を引けば経常利益が求まります。たったこれだけ！ ここまでがコストダウンやカイゼンに取り組むためにどうしても必要な情報です。

〈大半は、読む必要がない部分〉

実際の損益計算書を眺めると、経常利益に辿り着くまでに「営業外収益」もあるので気になったかもしれません。これは製造業の本業以外の財テクの成績を示す項目です。更に営業外費用の下には特別利益や特別損失といった難しげな項目がずらっと並んでいます。これらは様々な利害調整に関わる項目であり、一般的に金額も小さいものが殆どですから、経理財務部門の方々にお任せしてしまいましょう。今後の混乱を避けるため、ここでは無視することにします。

他方で、金額の大きい売上原価や販管費の内訳がしっかり示されていないことにも着目しておいて下さい。

見かけの難しさに惑わされないようにしよう！

売上高
－①売上原価
＝売上総利益（粗利）

－②販売費および一般管理費（販管費）
＝ 営業利益

－③営業外費用
＝経常利益

	売上高	388,463	100%
	売上原価	229,257	59%
	売上総利益	159,206	41%
	販売費及び一般管理費	133,313	34%
	営業利益	25,893	7%
立入禁止	営業外収益		
	受取利息	443	0%
	受取配当金	1,631	0%
	為替差益	999	0%
	持分法による投資利益	73	0%
	受取賠償金	45	0%
	雑収入	966	0%
	営業外収益合計	4,157	
	営業外資用		
	支払利息	2,102	1%
立入禁止	雑損失	2,269	1%
	営業外費用合計	4,371	
	経常利益	25,679	
立入禁止	特別利益		
	固定資産売却益	109	0%
	投資有価証券売却益	16	0%
	特別利益合計	125	
	特別損失		
	固定資産売却損	77	0%
	固定資産除却損	284	0%
	減損損失	283	0%
	投資有価証券評価損	7	0%
	事業構造改善費用	3,402	1%
	特別損失合計	4,053	
	税金等調整前当期純利益	21,751	

ポイントBOX

①適切なコストダウンのため、損益計算書の構造を理解する
②従来の損益計算書には、読まなくてよい部分があるので注意する

8 難解な会計言葉を整理する

製造費用と売上原価、販売費および一般管理費、営業外費用など

〈売上原価≒製造費用だということ〉

　損益計算書には「売上原価」という言葉が出てきました。その一方で「製造費用」「製造原価」と言った方がわかりやすい場面も多いかもしれません。関係を整理しておきましょう。会社には、当期に生産した製品に加えて前期に生産した製品の残り（期首の在庫）もあります。これらが売り上げられて当期の売上原価となり、売れ残った製品（期末の在庫）は翌期に繰り越されていくことになります。即ち売上原価とは、当期の製造費用に期首の在庫を足し、そこから期末の在庫を引いたものです。

　とはいえ、昨今ではジャストインタイム活動（必要な製品を必要なだけ作る）の浸透で期首／期末の在庫は少なく管理されているはずですから、実質的には売上原価≒製造原価≒製造費用とみなして差し支えありません。よってこれ以降、このテキストでは必要に応じ「売上原価⇒製造原価⇒製造費用」と表記することがあります。

〈販売費および一般管理費（販管費）≒製造以外の全ての費用だということ〉

　更に損益計算書には「販売費および一般管理費」という言葉も出てきました。**このままでゴミ箱のような粗雑な名前（！）**の費用は、売上原価以外の費用を示す概念です。言い換えれば、工場の外で発生する費用の全てが販管費なのです。よってこれ以降、このテキストでは必要に応じ「販売費および一般管理費（販管費）⇒製造以外の費用」と表記することがあります。

〈営業外費用≒金利だということ〉

　一般的な損益計算書では、銀行等に支払う金利を「営業外費用」として独立に把握していますが、サプライチェーンを回していくための運転資金に直接関わる部分もあるので、ここではいったん、「金利」として表記しておくことにしましょう。

売上原価は製造費用にほぼ等しいと覚えておこう！

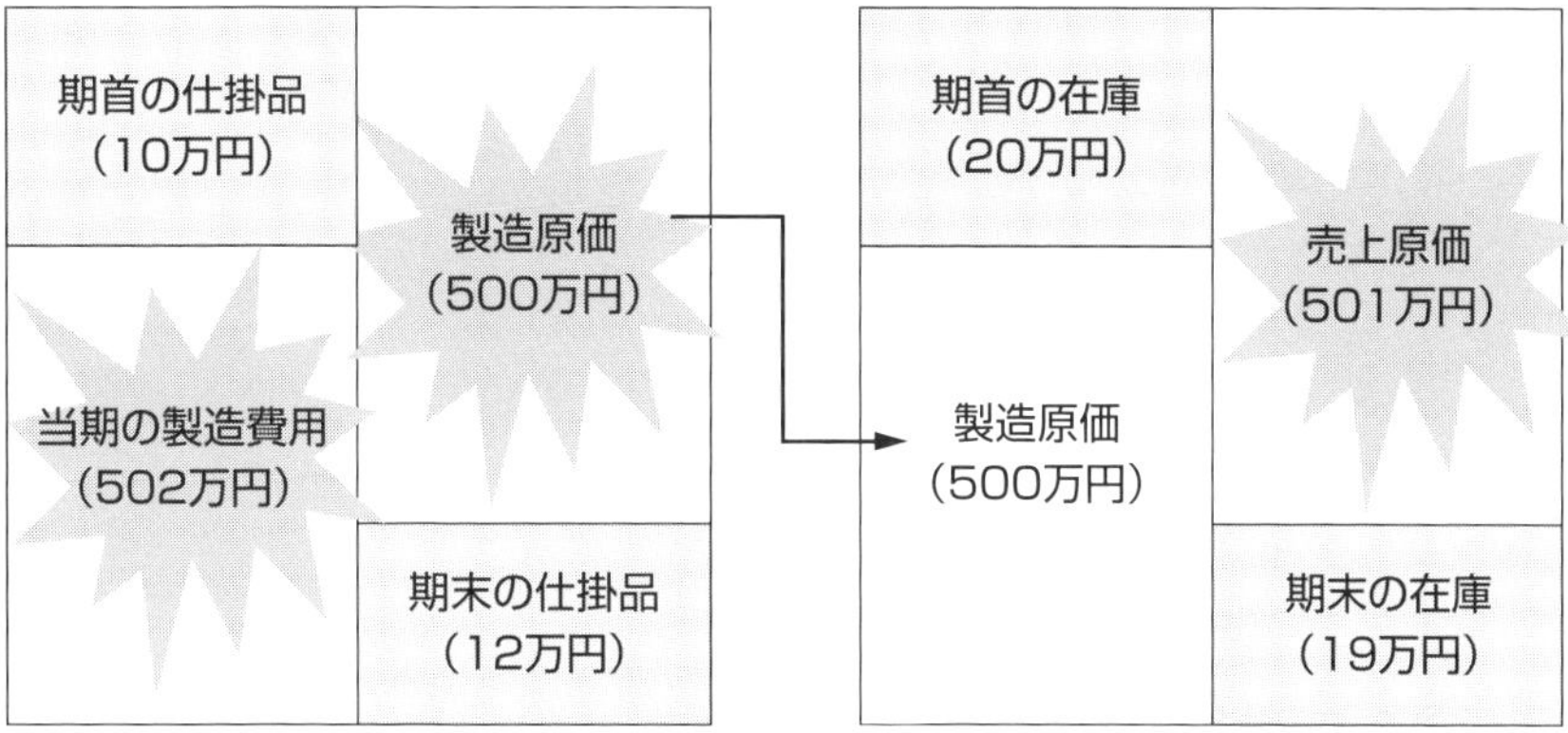

財務会計の難解な言葉を整理しよう！

売上高	売上高
－①売上原価	－①製造費用
＝売上総利益（粗利）	＝粗利
－②販売費および一般管理費（販管費）	－②製造以外の費用
＝ 営業利益	＝営業利益
－③営業外費用	－③金利
＝経常利益	＝経常利益

ポイントBOX

①製造費用≒製造原価≒売上原価という関係を理解する
②製造費用でないものは、全て販売費および一般管理費に突っ込まれてしまっていることを理解する

9 儲かるはずがなかった！古い会計が進歩を妨げる

今までの損益計算書が抱えていた三つの致命的限界

〈こんな損益計算書では経営カイゼンできない！〉

経営カイゼンやコストダウンは、最終的には損益計算書に現れる経営成績を改善するための活動でした。しかしながら、実は普通の損益計算書（財務会計と呼ばれるもの）だけを使っていたのでは経営カイゼンできません！　何故ならそれは１００年も前にデザインされたものだからです。当時は今日とは比較にならないくらいのモノ不足で、右肩上がりの大量生産を強く志向した時代でした。全てを手作りしていて、激しい労使対立が起こっていた時代でもあります。そんな時代にデザインされた財務会計は、著しく工場内の作業管理に偏った構造になっていて、今日の事業環境を生き抜くための経営カイゼンを妨げる三つの致命的限界を抱えているのです。

✔ 一つ目の致命的限界

財務会計の一つめの致命的限界はサプライチェーンが分断されていることです。今日のビジネス活動は、研究開発・購買・製造・物流・販売・経理財務等が高度に一体化しています（第40話）。**その全体で価値を作り出しているのです。**しかし工場管理に偏った財務会計を使っている限り、サプライチェーン全体を見渡したビジネス戦略の視点を持つことができません。

✔ 二つ目の致命的限界

第４話で検討したように、コスト（変動費）と資源（固定費）では管理の目標やタイミング、管理責任の所在が全く異なります。しかし財務会計では両者がきちんと分離されていないため適切な管理ができません。

✔ 三つ目の致命的限界

これは１００年前のデザインの問題ではありませんが、今日の財務会計では原価の内訳が示されないケースが多く、経営カイゼンに必要な情報を得られません（第７話）。

これが管理したいサプライチェーンの形

材料費（変動費）
↓
労務費（変動費）
↓
外注加工費（変動費）
↓
外注物流費（変動費）
↓
運転資金の金利（変動費）

財務会計の現状…サプライチェーンがズタズタ

売上高
－①製造費用（材料費、労務費、外注加工費＋固定費の一部）
＝粗利

－②製造以外の費用（外注物流費＋固定費の一部）
＝営業利益

－③金利（運転資金の金利＋固定費の一部）
＝経常利益

ポイントBOX
①従来の損益計算は、工場の管理に偏った構造を持っていた
②財務会計ではサプライチェーンが分断され、変動費と固定費が混ぜこぜになっている

10 経営目的に合ったツールをデザインする

経営カイゼンのために、どうしても必要なもの

〈経営目的に合った管理ツールとは?〉

１００年前にデザインされた財務会計には経営カイゼンの妨げとなる三つの限界がありました。経営カイゼンを実践するには経営目的に合った新しい管理ツールを準備しなければなりません。これを「管理会計」と呼びます。それは例えばこんな会計です。

- ✔ コスト（変動費）と資源（固定費）が明確に分離されている
- ✔ サプライチェーン上の全てのコストを、漏れなく一体的に扱うことができる
- ✔ コストの内訳がしっかり見える
- ✔ コストの管理目標と実績の差が毎日確認できる

モノづくりの会社なら、売上高から全てのコストをサプライチェーンの順番に引いて付加価値を求め、それから固定費を引いて利益を求めるのが理想的です。

〈既存の会計システムのチューニング〉

新しい管理会計を導入するためには、既存の会計システムとの整合性も検討しておかなければなりません。例えば外注物流費を売上原価に組込むには物流工程を製造工程の一つとみなす方法が考えられます。固定費を売上原価から切り離すには配賦率をゼロにする方法が考えられます。運転資金の金利については少し工夫が必要ですので、改めて検討しましょう（第28話）。いずれにしても**会計システムの都合ではなくビジネスの都合**を優先して決めます。

〈引き続き財務会計も必要〉

管理会計は社内で用いる私的なツールです。これに対して対外的な業績開示の場面では今後とも財務会計を使わなければなりません。すっかり使い勝手が悪くなってしまった財務会計ですが、会社間の公平な業績比較や公平な課税の場面では、引き続き大切な役目を果たしていくものです。

管理したいサプライチェーンの形

材料費（変動費）
↓
労務費（変動費）
↓
外注加工費（変動費）
↓
外注物流費（変動費）
↓
運転資金の金利（変動費）

経営のための管理ツールの形…これが管理会計

売上高
－材料費（変動費）
－労務費（変動費）
－外注加工費（変動費）
－外注物流費（変動費）
－運転資金の金利（変動費）
} コスト ← コストダウンを目指す
＝付加価値

－ヒトに関わる固定費
－モノに関わる固定費
－カネに関わる固定費
} 資源 ← 生産性向上を目指す
＝残余利益

ポイントBOX
①経営カイゼンの目的に合った管理会計を導入する
②管理会計と財務会計は目的に応じて使い分ける

11 付加価値とは何かを考える

一言でいえば、買ったものと売ったものの差

〈計算式から考える付加価値の意味〉

第10話で「付加価値」という言葉が出てきました。経営カイゼンでは大切な概念ですので、計算方法に遡りその意味を確認しておきましょう。付加価値には二つの代表的な計算方法があります。まず①加算法では、利益に労務費、減価償却費、金利などを加算することで付加価値を求めます。これに対して②控除法と呼ばれる計算方法では、売上高から外部購入価値を差し引くことで付加価値を求めています。外部購買価値とは外部から買ったもの（材料費、外注加工費、物流費など）の値段のことで、実質的には必要な都度に外部から調達されたコストとして読み替えることができるでしょう。二つの計算方法はほぼ同じと考えて差し支えありません。

①加算法　利益＋労務費＋減価償却費＋金利＝付加価値

②控除法　売ったもの－買ったもの　＝付加価値

売上高－（材料費＋外注加工費＋外注物流費）＝付加価値

売上高－コスト　＝付加価値

〈変動費的な労務費は、管理上はコストとして扱う〉

経営カイゼンでは労務費の扱いに注意が必要です。労務費にはアルバイトや派遣さんなどの変動費的なものと、正社員などの固定費的なものが混在しているからです。

一般的な計算方法とは異なりますが、経営管理上は変動費的な性格の労務費をコストとして扱うことにしましょう。なぜなら、**必要な都度、必要な量だけ、外部から調達するという性質**が他のコストと似ているからです。

これに対し固定費的な労務費は管理上の資源です。ここには固定的な研究委託費などを含むこともあります。

これで取り組むべきコストの内訳を明らかにし、変動費と固定費をしっかり区分することもできました。ここからいよいよ本当の経営カイゼンが始まります。

付加価値とは、買ったものと売ったものの差

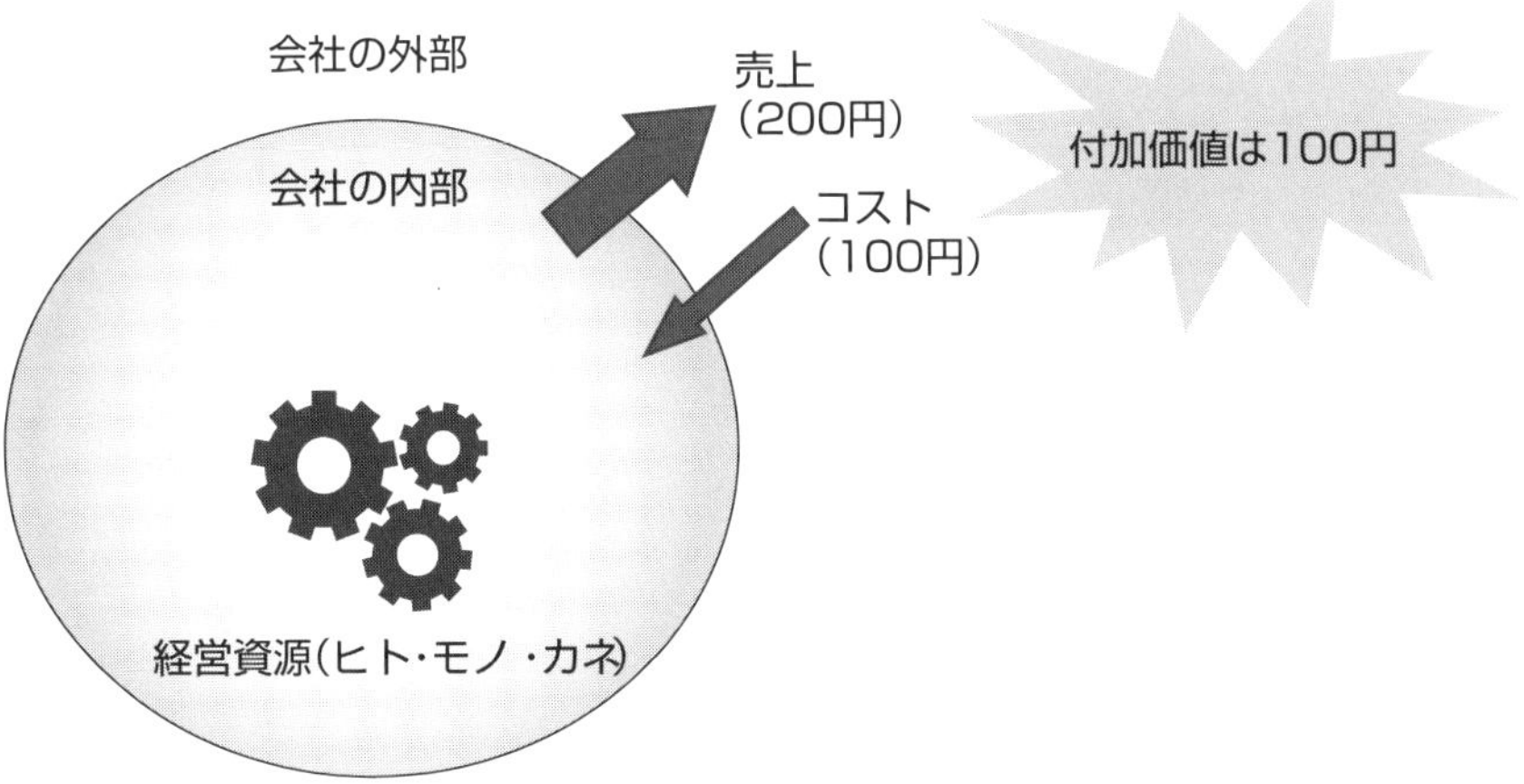

ようやくスタートラインに立った！

		変動費（コスト）	固定費（資源）
工場内のコスト	材料費	85 百万円	―
	変動労務費	10 百万円	―
	外注加工費	5 百万円	―
工場外のコスト	外注物流費	8 百万円	―
	運転資金の金利	2 百万円	―
経営資源	固定労務費（ヒト）	―	20 百万円
	減価償却費（モノ）	―	10 百万円
	事業資金の金利（カネ）	―	4 百万円
	合計	110 百万円	34 百万円

ポイントBOX

①売上高－コスト＝付加価値
②労務費には、変動費（コスト）になるものと固定費（資源）になるものがある

12 利益を出す前に、やるべきことがある！

会社が真に目指すべきは付加価値の最大化

〈付加価値は、関係者全員の取り分〉

付加価値は会社が事業活動を通じて生み出す価値です。この付加価値を日本全体で合計すればＧＤＰとなります。会社は、事業が生み出している付加価値を常に「見える化」し、その最大化に努めなければなりません。

〈利益は株主だけの取り分〉

利益は付加価値のうちで株主の取り分だけを示す概念です。そのため、利益だけに注目した経営を行うと、従業員の取り分や必要な製品検査、設備投資などを削って利益に回すという安易な発想も生まれがちです。しかしそれでは従業員のモチベーションは低下し、会社のブランドには傷がつき、経営資源は枯れ細り、ビジネスモデルの革新は先送りにされてしまいます。やがてはデフレスパイラルに陥ってしまうでしょう。**結果的に株主の利益にもなりません。**ですから会社は、まずは全力で付加価値の最大化を目指さなければなりません。分け方（利益）を考えるのはその後の話です。

〈付加価値を最大化するにはどうするか？〉

従来の財務会計では付加価値も見える化されていませんでした。近年ＧＤＰの低迷に苦しむ日本のモノづくりですが、実は今まできちんと付加価値を問われたことがなかったのです！　実際に付加価値を増やす方法の一つはコストダウンですが、それがために製品やサービスの価値が大幅に下がってしまう場合もあるので注意しなければなりません。様々なコストのマネージメントにどのように取り組むべきかについて、これから順次検討していくことにしましょう。

第Ⅲ章　在庫管理のカイゼン・マニュアル
↓材料費と外注加工費、金利

第Ⅳ章　生産性のカイゼン・マニュアル
↓労務費

第Ⅸ章　未来工場のカイゼン・マニュアル
↓外注物流費、金利

利益と付加価値の違いを理解しよう！

かせぐ

	（百万円）
売上高	150
－材料費（変動費）	85
－変動労務費（変動費）	10
－外注加工費（変動費）	5
－外注物流費（変動費）	8
－運転資金の金利（変動費）	2
★＝付加価値	40
－固定労務費（ヒト）	20
－減価償却費（モノ）	10
－事業資金の金利（カネ）	4
★＝利益	6

従業員へ
設備へ
銀行へ
株主へ

わける

★付加価値 → 会社が生み出した価値の全て。日本中で合計すればGDP

★利益 → 会社が生み出した付加価値のうち、株主の取り分になる部分

ポイントBOX

①会社は、まず付加価値の最大化を目指さなければならない
②付加価値を最大化するために、それを常に見える化しておく

column

技術力って、何だろう？

日本は長年、モノづくりの国、技術力で生きる技術立国だと言われてきました。しかし改めて「技術力」とは何なのでしょうか？　以前、ある会社の管理職の方と、こんな「なぜなぜ分析」をやってみたことがあります。

Q．御社は何の会社でしょうか？
A．モノづくりの会社です！

Q．モノづくりの会社であるという御社の強みは、いったい何ですか？
A．技術力です！

Q．では技術力の実体とは何でしょうか？
A．そうですね…　特許は出していないからノウハウかな、最近買った最新鋭の加工機かな…　否、やっぱり技術力は人間力です。現場の人材こそが当社の大切な経営資源だと思います！

Q．では、その技術力を担う人材を育てるため、会社は今、何をしてらっしゃいますか？
A．(沈黙)

…そういえば最近、コストダウンでリストラしたばかりだったっけ

なかなか出せなくなった利益を回復するためコストダウンやリストラを進めた結果、技術力を担っていた人材が海外に流れていきました。そして手強いライバルを世界中に作り出してしまったのです。これは日本のモノづくりが**コストと資源をきちんと見分けてこなかったことによる悲劇**です。コストはコストダウンに努めるべきもの、資源はしっかり使って生産性向上を図るべきもの、その過程では明日の事業を担う新たな資源（ヒト・モノ・カネ）を育てていく…。コストと資源は管理目標が全く違います。それをしっかり見分けて正しく管理しなければ、技術立国など絵空事でしょう。

インターネットの普及と併せ、技術知識はあまねく世界に行き渡り、コモディティ化してしまいました。そんな時代に勝ち抜くためには、常にヒトを育て、常に新しい価値に挑戦し続ける「進化する集団」を目指す他に途はありません。それが新しい「技術力」の形です。日本のモノづくりに「今のまま」という選択肢はないのです。

II

SCMの
カイゼン・マニュアル

SCM（サプライチェーンの管理）が上手くいかない？
それで会社の組織や会計は、SCMに対応した姿なのですか？
え、全てが60年前のまま？　やっぱり、そうでしたか…

13

100年前の成功モデルを振り返る

フォード自動車が達成したコストハーフ

〈100年前の出来事〉

財務会計の骨格がデザインされたのは今から100年も前のことですが、この頃のモノづくりがどんな様子だったのかを振り返っておきましょう。

当時、モノづくりの世界には大事件が起こっていました。それはアメリカのフォード自動車におけるベルトコンベア式の生産ラインの発明です。それまで作業者は工場内を歩き回って製品を作っていました。そこにベルトコンベアを導入することで、作業者が工場内を歩き回るのではなく、製品が作業者に向って移動してくるという仕組みを作り上げたのです。併せてフォード自動車はT型フォードというただ一種類の車に生産を集中することで、**作業の徹底的な標準化とムダ取りを進めました**。その結果、T型フォード1台当たりの組立に要する時間は、1910年の14時間から1914年の1・5時間へと劇的に短縮されたのです。原価は半分になり（コストハーフ）、販売価格も1台950ドルから550ドルへと大幅に引き下げられています。フォードは時代の覇者となりました。

〈標準時間、ノルマ、原価計算、そして財務会計が生まれた〉

ベルトコンベアの導入で削減されたのは労務費でした。時間当たりの生産台数は飛躍的に増えましたが、その一方で創造性を失い単純作業の繰り返しとなったモノづくりは、精神的に過酷な仕事となり作業者の入れ替わりが激しくなりました。そんな作業者を繋ぎ止めるため日給（変動労務費）が1日2ドルから1日4ドルへと引き上げられています。ストップウォッチによる作業時間の測定が行われるようになり、標準作業時間、ノルマといった概念が生み出されました。厳しいノルマを課された作業者と経営者の利害は鋭く対立し、労使紛争が多発しました。

そんな時代にデザインされた原価計算や財務会計の体系は、本質的に工場の作業を重点的に管理し、作業者の労務費を削減するためのものだったのです。

T型フォードという車

フォードが達成したコストハーフ

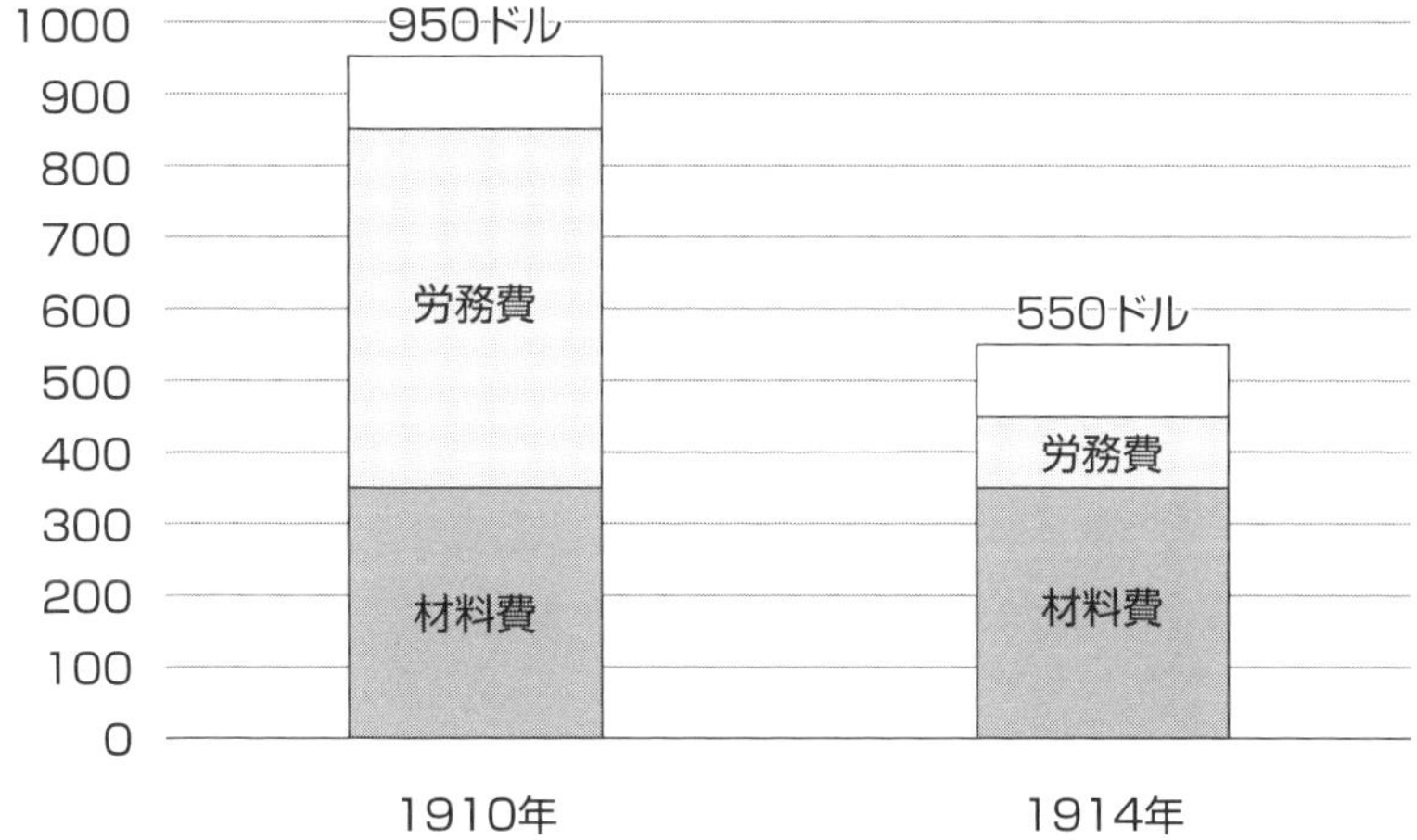

ポイントBOX

① 100年前のモノづくりは、全ての製品を手作りしていた
② 100年前のモノづくりの最大の関心は、工場労務費の削減だった

14 精神論だけで戦わない

サプライチェーンの視点に立ち、正しいコストダウンを目指す

〈精神論だけでは戦えない…〉

近年、総じてかつての元気がない日本のモノづくりです。以前ほどには利益が出ず、コストダウンをやってもなかなか成果が出ません。それでも多くの現場でこんなスローガンを見かけます。

「コストハーフに挑戦！」
「1回で50％、2回やれば25％になる！」
「やればできる。日本のモノづくりに不可能はない！」

しかし、実際に現場で作業者や管理職の方に話を伺うと、**何から手をつけてよいかわからず途方に暮れている**というケースが少なくありません。不可能に挑戦し続ける勇気は大切ですが、行き過ぎた精神論は日本のモノづくりをダメにしています。

〈コストダウンの七つのSTEPを考える〉

「不可能はない！」と口で言うだけではコストは下がりません。改めてサプライチェーンの視点に立ち、正しいコストダウンの手順を考えてみましょう。

STEP1：サプライチェーン全体を点検し費用を全て拾い上げる（工場の内と外）
STEP2：拾い上げた費用を変動費（コスト）と固定費（資源）に区分する
STEP3：それぞれの費用の具体的な金額を調べる
STEP4：費用ごとにコストダウンの目標を立てる（標準原価の設定）
STEP5：目標と実績を比較する（少なくとも1日1回以上は実施）
STEP6：異常な差異があれば、原因を調べ是正する
STEP7：差異管理で得られた知識を、次の製品設計に活かす

こうした活動の地道な繰り返しがコストダウンの基本なのです。

費用の内訳を考えて、目標を立てていますか？

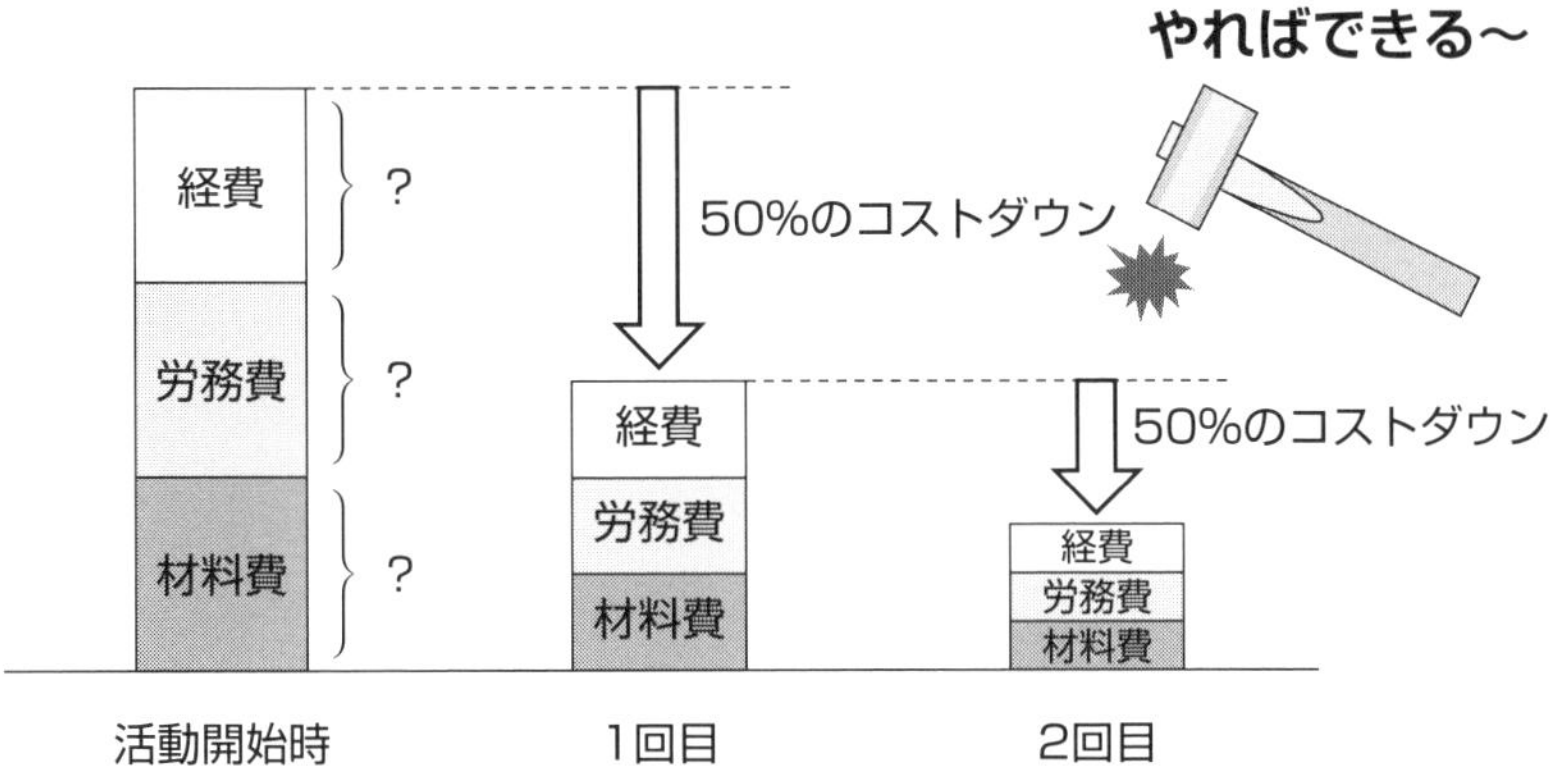

これが、あるべきコストダウンの進め方

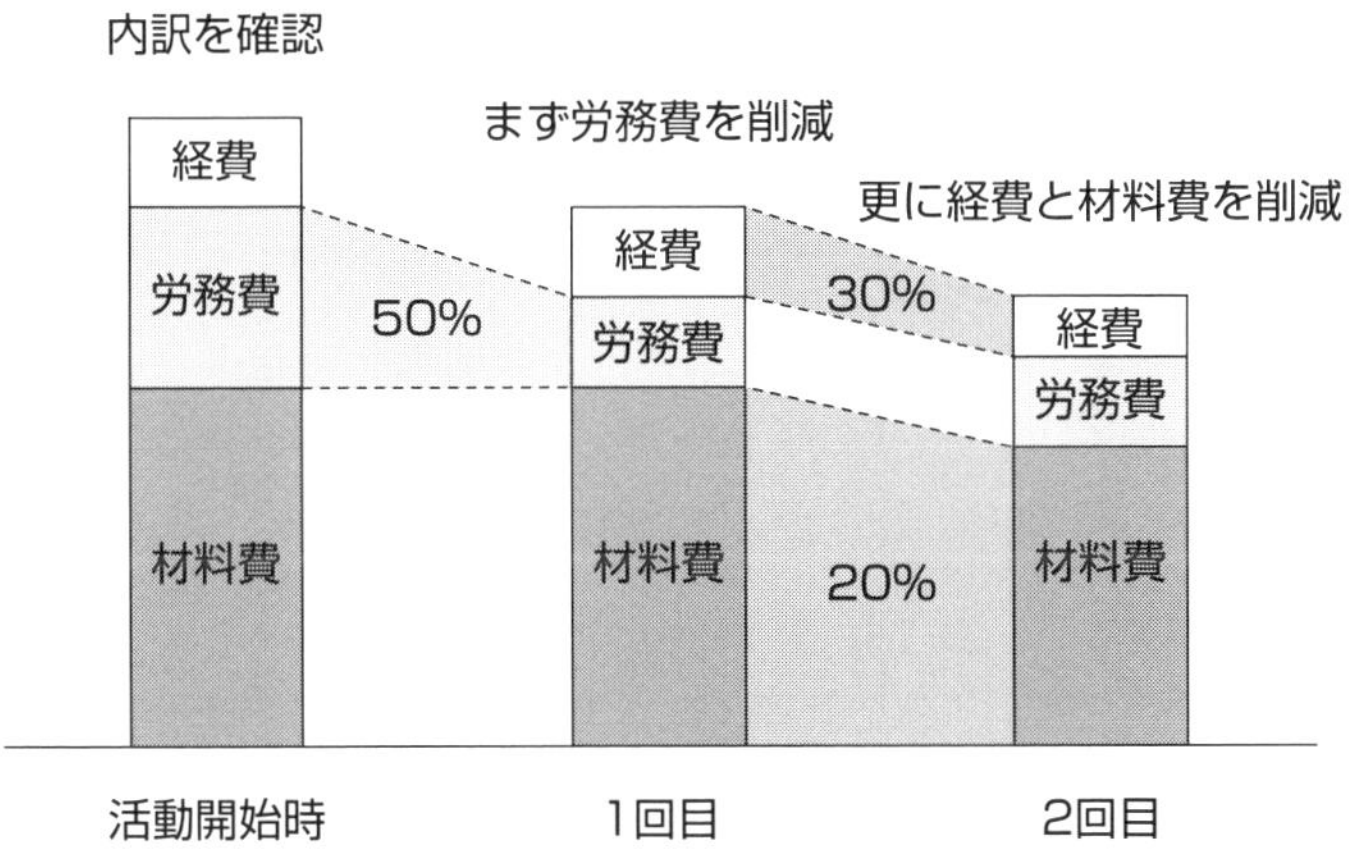

ポイントBOX

①コストダウンには手順がある
②行き過ぎた精神論を見直し、合理的なコストダウンの目標を費用毎に具体的に立てる

15 会社の組織を点検する

生産技術者を、いつまで工場に閉じ込めておくのか？

〈60年前の組織のまま？〉

多くの製造業で、製造部門（工場）が強力な権限を持った組織構造になっています。「製造業」であれば当然かもしれません。しかしこうした組織構造が、工場の事情を優先して**お客様の都合を顧みない「プロダクトアウト」の発想**を生みがちです。工場の中と外の活動を一体的に管理する際の障害にもなってきました。

様々なカイゼンやコストダウン、在庫削減、更には納期短縮等の活動を担うべき生産技術部も、工場内の組織として位置づけられている限り、工場内の活動だけで終わってしまいます。せっかく工場内の工程を短縮しても、出荷ヤードに製品が山積みになっていたりするかもしれません。

〈SCM部を創設しよう〉

サプライチェーンの活動を一体化し、適切なSCM（サプライチェーンマネージメント）を推進するためにSCM部を創設しましょう。SCM部には原価企画の機能を設け、工場から独立させて、サプライチェーン全体のコストマネージメントを担います。SCM部の中核となるべき人材は、モノづくりに精通し、今まで在庫削減やムダ取りやコストダウン、納期短縮などを担ってきた生産技術者達がよいでしょう。

従来、工場内に限られていたこれらの活動を、サプライチェーン全体に広げます。そしてサプライチェーン全体のコストダウン、納期短縮、在庫管理を目指しましょう。SCM部は購買～生産計画～運送発送などの活動全体を戦略的に統轄し、変動費（コスト）の差異の管理も担います。

〈保全と戦略を切り離す〉

他方で、従来の生産技術者が担ってきた工場の保全活動は、SCMの活動から切り離して工場内に残しましょう。両者は活動の視点が全く異なるからです。

工場だけが強かった組織

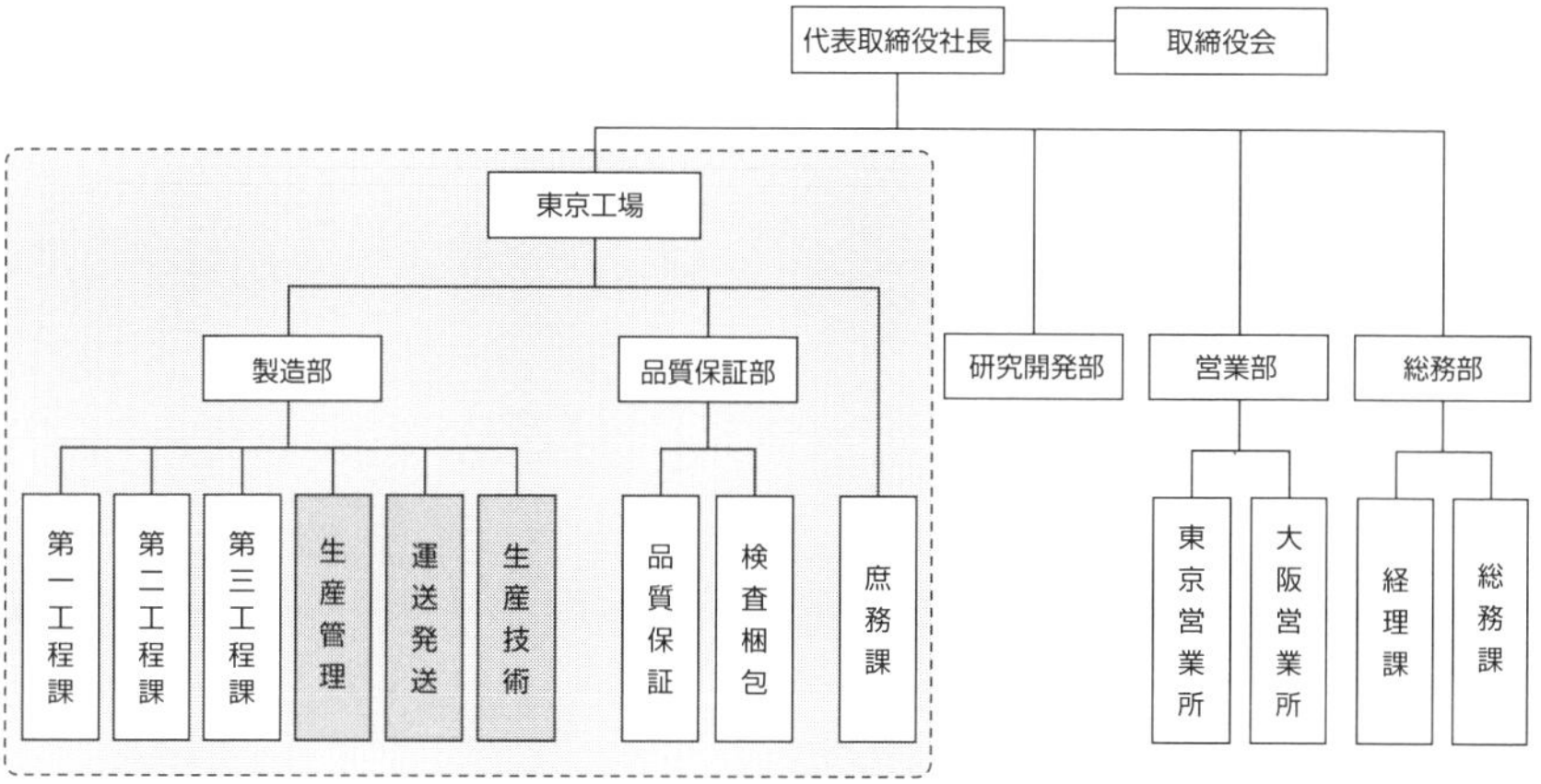

SCMを強化した組織を作ろう！

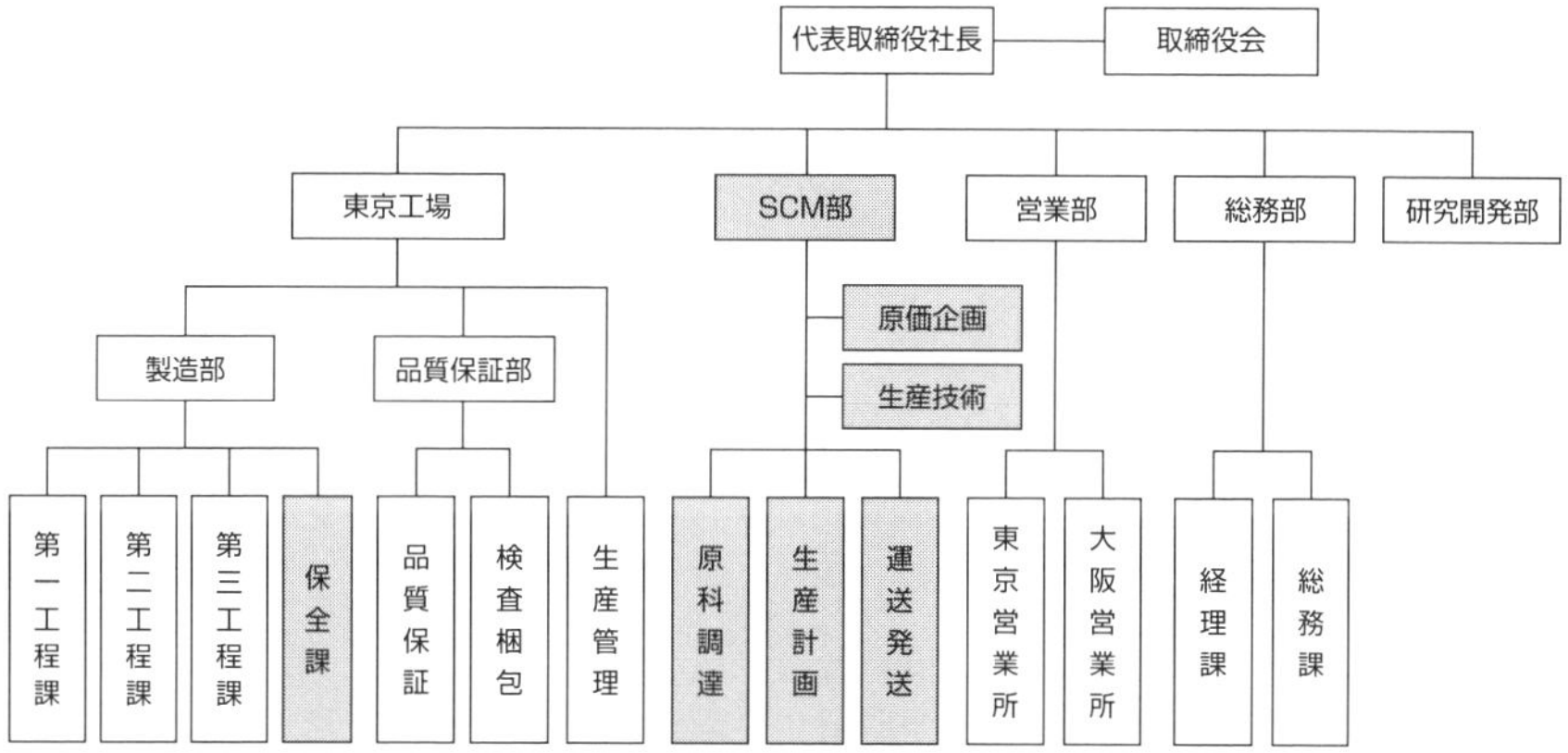

ポイントBOX

①従来は生産技術が工場内の活動としてのみの位置づけだった
②SCMの推進のために、生産技術者を工場から切り離して独立させる

16 逃げまわる費用に注意する

サプライチェーンの分断が引き起こす致命的判断ミス

〈目標80円を達成？〉

同じ失敗をしないため、財務会計におけるサプライチェーンの分断が引き起こしてしまった一つの悲劇を見ておきましょう。

ある会社に、目標売価１００円、目標の製造費用80円の新製品を開発するプロジェクトがありました。開発チームからの報告によれば、この製品の試作製造費用の実績は1個79円でした。80円を下回っていますから目標達成です。そこでこの新製品を製造部門に引き渡して量産の準備を始めることになりました。1個売れば21円、１００万個売れば2億1千万円の粗利が達成できる勘定です。めでたしめでたし！　しかし目標80円、試作の実績79円という金額の微妙さに不安を感じて調査をすると、以下の事実が浮かび上がってきたのです。

✔ 製造費用79円の内訳を調べると、材料費30円、労務費40円、減価償却費9円でした。材料費と労務費は変動費、減価償却費は固定費です。

✔ 損益計算の全体を調べると、本来は製造費用とすべきものが製造以外の費用（例えば技術部の費用）側に７２１円も紛れ込んでいました。その内訳は、材料費２７０円、労務費４１０円、減価償却費41円でした。材料費と労務費の内の１１０円は変動費、残りの労務費３００円と減価償却費は固定費です。

〈勇気を持って真実を見定める〉

どうやら様子が変です。そこで新しい管理会計で計算をやり直したところ、製造コストは79円ではなく４５０円だとわかりました。付加価値は1個売れば３５０円の赤字、１００万個売れば35億円の赤字だったのです！

いったいどうしてこんなことになったのか？

開発チームは厳しいプレッシャーの中で必死に会計的な口実を探し出し、費用を付替えてしまったようです。しかし真実を歪めることは誰にとっても不幸な結果にしか繋がりません。

製品開発の課題が見えていなかった…財務会計

必達したように見える

売上高	100	
－①製造費用	79	材料費 30 労務費 40 減価償却費 9
＝粗利	21	
－②製造以外の費用	721	材料費 270 労務費 410 減価償却費 41
＝営業利益	▲700	

2.1億円の黒字になるはず

組み直し

勇気を持って真実を見定めた！…管理会計

売上高	100	
－材料費	300	全てのコストを把握
－変動労務費	150	
＝付加価値	▲350	
－固定労務費	300	全ての資源を把握
－減価償却費	50	
＝利益	▲700	

実は35億円の黒字になる！

ポイントBOX

①財務会計の分断構造が、経営課題を見えなくしてしまう
②誤った製品開発や設備投資を実行してしまったら取り返しがつかない

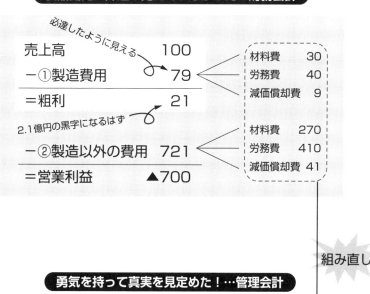

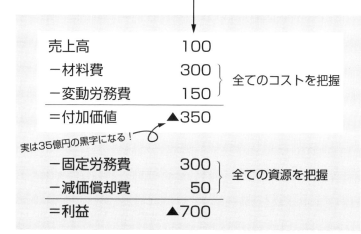

17 達成目標は費用ごとに決める

気合いだけではコストは下がらないことを確認する

〈日本の技術に不可能なしと言われても…〉

第16話には続きがありました。この新製品の売価は100円であり、製造コストの目標は80円でしたが、真の実績は450円で、目標を370円も超過してしまっていました。そこで上司に相談すると、こんな指示が出たのです。

「それなら自動化でコストを下げなさい。日本の技術に不可能はないはずだ！」

さて、**こんな時はどうすればよいのか？** コストダウンの手順を辿ってみましょう。

STEP1：サプライチェーン全体を点検し費用を全て拾い上げる

STEP2：拾い上げた費用を変動費（コスト）と固定費（資源）に区分する

STEP3：変動費のそれぞれの金額を具体的に調べる

結果は、材料費300円、変動労務費150円、合計は450円でした。

STEP4：費用ごとにコストダウンの目標を立てる

✔ 変動労務費：自動化で変動労務費をゼロにするという目標を立てました。ただし、自動化すれば技術や保全に関わる固定的な労務費が大幅に増えます。

✔ 減価償却費：自動化すれば減価償却費は大幅に増えます。

✔ 材料費：当たり前のことですが、自動化しても材料費は減りません。歩留り向上で5％、まとめ買いによる値引きで5％のコストダウンを見込み、30円のコストダウンならなんとか目指せるだろうと見積もりました。

〈きちんと結論を出す〉

あらゆる努力を積上げても製造コストは270円までしか下がりません。付加価値は170円の赤字です。残念ながらこの開発は失敗という結論です。膨大な自動化投資で更なる泥沼に嵌ってしまう前に、撤退を含めた計画全体の見直しが必要だったのです。

「必達せよ！」では、真のコストは下がりません

	〈自動化前〉		〈自動化後〉	
売上高	100		100	
－コスト	450	必達せよ！→	80	必達したように見える
＝付加価値	▲350	操作	20	
－固定費	350	→	720	
＝利益	▲700		▲700	実は何も変わっていない

費用ごとに効果を見定めよう！…管理会計

	〈自動化前〉		〈自動化後〉	
売上高	100		100	
－材料費	300	→	270	材料費はあまり減らない
－変動労務費	150	→	0	これは自動化の効果
＝付加価値	▲350		▲170	自動化してもまだ赤字
－固定労務費	300	→	450	
－減価償却費	50	→	150	
＝利益	▲700		▲770	全体では悪くなっている

ポイントBOX
①技術力や自動化で、全ての問題が解決できるわけではない
②過度の精神論に傾かず、早々に撤退すべきケースもある

18 財務会計では経営力イゼンできないことを理解する

工場を叩くためにデザインされた会計の限界

〈売上原価と販管費を分けることで生じる錯覚〉

ところで、なぜ財務会計では売上原価と販売費および一般管理費（販管費）を分けているのでしょうか？　サプライチェーン全体の管理のためには「売上高－費用＝利益」といったシンプルな形にしてしまえばよさそうなものです。

売上高
－売上原価
＝粗利
－販管費
＝営業利益

↓

売上高
－費用
＝利益

もし「それでは困る！」と感じた方がいたとすれば、無意識に売上原価＝変動費、販管費＝固定費という判断をしていらっしゃったに違いありません。即ちそこには、売上高が2倍になれば売上原価も2倍、粗利も2倍になり、販管費は概ね変わらないだろうという期待があるのです。

しかし今日の経営環境では、これは危険な錯覚です。繰り返し見てきたように、**売上原価は純粋な変動費ではなく、販管費も純粋な固定費ではないからです。**財務会計で損益分岐点の管理をすることは不可能です。

〈販管費がコストダウンの逃げ道になる〉

製品開発で、本来は製造費用（売上原価）とするべき費用が製造以外の費用として計上されてしまっていた事例を紹介しました。

実際にコストダウンを指示された担当者が、様々な悪戦苦闘と会計上の操作を経て、製造費用（売上原価）にすべき費用を製造以外の費用（販管費）側に付け替えてしまうという場面は少なくありません。本当に本気でコストダウンを目指すなら、販管費という逃げ道を作らず、サプライチェーン全体の変動費と固定費をそれぞれ一体的に管理できる会計を導入しなければなりません。

誤った期待に注意しよう！…財務会計

	今年		売上2倍
売上高	1000	×2	2000
－売上原価	890	×2	1780
＝粗利	110	×2	220
－販売費および一般管理費	210		210
＝営業利益	▲100		10

黒字化！

これは錯覚

コストダウンの逃げ道に注意しよう！…財務会計

	今年		コストハーフ
売上高	1000		1000
－製造費用	890	×1/2	445
＝粗利	110		555
－製造以外の費用	210		655
＝営業利益	▲100		▲100

達成？

実は変わっていない

ポイントBOX

①売上原価や粗利が売上高に比例するだろうという期待は錯覚
②本当に本気でコストダウンを目指すなら、販管費という逃げ道を作らない

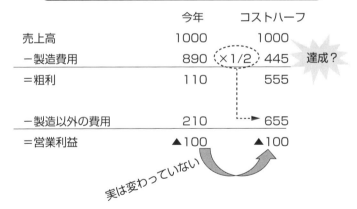

19 勘定科目法を実際にやってみる

変動費と固定費は、管理の目的で区分する

〈何をどのように管理したいのかで決める〉

変動費と固定費を区分する方法には様々なものがありますが（高低点法、散布図法、最小自乗法、等々）、これらは会社内部で何が起こっているのかわからない外部者の視点で使われる方法でした。ですからここでは会社内部の視点に立ち、勘定科目法をやりましょう。まずは状況整理のため、以下の読み替えをします。

✔ 売上原価　→　製造費用
✔ 販売費および一般管理費　→　製造以外の費用

勘定科目法による区分のポイントは「何をどのように管理したいか?」でした。即ち、経営管理上、ある費用を「変動費」として取り扱う目的は、①目標となる標準値を定め、②毎日の差異管理を行って、③コスト遵守またはコストダウンをしていくことにあります。言い換えれば、管理上の重要性が乏しければ、敢えて変動費として取り上げる必要はありません。なぜなら、**差異の管理にも相応のコストがかかるからです**（計測のコスト、分析のコスト、対策のコストなど）。

水道光熱費のように、物理的には変動費的な性格の費用であっても、管理上の重要性がないと判断するなら（差異管理のコストをかける意義がないと思うなら）、固定費として扱います。通信料などのように基本料プラス従量料金となるケースでは、基本料を固定費、従量料金を変動費とすることが想定されます。仮に通信料全体に管理上の重要性がなければ、一括して固定費としてしまうことになるでしょう。

変動費と固定費がしっかり区分できたら、内訳も明示して使いやすい管理会計を完成させます。区分された費用を一つずつ眺め、サプライチェーンで何が起こっているのかに思いを巡らし、次にどんな行動を取るべきかをイメージしてみましょう。

費用の内訳を調べよう！…財務会計

売上高	1000
－製造費用	890
＝粗利	110

	変動費	固定費
材料費	750	
労務費	100	
減価償却費		40

－製造以外の費用	210
＝営業利益	▲100

	変動費	固定費
外注物流費	160	
労務費		50

変動費と固定費を区分し、内訳も明示しよう！…管理会計

売上高	1000
－材料費	750
－変動労務費	100
－外注物流費	160
＝付加価値	▲10
－固定労務費	50
－減価償却費	40
＝営業利益	▲100

変動費の世界

固定費の世界

ポイントBOX

①変動費と固定費は、どう管理したいかで区分する
②変動費と固定費を区分できたら、内訳もしっかり明示する

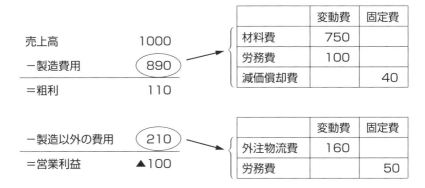

20 会社の未来をシミュレーションする

このまま売りまくるか？
無人化工場を目指すか？

〈さあ、戦う準備ができた！〉

サプライチェーン全体をしっかりと見渡して組織と会計を整備しました。変動費と固定費の区分もできました。ここで今まで会社がやろうとしていた行動目標が妥当だったかどうかについて改めて検証してみることにしましょう。

✔ ケース1…売って売って売りまくれ！

財務会計では110百万円の粗利が出ているように見えていた事業は、管理会計で見ると付加価値で10百万円の赤字だったことがわかります（第19話）。現状のビジネスモデルの延長で売って売って売りまくれば生き残れるだろうという期待は錯覚で、事業は致命的な限界に直面していたのです。

実は、今まで主戦場だった工場内ではなく、工場外の**外注物流費が大きな負担になり始めていました。**会社は、近年お客様から強く要望されるようになった短納期に応えるため、高価な特別便を使って場当たり的な対応をしてしまったのです。どうやらビジネスモデルを見直す時がきているようです。

✔ ケース2…無人化工場を目指せ！

近年のハイテクの時流に乗り、会社は工場の無人化に取り組みつつありました。財務会計の損益計算に基づいて、「無人化工場でコストハーフを目指す！」という勇ましい目標を立てたのです。しかし改めて管理会計を導入し、コストの内訳を明確にしたところ、自動化で変動労務費をゼロにしてもコストハーフにはならないことが明らかになりました。**自動化しても材料費や外注物流費は変化しない**からです。更には、無人化を推進するために必要な技術者や保全員による固定労務費の増加、設備投資に伴う減価償却費の増加などで、営業利益の赤字は180百万円にまで拡大してしまうこともわかりました。会社は無人化プロジェクトの進め方について再考する必要がありそうです。

売上２倍のシミュレーションをしてみよう！…管理会計

	今年		売上2倍
売上高	1000	×２	2000
－材料費	750	×２	1500
－変動労務費	100	×２	200
－外注物流費	160	×２	320
＝付加価値	▲10	×２	▲20
－固定労務費	50		55
－減価償却費	40		50
＝営業利益	▲100		▲125

無人化のシミュレーションをしてみよう！…管理会計

	今年		無人化
売上高	1000		1000
－材料費	750		750
－変動労務費	100	×０	0
－外注物流費	160		160
＝付加価値	▲10		90
－固定労務費	50		80
－減価償却費	40		190
＝営業利益	▲100		▲180

ポイントBOX

①管理会計があれば、ビジネスモデルの将来性や限界がわかる
②管理会計があれば、今やるべきこと／やるべきでないことがわかる

21 「かせぐ」と「わける」を区別する

管理の目的、タイミング、責任者が異なる二つの活動

〈会社の活動には二つのフェーズがあった〉

変動費と固定費をしっかり分離したことで、会社の活動には目的やタイミングと管理責任が異なる二つのフェーズがあることが見えてきました。

☆フェーズ1　「かせぐ」

- ✔ これは担当者が責任を持って行う活動です
- ✔ 管理の目的は標準原価の遵守、更なるコストダウンの摸索です
- ✔ 管理の方法は標準値に基づいた差異の管理です
- ✔ **管理のタイミングは毎日です**

「かせぐ」の管理で付加価値が赤字になってしまった場合、以下の処置をしなければなりません。

①サプライチェーン全体の活動に合理性があるかどうかを点検する
②会社が提供する製品やサービスの価値を再点検する

☆フェーズ2　「わける」

- ✔ これは経営者が行う活動です
- ✔ 管理の目的は経営資源（ヒト）を育てることです
- ✔ 管理の方法は資源の生産性の管理です
- ✔ **管理のタイミングは月次、年次などです**

「わける」の管理で付加価値が固定費を上回れば黒字、下回れば赤字となり、その境界が損益分岐点です。赤字になってしまった場合には、以下の処置をしなければなりません。

①新規の設備投資の中止
②固定的な外部委託契約の見直し
③人材育成プログラムの見直し
④生産性の低い資源の処分

フェーズ１　「かせぐ」…付加価値の最大化を目指そう！

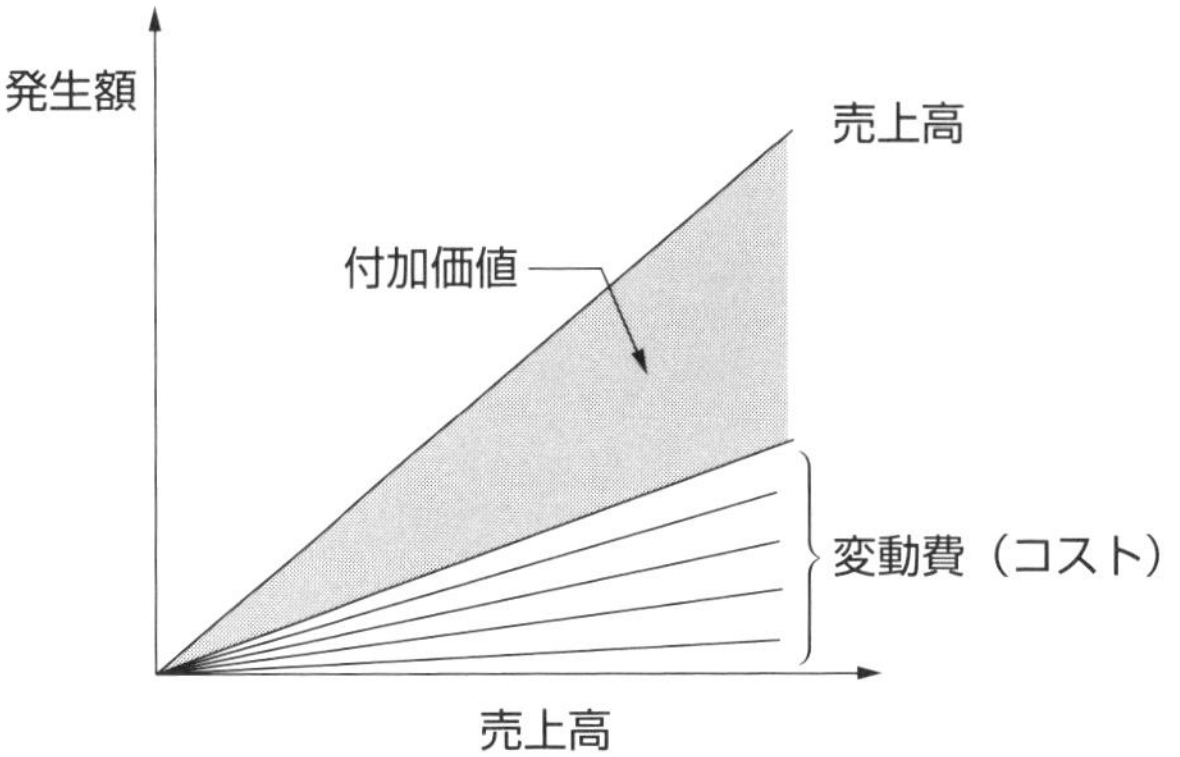

売上高
－材料費
－変動労務費
－外注加工費
－外注物流費
－運転資金の金利
＝付加価値

フェーズ２　「わける」…生産性の最大化を目指そう！

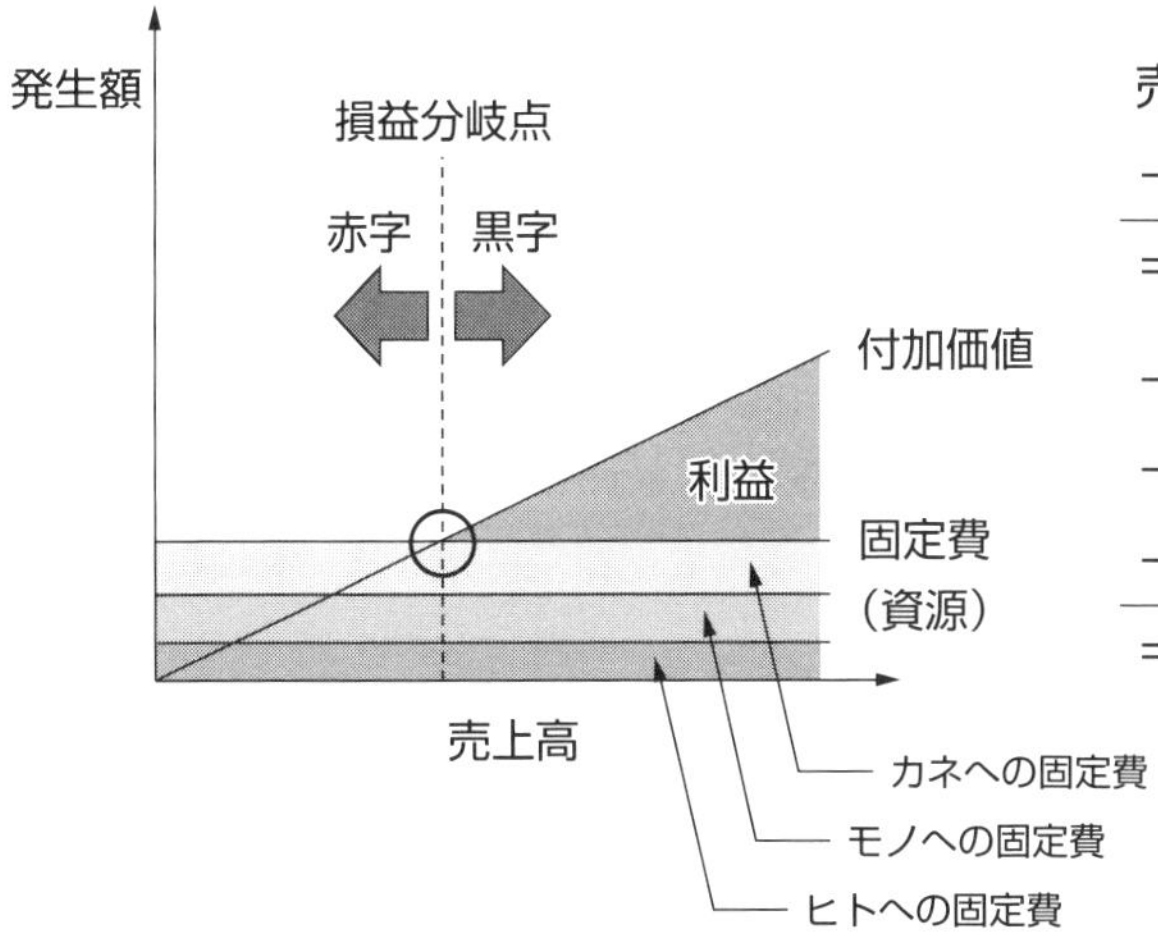

売上高
－全ての変動費
＝付加価値
－固定労務費（ヒト）
－減価償却費（モノ）
－事業資金の金利（カネ）
＝利益

ポイントBOX
①「かせぐ」ができたら、「わける」を考える
②付加価値が固定費全体を上回る境界を損益分岐点と呼ぶ

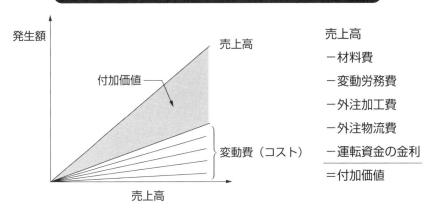

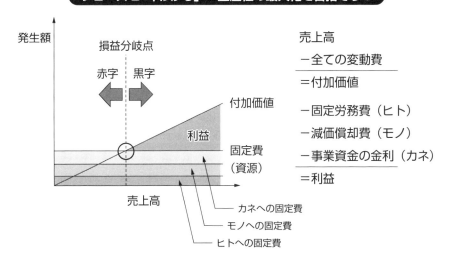

column

遊んでいるのは誰だ？

製造部門／非製造部門を問わず全員で新しい価値を創り出していく時代になりました。しかし製造部門のヒトを一般管理部門と一体管理すべきだという話をすると、

「あなたは甘い、そんなことでは製造部の連中が遊んでしまう！」

というご指摘もしばしばいただきます。そんな時、私は心の底からぞっとするのですが、その理由がおわかりでしょうか？　こうしたご指摘を下さるのは一般管理部門のホワイトカラーの方々なのですが、このロジックでは

「今、私達は遊んでいます！」

と宣言しているに等しいと思うからです。そして、やはり製造部門だけが叩かれ続けているという現実も垣間見えます。現場の皆さんの精一杯の努力が報われていない職場の空気を感じますが、その責任の一端は、製造部門の費用だけを切り離して叩いてきた財務会計にもあったと言えるでしょう。日本のモノづくりは優れた現場力によって支えられてきました。しかし、今やすっかり現場は疲弊し、カイゼンを推進してきた人材も失われてしまいました。カイゼンすればするほど製造部門が叩かれ、人材を失っていく日本型のモノづくりは、深刻な自己矛盾に陥っているのです。

その一方で、主要国の中でも日本のホワイトカラーの生産性は低いと言われます。それもそのはず、実は今まで一般管理部門のホワイトカラーの生産性を問う指標がありませんでした。**問われないものは良くなりません**。ずっとスケープゴートにされ叩かれてきた製造部門の陰で、ホワイトカラーはきちんと生産性を問われてこなかったのです。そんなホワイトカラーの生産性を管理するためには、①ホワイトカラーの労務費全体と、②その労務費が生み出している付加価値の両方を明らかにしなければなりません。

ところが従来の財務会計では、ホワイトカラーの労務費をバラバラにして配賦していたため全体が見えません。付加価値も見えません。そのためホワイトカラーの生産性がきちんと管理できなかったのです。労務費は配賦計算を通じて、①販売費および一般管理費／②売上原価／③期末在庫、の間をモグラのように逃げ回ります。これを「固定費の逃げ回り」と呼びます。これではヒトの生産性が管理できずに遊んでしまうため、管理会計は固定費の配賦を行わず、一元管理して、その生産性を問うのです。

Ⅲ

在庫管理の
カイゼン・マニュアル

ゼロ在庫を徹底する方法ですか？　そうですねぇ…
そもそもなぜ、ゼロ在庫を徹底したいのでしたっけ？
え、わからない？
それが、ゼロ在庫を徹底できない原因じゃないのですか？

22 なぜ在庫を減らすのか？ その理由を考える

期末日在庫だけを減らすという喜劇と悲劇を卒業する

〈なぜ、在庫を減らせと言われるのか？〉

「在庫を減らせ！」

これは今や製造業の常識です。在庫削減はどこの会社でも取り組まれている普遍的な活動です。ところが不思議なことに、

「ところで、なぜ在庫を持ってはいけないのですか？」

と質問をしてみると答えられる人が殆どいません！ これは大変に奇妙なことです。少し勉強をされた方なら、

「在庫を持つことはお金を寝かすこと、だから在庫を減らさなければなりません」

「値引きに釣られて使いもしない材料をまとめ買いするのは言語道断です！」

などとお答え下さるかもしれません。ではなぜ、お金を寝かしてはいけないのか？ お金を寝かすことが問題なのは、そこにムダな借入とムダな金利が発生するからです。それなら会社の在庫金利は具体的にいくらなのか？ 仮に材料のまとめ買いで10％の値引きを提案されたら、それを受けて良いか悪いかをどう判断すればよいでしょう？ もたもたしていたら**重要な経営カイゼンのチャンスを逃してしまいます**。

更に奇妙なのは、しばしば在庫削減は期末の棚卸日だけが対象にされてきたことです。しかし期末日だけ在庫を減らしても金利は節減できません。むしろ期末日に向かって行われる生産調整や投げ売り、棚卸後の在庫不足が引き起こす販売機会の喪失などが事業活動を著しく混乱させます。こうした騒動が棚卸の前1週間・後1週間（合計2週間）に及ぶ事例では、四半期毎の棚卸なら15％、毎月の棚卸なら46％もの期間、事業は正常な活動ができていないことになります。。

見方を変えれば無意味な在庫削減を止めれば、今より15～46％も頑張る余力を残しているとも言えるのです！

こんな在庫削減でよいですか？

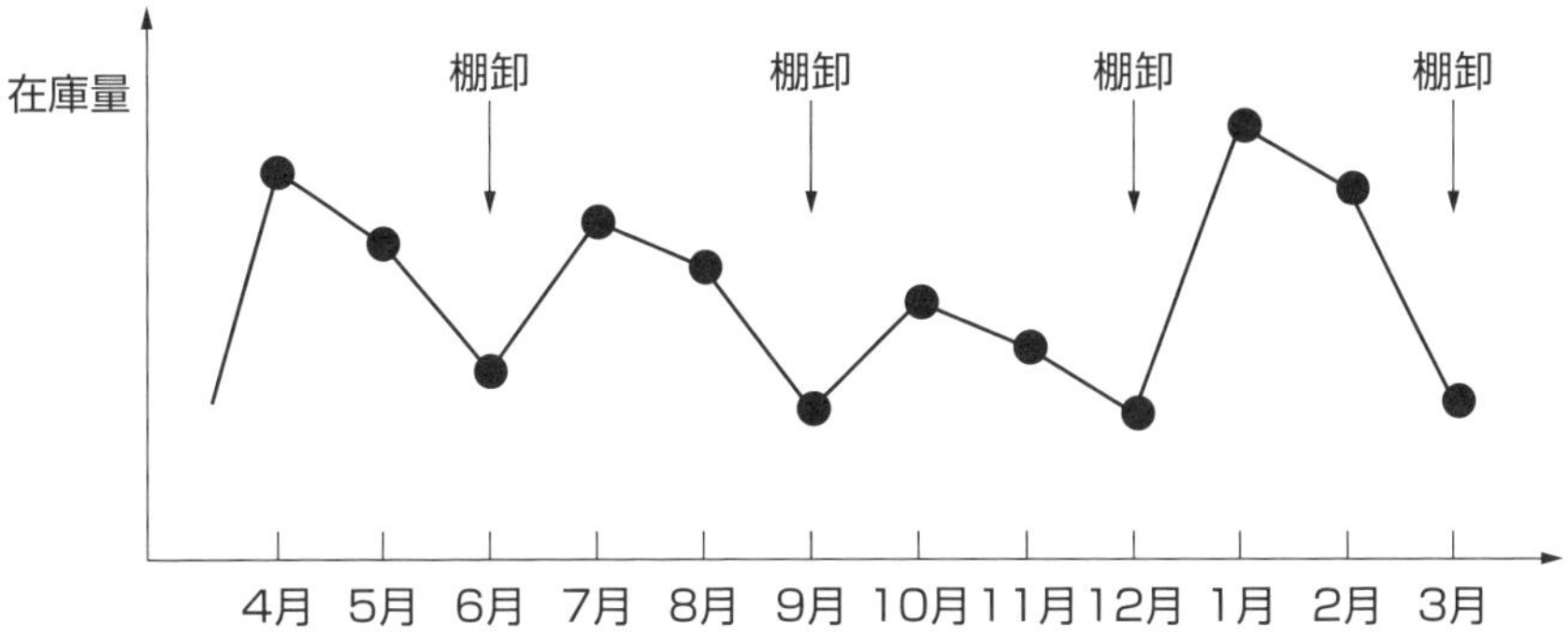

無意味な混乱、もう止めよう！

棚卸の1週間前から生産停止
棚卸の後、1週間続く弾切れ

合計で2週間の混乱

年1回の棚卸をする場合

2週間÷52週間 ＝ 年 4%の混乱

年2回の棚卸をする場合

4週間÷52週間＝年8%の混乱

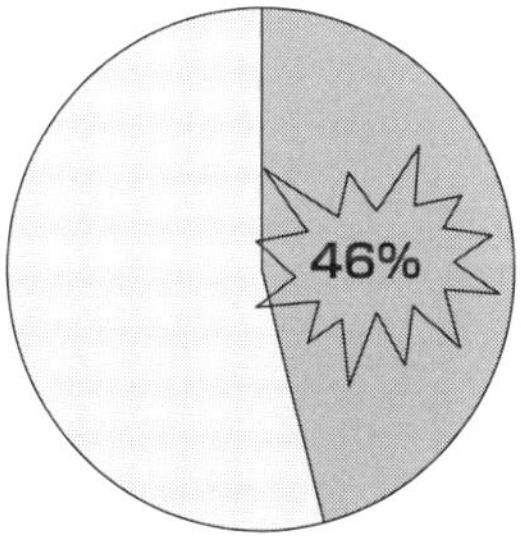

年4回の棚卸をする場合

8週間÷52週間＝年15%の混乱

年12回の棚卸をする場合

24週間÷52週間＝年46%の混乱

ポイントBOX

①理由が説明できない活動は、直ちに止める
②期末日の在庫を減らすためだけに、事業を混乱させる必然性は全くない

23 貸借対照表で在庫の全体を把握する

目に見えるものだけが在庫じゃない！　在庫の内訳も把握する

〈貸借対照表で在庫を調べる〉

在庫のあるべき管理を考える前に、会社に在庫がどれくらいあるかをしっかり把握しておきましょう。第2話のサプライチェーンの点検では、銀行から借り入れた運転資金（現金）が材料に姿を変え、仕掛品に姿を変え、製品に姿を変えることを見ました。製品は更に売り上げられて売上債権となり、それが現金で回収されて銀行に返済されることにより、サプライチェーンの活動が一巡します。

その様子は、財務会計の貸借対照表の**流動資産の内訳**を見ることで確認できます。

〈在庫はどこにあるのか？〉

貸借対照表には期末日時点での会社資産の内訳と金額が示されています。貸借対照表の左側に資産の部があり、その上の方に在庫が列記されています。

- ✔ 受取手形及び売掛金…これが「売上債権」です
- ✔ 商品及び製品…これが「製品」です
- ✔ 仕掛品…これが製造途中の「仕掛品」です
- ✔ 原材料及び貯蔵品…これが「材料」です

なお、下から上に向って材料、仕掛品、製品、売上債権という順番で並んでいますが、これは現金になって回収されるまでの時間が短い資産ほど上に書くという財務会計の慣習によるものです。

〈目に見えるものだけが在庫ではない〉

貸借対照表を点検してみて改めて実感されるのは、目に見える一般的な在庫（材料、仕掛品、製品）の他にも、目に見えない在庫（売上債権）があるということです。これらを全て管理しなければ、適切に在庫金利を管理したことにはなりません。

在庫はどこにありますか？

資産の部	
流動資産	
現金及び預金	76,093
受取手形及び売掛金	143,133
商品及び製品	14,856
仕掛品	7,513
原材料及び貯蔵品	10,889
その他	18,012
流動資産合計	270,496
固定資産	
有形固定資産	
建物及び構築物（純額）	50,809
機械装置及び運搬具（純額）	7,731
工具、器具及び備品（純額）	6,713
土地	16,830
その他	2,169
有形固定資産合計	84,252
無形固定資産	
ソフトウェア	17,492
その他	8,671
無形固定資産合計	26,163
投資その他の資産	
投資有価証券	50,082
その他	8,964
投資その他の資産合計	59,046
固定資産合計	169,461
資産合計	439,957

ポイントBOX

①貸借対照表を見れば、在庫の全体像と内訳がわかる
②目に見える在庫だけではなく、目に見えない在庫もあるので注意する

24 流動比率にも気を配らなければ完結しない！

在庫削減の目標は、借入金を減らすこと

〈貸借対照表の構造を理解する〉

前回、貸借対照表が出てきましたので、その構造を大雑把に見ておきましょう。貸借対照表の右側は会社がどんな方法で資金を調達しているかを示していて、①流動負債（運転資金の借り入れ、買掛金や支払手形などの買入債務）、②固定負債（事業資金の借り入れ）、③純資産（株主から出資を受けて預かっている資本金など）で構成されます。左側は調達された資金が社内でどのように姿を変えて運用されているかを示していて、①流動資産（在庫や現金預金）、②固定資産、で構成されます。右側の「調達した金額」と左側の「運用している金額」は当然に一致します。

〈在庫金利と流動比率〉

せっかく在庫を減らしても、**回収した現金を寝かしていたら金利は節減できません**。即ち、運転資金を速やかに次の活動に投入するか、速やかに銀行に返済しなければならないのです。資金の借り入れ／返済の管理は財務部門の担うべき役割ですが、ここまでを全てやって初めて金利を管理したことになります。運転資金の借り入れ⇒サプライチェーンの循環⇒回収された現金の返済、といった一連の流れが順調かどうかを判断する指標の一つに流動比率（＝流動資産÷流動負債）があります。仮に流動資産が270495千円、流動負債が164573千円なら流動比率は164％です。

流動比率＝流動資産（270496千円）÷流動負債（164573千円）＝164％

適切な在庫金利の管理のためには、流動比率にもしっかり気を配らなければなりません。流動比率は150％程度が目安とされ、一般的には数値が大きいほど良い（会社の支払能力が高い）と評価されますが、逆に数値が大きいほど金利の高い固定負債や純資産をムダに使っていることにもなるので注意しましょう。

貸借対照表は大雑把に見よう！

資金の運用

資産の部	
流動資産	
現金及び預金	76,093
受取手形及び売掛金	143,133
商品及び製品	14,856
仕掛品	7,513
原材料及び貯蔵品	10,889
その他	18,012
流動資産合計	270,496
固定資産	
有形固定資産	
建物及び構築物（純額）	50,809
機械装置及び運搬具（純額）	7,731
工具、器具及び備品（純額）	6,713
土地	16,830
その他	2,169
有形固定資産合計	84,252
無形固定資産	
ソフトウェア	17,492
その他	8,671
無形固定資産合計	26,163
投資その他の資産	
投資有価証券	50,082
その他	8,964
投資その他の資産合計	59,046
固定資産合計	169,461
資産合計	439,957

資金の調達

負債の部	
流動負債	
支払手形及び買掛金	34,994
短期借入金	24,373
未払金	26,148
賞与引当金	15,311
その他	63,747
流動資産合計	164,573
固定負債	
長期借入金	40,899
その他	12,509
固定負債合計	53,408
負債合計	217,981
純資産の部	
株主資本	
資本金	43,401
負本剰余金	50,344
利益剰余金	114,638
自己株式	△11,019
株主資本合計	197,364
その他の包括利益累計額	
その他有価証券評価差額金	15,325
その他	2,853
その他の包括利益累計額合計	18,178
少数株主持分	6,434
純資産合計	221,976
負債純資産合計	439,957

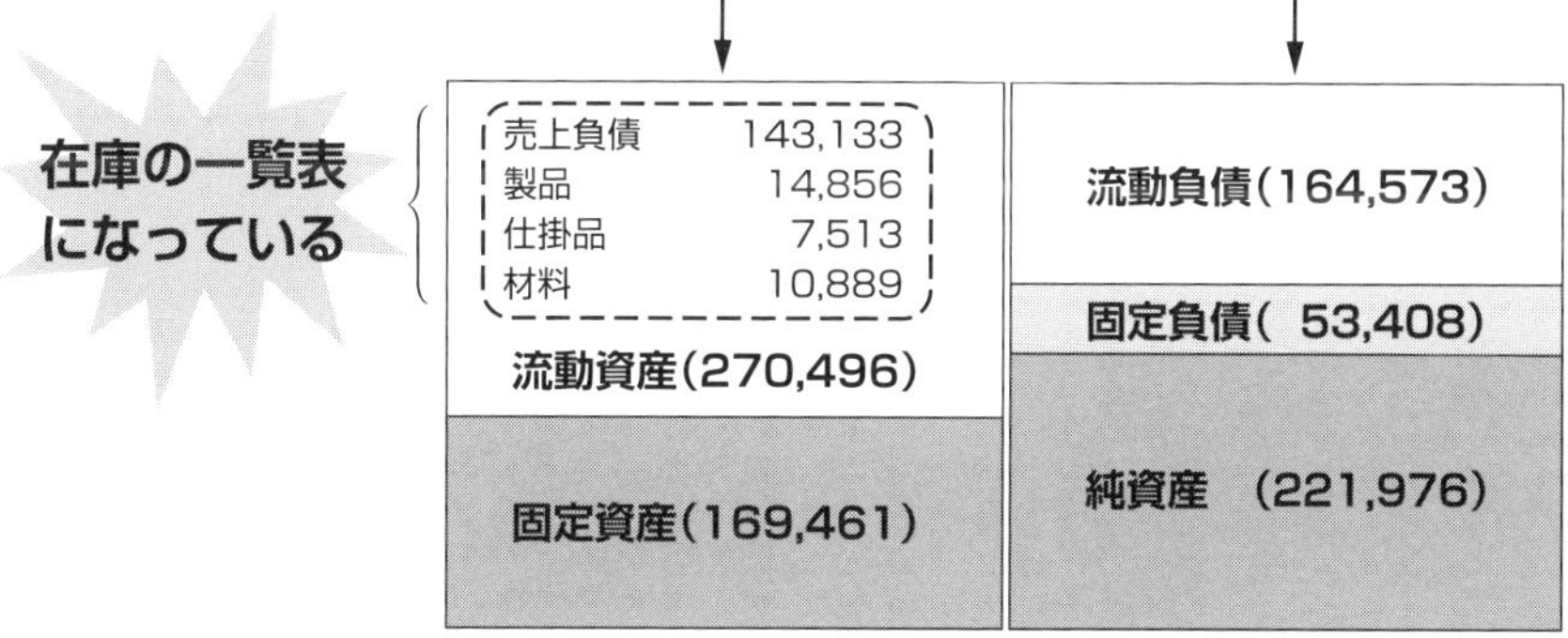

ポイントBOX
①在庫を減らしても、借入金を返さなければ金利は減らない
②在庫削減は、流動比率を適切に維持するための活動でもある

25 在庫を持って良い／悪いを判断する

在庫を持つことのメリットとデメリット、きちんと金額で評価する

〈在庫を持つことのメリット〉

「ゼロ在庫」の重要性が喧伝され叩かれてきた在庫ですが、十分な在庫を持つことにはメリットもあります。

在庫は①積極的な受注や納期短縮を可能とし、②人災・天災の時にも製品供給の安定を図ることができます。一定のまとめ買いを容認すればバイングパワーを発揮し、あるいはベンダー側の事務費用や発送費用の節減によって③値引きを引き出せるかもしれません。相場価格や為替変動を考慮した④機動的な購買戦略の発動も可能になります。社内でも毎日毎日の発注業務を軽減できれば⑤発注費用のコストダウンにも繋がります。

〈在庫を持つことのデメリット〉

多くのメリットがある故に、放置すれば増えてしまいがちな在庫ですが、その一方で在庫の増加が厳しく戒められてきたのは、余剰な在庫がもたらすデメリットもあるからでした。それは①廃棄損が発生するリスク、②保管費用の増大、③お金が寝ることによる在庫金利の発生などです。

特に、お金が寝ているか否かの評価についてでは在庫回転数という指標が用いられ、厳重な管理が行われてきました。しかし在庫回転数は他の経営指標との繋がりが希薄で不合理な目標設定になりやすく、**独り歩きしがちな指標です**。本当に本気なら、お金が寝ていることの影響は金利の金額そのもので把握し、他のコストとのバランスを見ながら合理的な在庫水準を決めていくとよいでしょう。

〈在庫金利を把握する〉

在庫回転数が下がって問題なのは、在庫額に相当する余分な運転資金の借入と金利（在庫金利）が発生するからです。そこで在庫金利の評価方法を考えてみることにしましょう。

在庫金利はサプライチェーンに登場する変動費（コスト）の一つとして一体的に管理し、その他の金利（事業資金の金利）からは切り離して把握します

在庫を持つのは良いこと？悪いこと？

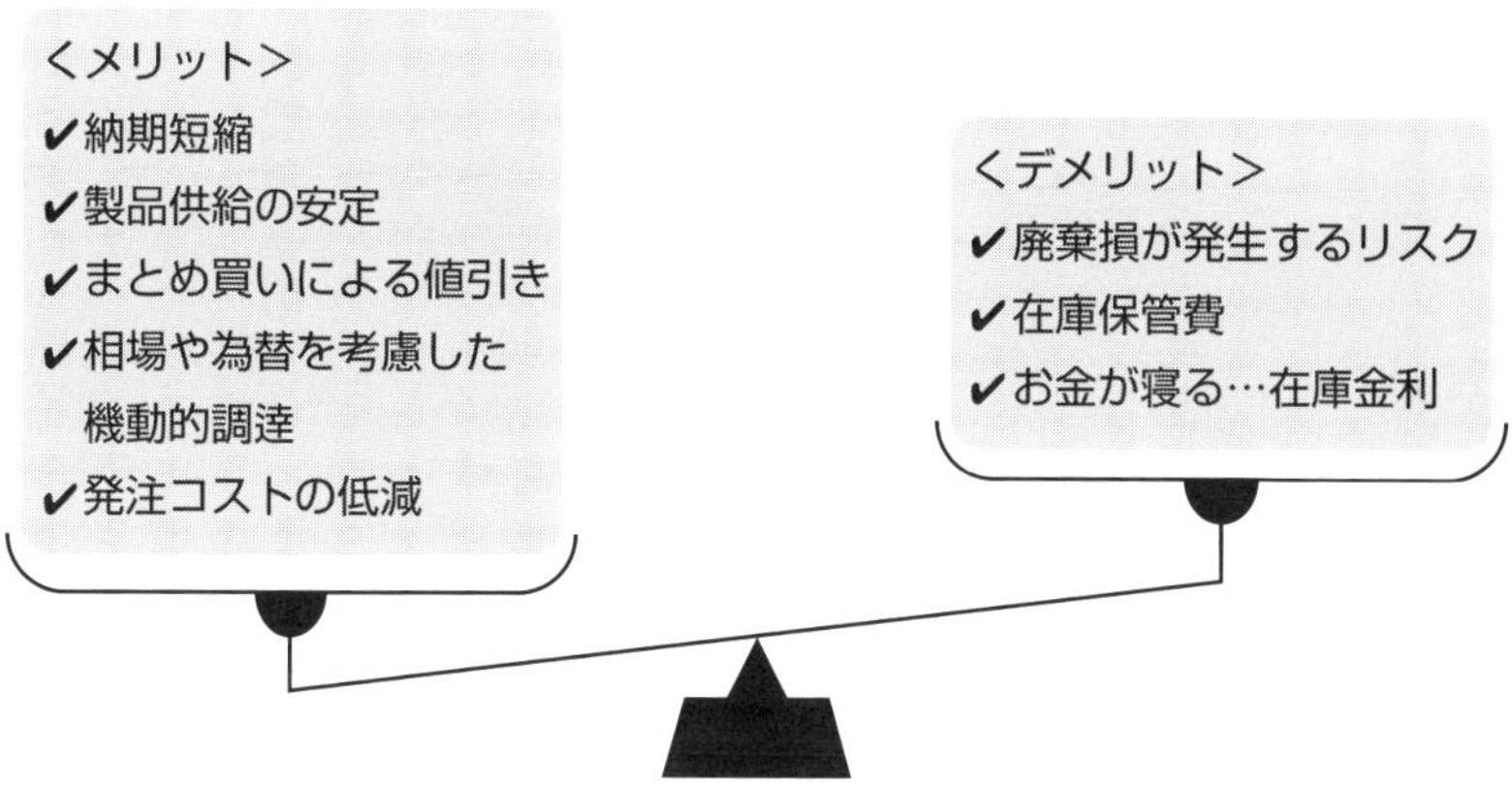

在庫金利もサプライチェーンに組み込もう！

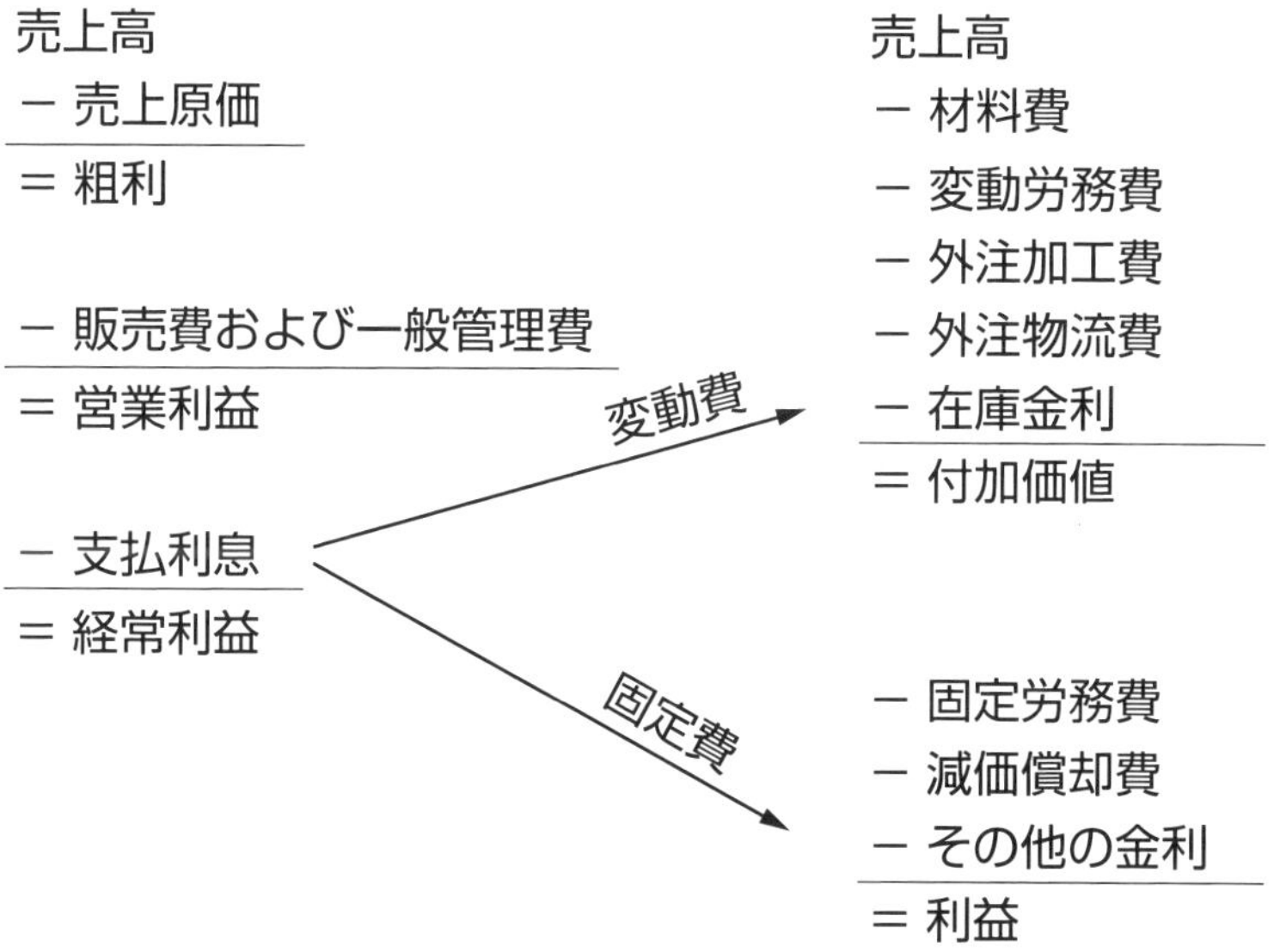

ポイントBOX

①在庫を持つことにはメリットもある
②在庫金利は金額で評価し、デメリットとメリットを比較して適切な在庫高を決める

26 正しい在庫回転数を求める

古い在庫回転数は茶番！
適切な経営判断に使えない

〈在庫回転数の求め方〉

在庫管理には在庫回転数という管理指標があります。在庫回転数は「1年間の売上高÷期末日の在庫高」で求められ、回転数が大きければ大きいほど良いとされる指標です。仮に1年間の売上高が180億円、期末日の在庫高が60億円だったなら、在庫回転数は180億円÷60億円で3回転です。この在庫を30億円に圧縮できたとすれば、在庫回転数は180億円÷30億円で6回転に上昇し、ムダにお金を寝かさずに効率良い経営が行われたと判断されるでしょう。

ところが、この計算に用いられる在庫高が、期末日たった1日の在庫高であるが故に、期末日だけ在庫を圧縮して経営効率を良く見せようとする**不適切な行動**の原因にもなってきました。

〈なぜ計算に期末日在庫高が使われてきたのか？〉

そもそも従来の在庫回転数の計算に期末日の在庫高が使われているのは、①財務会計ができた100年前には適切な在庫管理システムがなく、期末日に実施する実地棚卸（紙と鉛筆を使って実地に在庫を数える）で在庫を把握していた、②会社の外部から経営分析を行うには、貸借対照表に開示されている在庫情報（期末日在庫）の数字を使う他なかった、などの理由によるものですが、今日の経営管理においては在庫管理システムのデータを使って毎日の在庫を求め（電子棚卸）、真の資金効率を管理することが可能です。

〈平均在庫を求める〉

現実の在庫高は日々刻々と変化しとらえどころがありませんが、経営管理のための在庫管理では、毎営業日の夕方の在庫高を在庫管理システムを使った電子棚卸で把握することにしましょう。把握した在庫高を全ての営業日にわたって合計し、営業日数で割った金額が、管理目標とするべき平均在庫高です。

本当に本気なら、在庫の管理を変えよう！

今まで	**在庫回転数 =1年間の売上高÷期末日の在庫高** 背景 1. 在庫管理を実地棚卸で行っていた 2. 外部からは貸借対照表の期末日在庫しか見えない
これから	**在庫回転数 =1年間の売上高÷1年間の平均在庫高** 背景 1. 今はシステムで電子棚卸ができる 2. 社内では、データ取得に制約はない

在庫の金利を計算してみよう！

STEP 1. 在庫高を毎日把握する

毎営業日末の在庫高を電子棚卸で把握

↓

STEP 2. 平均在庫を求める

全ての営業日の在庫高の合計÷営業日数

↓

STEP 3. 在庫金利を計算する

平均在庫×在庫金利の利率

ポイントBOX
①正しい在庫回転数の計算は、平均在庫で行う
②毎日の在庫高を電子棚卸で把握し、平均在庫を求める

27 実際の在庫金利を計算してみる

在庫金利、在庫管理上の差異と財務管理上の差異

〈年次で行う、在庫金利の目標管理〉

第26話で、売上高÷在庫高で求める在庫回転数を、期末日在庫ではなく平均在庫で計算することにしました。仮に何らかの理由で在庫管理に失敗し、平均在庫高が目標を超過してしまった場合、**在庫金利でどれくらいの損失を出してしまったか**を新しい在庫回転数を使って計算してみることとしましょう。

ある会社の当期の売上高は2835百万円、在庫管理の目標としていた在庫回転数は5回転でした。これらの数値から、維持すべき平均在庫の金額は2835百万円÷5回転で567百万円だったことになります。しかし実際の平均在庫は598百万円だったので、在庫回転数は4・7回転に留まってしまいました。この場合、平均在庫高の差異は598百万円−567百万円で31百万円です。

経理部門の評価によれば、この会社の運転資金の借入利率は年4％でした。仮に平均在庫高が目標通りだったなら、会社が負担すべき計算上の在庫金利は567百万円×4％で22・7百万円だったことになります。これに対して実際の平均在庫は598百万円でしたから、計算上の在庫金利は598百万円×4％で23・9百万円となり、在庫金利に1・2百万円の差異が生じていたことがわかります。

ところが経理部門に問い合わせて実際の金利の支払額を確認したところ、その金額は28・9百万円だったことがわかりました。実際の平均在庫に対応する計算上の在庫金利23・9百万円との差額5百万円は経理財務の活動の失敗で生じた差異だったことになります。これらが、管理会計の損益計算においてサプライチェーンを構成するコストの一つとして計上されます（標準の在庫金利22・7百万円、在庫管理上の差異1・2百万円、経理財務上の差異5・0百万円）。

在庫金利の年次管理は、これだ！

在庫金利の利率　　年4%
在庫回転数の目標　5回転

売上高	目標		実際		差異	
	在庫高	在庫金利	在庫高	在庫金利	在庫高	在庫金利
2835	567	22.7	598	23.9	31	1.2

＜目標の計算＞
売上高（2835百万円）÷ 5回転＝目標在庫高（567百万円）
目標在庫高（567百万円）× 利率（4%）= 在庫金利（22.7百万円）

↕ 差異1.2百万円

＜実際の計算＞
実際在庫高（598百万円）÷ 利率（4%）＝在庫金利（23.9百万円）

↕ 差異5.0百万円

実際に支払った在庫金利（28.9百万円）

売上高	**2835**
－材料費	**＊＊＊（±差異）**
－変動労務費	**＊＊＊（±差異）**
－外注加工費	**＊＊＊（±差異）**
－外注物流費	**＊＊＊（±差異）**
－在庫金利	**22.7（+1.2+5.0）**
＝付加価値	

ポイントBOX

①目標とすべき平均在庫高は「売上高÷在庫回転数」で求まる
②目標とすべき在庫金利は「平均在庫高×運転資金の借入利率」で求まる

28 在庫は毎日管理する

在庫金利を、コストと位置づけて日次で管理する方法

〈日次で行う在庫金利の目標管理〉

在庫金利を重要なコストとして位置づけるなら（！）、期末日を待たず他のコストと同様に毎日の差異管理を行って迅速なフィードバックをしなければなりません。在庫が多すぎるならすぐに削減し、少な過ぎるならすぐに補充をする必要があるからです。その方法について考えてみましょう。毎日行う在庫金利の計算の流れは、基本的には年次の計算と同じですが、日次計算であるがゆえの違いもあります。

ある会社の○月3日の売上高は8百万円、当期に在庫管理の目標としていた在庫回転数は5回転でした。これらの数値から維持すべき目標在庫の金額を求めるには、まず日次の売上高（8百万円）に年間の営業日数（250日）を乗じて年間の想定売上高（2000百万円）に換算します。次にこの2000百万円を目標の在庫回転数（5回転）で割って目標在庫（400百万円）を求めます。この時、実際の在庫が580百万円だったとすると、在庫高の差異は180百万円になります。会社の運転資金の借入利率は年4％でしたが、1日分の在庫金利の評価をするためには、これを営業日数（250日）で割って1日分の金利に換算しなければなりません。その結果、在庫回転数から求められた目標在庫（400百万円）に対応する1日分の在庫金利は0・06百万円、在庫差異180百万円に対応する在庫金利は0・03百万円だったことがわかります。毎日の差異を累計していけば年次の差異も求まります。

〈在庫調達額の目安〉

在庫回転数に基づく在庫管理は、過去を顧みて「今日の在庫をどうすべきだったか？」を考える管理ですが、**「明日の在庫をどうすべきか？」**まではわかりません。実際には直近数日分の売上高を移動平均して年換算した売上高や年次の売上目標額を、年次の在庫回転数の目標で割った値が明日の在庫の目安になるでしょう。管理が成功しているか否かは毎日の在庫金利の累計で判断できます。

在庫金利の日次管理は、これだ！

在庫金利の利率　年4%
在庫回転数の目標　5回転
年間の営業日数　250日

売上高			目標在庫高	実際在庫高	差異		
	日次の実績	年換算			在庫高	在庫金利	累計
○月1日	10	2500	500	514	14	−0.00	−0.00
○月2日	12	3000	600	589	−11	0.00	0.00
○月3日	8	2000	400	580	180	−0.03	−0.03
○月4日	15	3750	750	498	−252	0.04	0.01
○月5日	11	2750	550	562	12	−0.00	0.01

増減に注意を払う

＜目標の計算＞
日次の売上高（8百万円）× 250日 ＝ 年換算売上高（2000百万円）
年換算売上高（2000百万円）÷ 5回転＝ 目標在庫高（400百万円）

差異180百万円

＜実際の状況＞
実際在庫高（580百万円）

＜在庫金利の差異＞
在庫の差異（180百万円）× 利率（4%）／250日 ＝ 在庫金利の差異（0.03万円）

ポイントBOX
①在庫管理が大切だと認識するなら、在庫金利を毎日管理する
②在庫金利の差異を累計すれば、在庫管理の良否が判断できる

29

死に筋在庫を減らし、売れ筋在庫はしっかり持つ

ゼロ在庫よ、さらば！
必要なのは踏み出す勇気

〈一律に在庫削減することの弊害〉

従来、在庫の内訳すら把握せずに一律に在庫削減（ゼロ在庫）の必要性が叫ばれてきました。その状況は、原価の内訳すら把握せずに行われてきたコスト削減と似ています。結果として、手をつけやすい「売れ筋在庫」に偏った在庫削減が行われ、**翌期初に倉庫を開けたら「死に筋在庫」ばかりだった**という悲劇が実際に起こっています。購買戦略は硬直化し、納期短縮の障害となり、見えない在庫（売上債権）は放置されるなどの弊害を生じてきました。悲劇はもう終わらせましょう。そして在庫の内訳別に最適な管理目標を持つことにしましょう。

- ✔ 材料在庫は、部材の共通化を前提として、合理的なまとめ買いや備蓄を進める
- ✔ 仕掛在庫は、工程設計や生産計画の合理化により自然に減らしていく
- ✔ 製品在庫は、材料の一定備蓄とジャストインタイム生産を前提にゼロ在庫を継続
- ✔ 売上債権は、ビジネスモデル（IoT、リース等）を踏まえて適切な回収を進める

〈本気の在庫管理、八つのキーワード〉

新しい在庫戦略を支えるキーワードは以下の通りです。

①管理対象は、期末日在庫ではなく「平均在庫」です
②管理対象には、見える在庫だけでなく「見えない在庫」も含みます
③在庫と借入のバランス「流動比率」に注意を払います
④在庫の種類別に、それぞれ適切な管理目標を設定します（四つの在庫回転率）
⑤削減すべき在庫は、手が付けやすい「材料在庫」や「売れ筋在庫」ではなく、「死に筋在庫」です
⑥在庫を適切に持つことの意義は、合理的に「納期短縮」をすることにこそあります
⑦在庫金利を具体的な「金額で計算」し、値引き・相場変動・為替変動の効果を「金額で比較」します
⑧余剰在庫を抱える動機になってきた「固定費配賦」は止めましょう（第78話）

４つの在庫それぞれに、回転率の目標を持とう！

	在庫量	
材料在庫（財子）	↗	しっかり持つ ※目標回転数を下げる
仕掛在庫（差異子）	↘	自然に減らす ※工程短縮の結果として減らす
製品在庫（罪子）	↘	死に筋在庫を持たない ※目標回転数を上げる ※ジャストインタイム生産の徹底
売上債権（見えない在庫）	↘	適切に回収する ※ビジネスモデルを確認

本気の在庫管理、８つのキーワード

☆ 平均在庫

☆ 見えない在庫

☆ 流動比率

☆ 4つの在庫回転率

☆ 売れ筋と死に筋

☆ 納期短縮

☆ 金額で計算、金額で比較

☆ 固定費配賦を止める

ポイントBOX

①死に筋在庫は減らし、売れ筋在庫はしっかり持つ
②在庫一律に減らすのではなく、内訳を把握して適切な管理目標を立てる

30 使いやすく、作り変えてしまえばよい！

管理したいものを管理するための貸借対照表と損益計算書を作る

〈貸借対照表の形〉

今まで一般的に認識されてきた目に見える在庫（材料、仕掛品、製品など）だけではなく、売上債権などの目に見えない在庫や、借り入れている運転資金（流動負債）の返済状況にも気を配らなければ、在庫金利の管理が完結したとは言えません。

本当に本気なら、これらの全てが管理しやすい貸借対照表をデザインし、漏れのない管理をしていきましょう。財務会計の貸借対照表は期末日や四半期末日にしか作成されませんが、適切な在庫管理のための貸借対照表は最新の情報に毎日更新しておかなければなりません。

〈損益計算書の形〉

在庫金利は、売上高と共に増減する変動費（コスト）です。この在庫金利を金額で評価した上で、納期短縮による売価回復や、纏め買いによる材料費の値引き効果などと一体把握しなければ、適切な在庫戦略は立てられません。

本当に本気なら、在庫金利もサプライチェーン上のコストの一つとして認識し、他のコストと一体で管理しましょう。毎日の変化をモニタリングし、迅速な経営判断をしていきます。

〈これからの競争力の源泉〉

「まとめ買いで、要りもしない在庫が山積みになっていた…」

かつてのモノづくりのセオリーではまとめ買いを嫌がりました。もちろん要りもしない在庫の山は困りますが、**持つべき在庫はきちんと持たなければなりません。**

近年製造原価に占める材料費の比率が高まっています。これからは真に必要な在庫を正しく見極め、戦略的な調達を成功させた会社こそが新たな競争力を発揮することになるでしょう。

新しい貸借対照表と損益計算書を作ろう！

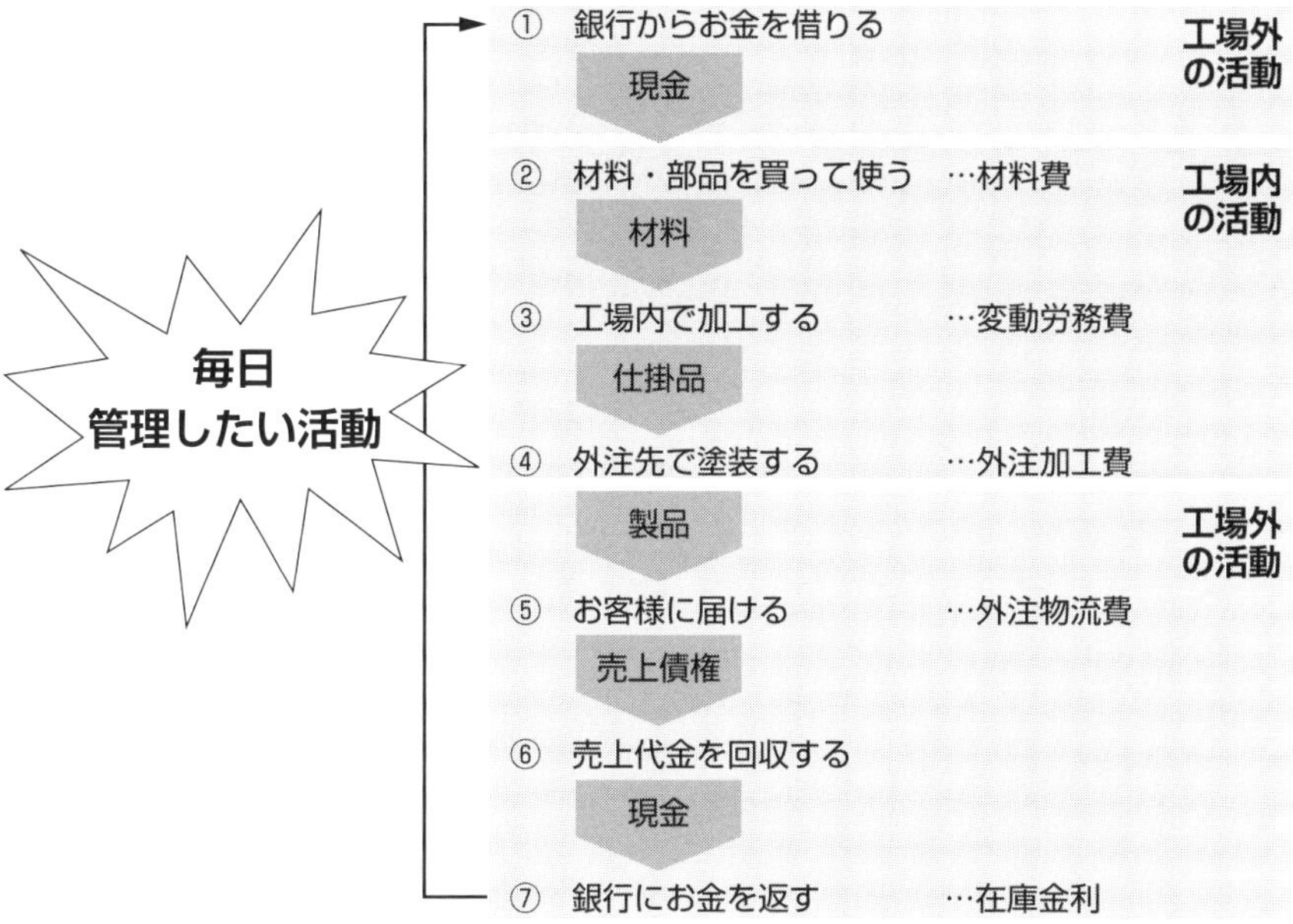

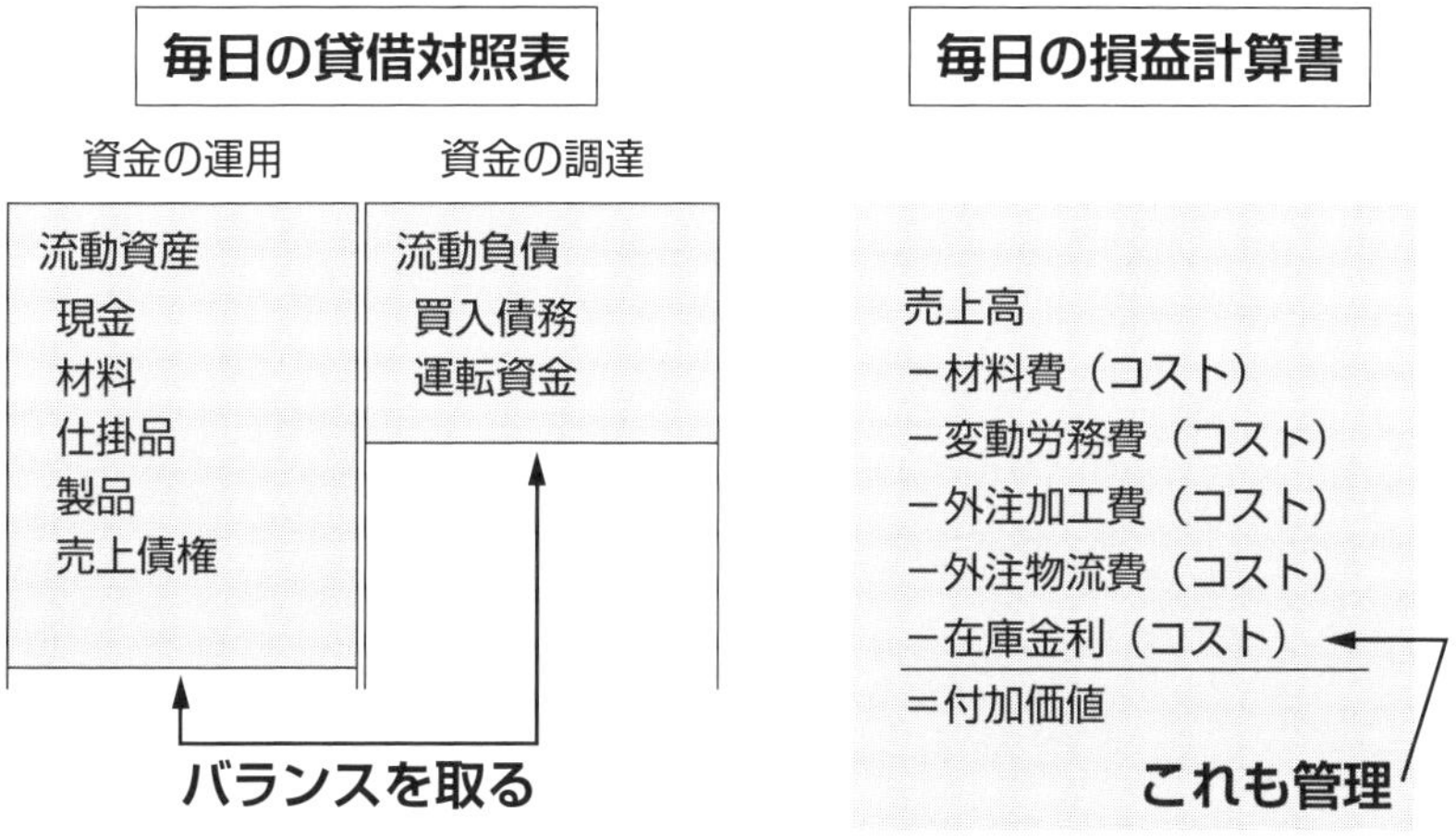

ポイントBOX
①日々の在庫管理がしやすい貸借対照表と損益計算書を作る
②正しい在庫戦略で、新たな競争力を発揮する！

column

なぜ、まじめな班長が叱られるのか？

ある日、スーツ姿でどこかの工場を見学していると、突然誰かが駆け寄ってきて猛烈に何かを謝り始めました。いったいどうしたのですかと問えば、生産ライン上に仕掛品が溜まっていることを謝っているとのこと。よくよく聞いてみると、彼はそのラインの班長さんで、こんな話をしてくれました。

「この工場には前工程の能力が後工程の2分の1程度しかなく、前工程だけが昼夜運転を余儀なくされています。必然的に朝になると前工程の出口には仕掛品の山ができるのですが、夕方には必ず解消され決して死蔵品になるものではありません。残念ながら、当工場の製品の売上は毎年減少しており、前工程の能力を2倍にするだけの設備投資をする余裕がないのです。仕掛品の山はお金の山ですから、ここに仕掛品の山を作ってはいけないことはわかっているのですが、本当に申し訳ございません。この製品が売れ続けている限りは、1個の仕損も出さないよう精一杯に頑張ろうと思っています。本当に、本当に、申し訳ございません…」

まじめな班長さんは泣いていました。そんな班長さんの話を聞き「そうだったのですか、毎日ご苦労様です。これからも頑張って下さい！」と励ますと、「え、今日は怒らないのですか？」と驚くので、こちらの方が驚いてしまいました。班長さんは毎日何を怒られていたのでしょうか？　後日、貸借対照表で会社の流動資産を調べると売上債権が仕掛品の20倍もありました。在庫を削減する目的とは一体何でしょう？　本当に本気で在庫削減するのなら、まじめな班長さんを叱るのではなく、売上債権（目に見えない在庫）にまでしっかり気を配る必要があったでしょう。在庫金利も具体的に計算し、どの在庫削減でいくらの効果を見込むのか／見込めないのか、をしっかり把握しておくべきです。

在庫管理の究極の目標は、廃棄損を出さずに最短納期を実現することです。もし在庫金利を問うのなら、工場内の在庫だけではなく売上債権（見えない在庫）や流動負債にも注意を払わなければなりません。そして在庫の種類毎に適切な管理目標を立てる必要があります。減らしやすい在庫だけを減らすムダ、見かけの在庫だけを減らすムダ、期末日の在庫だけを減らすムダ、を今すぐに止めなければなりません。こうした行動は、うわべの数字だけをきれいに見せるという意味で、**毎日粉飾の練習をしているようなものです**。極めて異常な光景も、毎日やれば見慣れた日常になってしまうからです。これでは製造業は蘇らず、誰も幸せになれません。「在庫がお金の塊だ！」と本当に本気で思うなら、毎日の在庫金利を計算し、他のコストと一緒にサプライチェーンの中で一体管理しましょう。日本の在庫管理よ、力強く蘇れ！

Ⅳ

生産性のカイゼン・マニュアル

会社存亡の危機です！　なんとか生産性を上げなければいけませんね。
ところで、今まで生産性をどのように測っていたのですか？
え、測り方がわからない？　それって本当に会社の危機です…

31 ムダ取りという名のムダを止める

コストの内訳に注意を払わなければ、新しい勝負所が見えてこない

〈100年前の勝負どころは、労務費の節減だった〉

100年前にアメリカ・フォード自動車が達成したコストハーフの勝負所は、ベルトコンベアの導入による作業時間の短縮でした。

これで作業時間は14時間から1・5時間になり、変動労務費（当時の作業者は日雇いが多かった）が劇的に節減されたのです。

〈日本のカイゼンの勝負どころも、労務費の節減だった〉

日本のモノづくりを支えてきたカイゼンの勝負所もまた作業時間の短縮による労務費の節減でした。

このことは、60年以上にわたって日本のカイゼンの指針となってきた「七つのムダ」にも明確に見て取ることができます。

- ✔ つくりすぎのムダ
- ✔ 手持ちのムダ
- ✔ 運搬のムダ
- ✔ 加工そのもののムダ
- ✔ 在庫のムダ
- ✔ 動作のムダ
- ✔ 不良を作るのムダ

いわゆる「七つのムダ」

七つのムダのうちの実に六つ（在庫のムダを除く全て）が、何らかの形で作業に関わるものです。

これらのムダ取りは今日も有意義な活動ですが、七つのムダが提唱された60年前と今ではビジネス環境やコストの内訳が全く変わってしまっていることには注意しなければなりません。**時代に取り残されたムダ取り活動**は、それ自体がムダな活動となってしまうからです。

ムダとは事業が何を目指すかによって変わってくるものです。やみくもなムダ取り活動にいきなり埋没してしまう前に、まず事業の目標をしっかり確認しましょう。

100年前のフォードが達成したコストハーフ

	＜1910年＞	＜1914年＞
売上高	950	550
－材料費	350	350
－変動労務費	500	100
＝付加価値	100	100

激減

サプライチェーン全体を見渡してみる！

材料費（コスト）	つくりすぎのムダ、不良をつくるムダ
↓	
変動労務費（コスト）	つくりすぎのムダ、手持ちのムダ、運搬のムダ 加工そのもののムダ、動作のムダ、不良をつくるムダ
↓	
外注加工費（コスト）	どうするのか？
↓	
外注物流費（コスト）	どうするのか？
↓	
在庫金利（コスト）	在庫のムダとは何を意味するのか？

ポイントBOX

①今までのモノづくりの勝負所は工場労務費の節減だった
②ビジネス環境が大きく変化した今日、工場労務費の節減だけでは生き残れない

32 原価構造の変化を知る

その一歩のムダ取りは、何円のコストダウンになりますか？

〈多くの関係者が気づいていない！〉

多くのコストダウン関係者がこの変化に気づかず60年前のやり方で作業のカイゼンに取り組み続けています。実は、コストの全体も内訳も明示しない古い会計こそが、その原因になっていたのです（第9話）。

〈目指すべきことは、コストダウンだけではない！〉

今日、モノづくりは手作りから機械化された工程へと置き換わり、情報化技術が更に大きくモノづくりを変えました。**モノそのものだけで差をつけることは難しくなり**、原価の比率も大きく変わっています。

社会の変化が速くなったため、勝負所を誤れば負け犬になるリスクが高まりました。ネットを通じて大量の技術情報が誰でも入手できるようになったため、今まで発展途上国とみなされてきた国々からも手強いライバルが次々と出現しています。これからもカイゼンを目指すなら、単なる作業のカイゼンを超えた新しい視点と、それを支える新しい会計がどうしても必要なのです。

〈作業のムダ取りだけで、本当に利益は回復するのか？〉

60年前の製造原価では労務費の比率が高く（例えば40%）、作業のムダ取りはすぐに大きな成果に繋がりました。ところが今日、製造原価に占める労務費の比率が大幅に下がっているケースが増えました（例えば5%）。仮に20%の歩行動線を短縮する場合、そのカイゼン効果は以下のように変化します。どんなに頑張っても、その方向が間違っていたら利益は回復しません。作業のムダ取りだけでは利益が出にくくなっていることがわかります。

昔	材料費	30%	
	労務費	40%×20%	⇒ 8%のコストダウン
	経費	30%	
今	材料費	90%	
	労務費	5%×20%	⇒ 1%のコストダウン
	経費	5%	

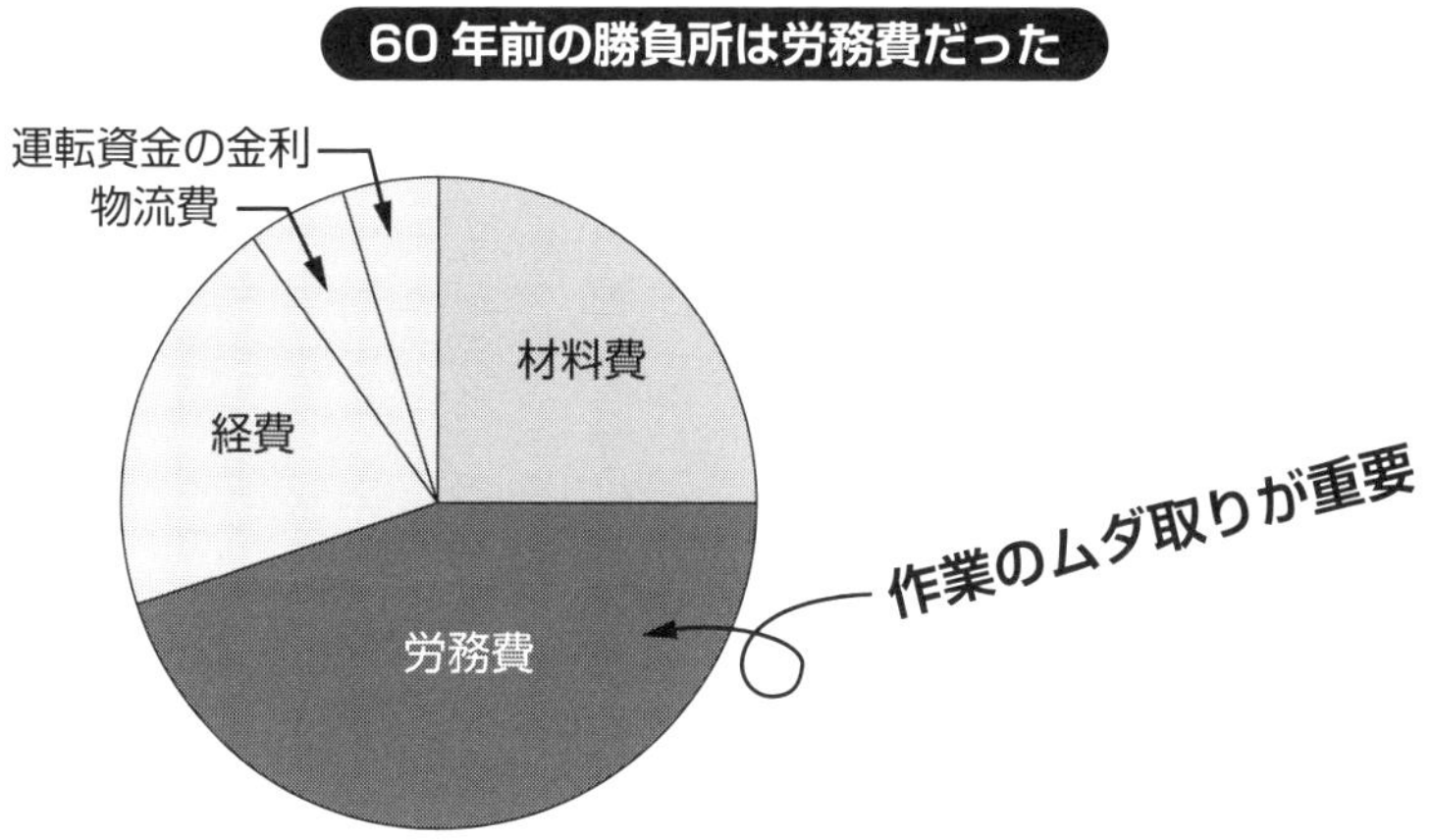

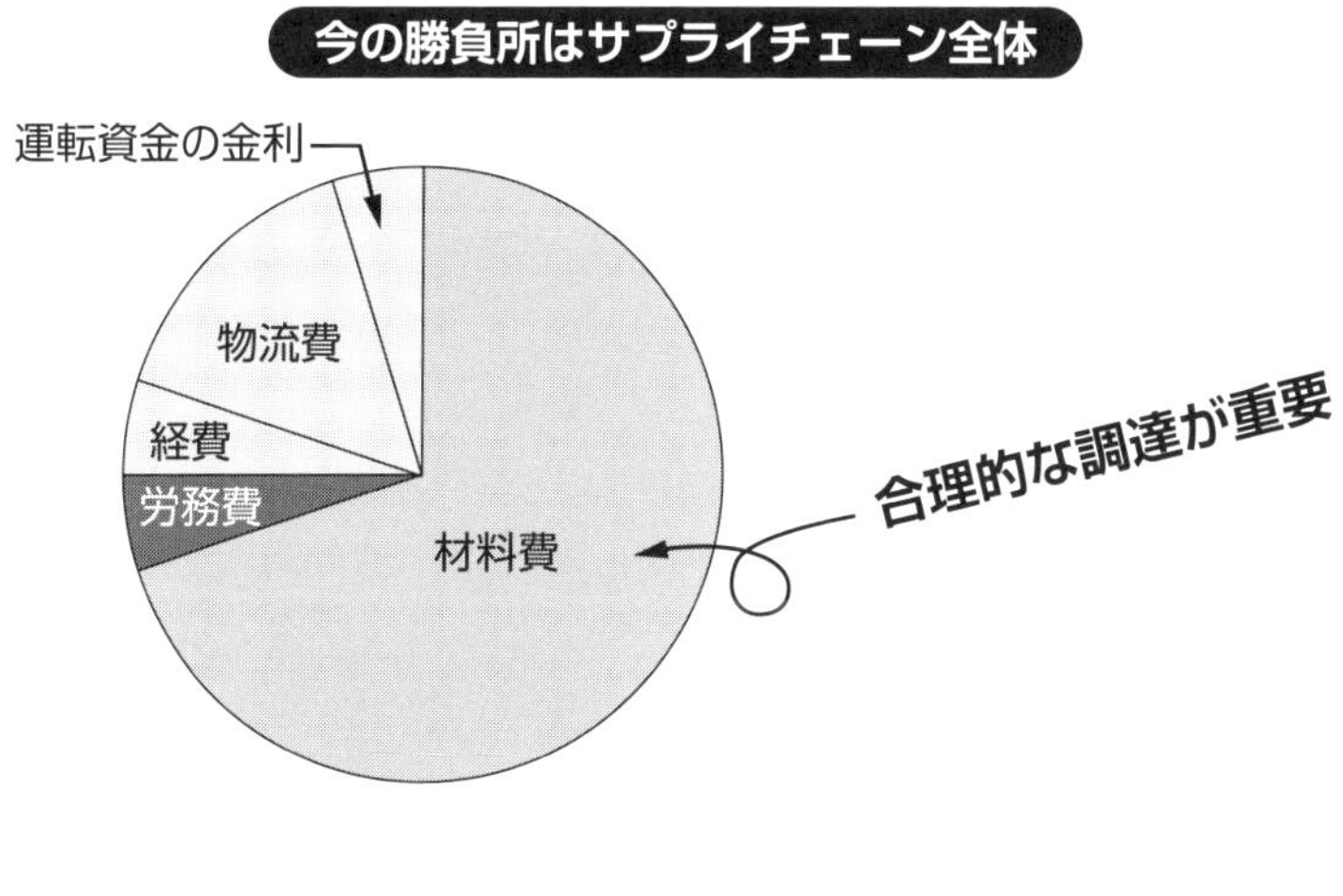

ポイントBOX

①近年、原価の構造が大きく変化し、労務費の比率が下がってきた
②労務費の比率が下がれば、作業のムダ取りの効果は小さくなる

33 60年間も同じことをやらない

これからのカイゼン、新しい勝負所はサプライチェーン全体

〈新しい勝負所は、強いサプライチェーンの構築〉

今日、モノづくりの勝負所は大きく変わりました。そこにはこんな背景があります。

- ✔ **原価に占める労務費の比率が小さくなり、**労務費節減の余地が小さくなった
- ✔ **生産工程の自動化・標準化が進み、**労務費節減の余地が更に小さくなった
- ✔ インターネットの普及により、モノづくりの技術が世界的にコモディティ化した

もはや作業のカイゼンだけでは差がつかなくなった今、新しい勝負所は、強固なサプライチェーンの構築に移っています。近年ドイツで活発なインダストリー4・0もまたネットワークの力によって強固なサプライチェーンを作る試みだといえるでしょう。そんな今、日本の新しいモノづくりが目指すべきことは以下です。

- ✔ ネットワーク力を強化し、価格相場や値引き等を見極めた購買戦略を展開する
- ✔ 戦略的にまとめ買いした材料在庫をムダにしないための製品設計や部材の共通化を進める
- ✔ 新しい物流や在庫戦略で納期短縮を目指し、製品やサービスの価値回復を図る
- ✔ IOTを使った新しいビジネスモデルや、売上債権管理の新戦略に挑戦する

戦略の合理性を担保するには、サプライチェーン全体のコストを一元管理できる管理会計の導入が必要です。これから新たなカイゼンを推進するためには、以下の点にも注意しましょう。

- ✔ コストの全体と内訳を把握してから活動すること
- ✔ カイゼン活動の効果は金額で評価すること
- ✔ 工場内のカイゼンだけに閉じこもらないこと
- ✔ 標準作業時間の精度を深追いしすぎないこと
- ✔ 非正規雇用者が増えている事情に配慮すること
- ✔ カイゼンがコンプライアンスに抵触しないよう注意すること

勝負所を変えないと、負け犬になる！

	＜2018年＞		＜2020年＞
売上高	1000	➡	900
－材料費	800		880
－変動労務費	100		80
＝付加価値	100		▲60

労務費を
20%もカイゼン！
なのにまた赤字…

サプライチェーン全体を管理しよう！

材料費（変動費）　　**工場外の活動**

↓　　**工場内の活動**

労務費（変動費）

↓

外注加工費（変動費）

↓

外注物流費（変動費）

↓

運転資金の金利（変動費）　　**工場外の活動**

ポイント BOX
①いつまでも工場のカイゼンだけをやっていたら負け犬になる
②新しいカイゼンは、サプライチェーン全体を対象とする

34 安易な自動化に注意する

自動化すればモノづくりの進化は止まり、余剰在庫を持ちたくなる

〈自動化すれば、利益が本当に回復するのか？〉

従来のカイゼンだけでは利益の回復が見込めなくなった今日、ハイテクやロボットを駆使した自動化に大きな期待が寄せられています。しかし自動化にはデメリットがあることにも、併せて注意をしておかなければなりません。

〈自動化のデメリット〉

- ✔ 資金の固定化に繋がる（お金が寝るという意味では在庫を遥かに上回ります）
- ✔ 工場の自動化だけでは、会社が提供する製品やサービスそのものの価値は向上しない
- ✔ 何年間も生産方式が変更できなくなり、モノづくりの進化も止まる
- ✔ 自動化設備は、一般に割高で転売が利かないハイリスクな固定資産
- ✔ 自動化により、高給な技術者や保全要員などの増員が必要になる（販管費増）
- ✔ 大規模な設備投資は、過剰生産や余剰在庫を持つ動機になりやすい

仮に自動化による工場内の労務費のコストダウンが見込まれても、それを上回って販売費および一般管理費（販管費）側が増加してしまうかもしれません。しかしそのリスクは財務会計の構造的な不備によって見過ごされがちです。**やってしまってからでは手遅れです。**真に自動化を成功させるためには、不都合な費用にも正しく向き合い、メリットとデメリットを漏れなく評価しておかなければなりません。

〈自動化に期待されるメリット〉

- ✔ 作業者のスキルに頼らなくなり、品質が安定化する
- ✔ 作業者のスキルに頼らなくなり、多様な人材を活かした生産が可能になる
- ✔ 生産速度が著しく向上すれば、納期短縮にも寄与できる場合がある

自動化によるコストダウン…財務会計で見る

売上高	2000	2000
−売上原価	1700	1600
＝粗利	300	400
−販売費および一般管理費	260	?
＝営業利益	40	?

※粗利が増えても、販管費がそれ以上に増えているかもしれない

自動化の真実…管理会計で見る

売上高	2000	2000
−全ての変動費（コスト）	1720	1620
＝付加価値	280	380
−固定労務（資源）	180	230
−減価償却費（資源）	60	170
＝営業利益	40	▲20

※付加価値の増加以上に、固定費が増えているかもしれない

ポイントBOX

①自動化にはメリットだけでなく、デメリットもあるので注意する
②自動化を成功させるには、変動費と固定費の全体を見渡すことが大切

35 カイゼン不正と戦う

作業日誌を隠す…それがカイゼンの現実だった

〈作業日誌を隠していた！〉

従来のカイゼン活動の致命的な限界は、会計で検証するという姿勢を持たなかったことでした。ある現場では毎年15％、10年間で４００％もの作業のカイゼンが報告されましたが、**工場の景色は何も変わっていない**と不思議がられていました。損益計算書で見ても効果は実感できなかったのです。

調べてみると、カイゼンの根拠とされていた「作業日誌の記録」は、会計上の労務費の支払データとなる「タイムカードの記録」より15％少なかったのです。

実は…実現不可能なコストダウンを求められた生産技術者や現場の責任者が、様々な口実を見つけては作業記録を販売費および一般管理費（販管費）側に付け替えてしまっていたのでした。

これも、本来は一体的な活動を、製造活動／非製造活動に無理に区分していることによって引き起こされた悲劇です。

〈標準時間の見積りを甘くしていた！〉

多くの工場で、作業の標準時間は重要な役割を担っています。それはまず①適切な生産計画を立て、モノづくりに必要な作業者の数を見積もるのに使われます。次に②実際の生産時間と比較してカイゼンの効果を評価するために使われます。更には③財務会計の原価計算における固定費の配賦基準としても使われます。

しかし…もしこの標準時間が全く合理性を失っているとしたらどうなるでしょうか？　１００年前のように同じ製品を20年間も作り続けていた時代とは異なり、今日では製品の種類は増え、ライフサイクルは短くなり、生産時間も超短縮されました。その一つひとつに適切な標準時間を設定することが困難になっています。確実な人員手配のため甘めに標準時間を見積もれば、実態のないカイゼンを簡単に作りだせてしまいます。しかしそれは単なる標準時間の見積もりの失敗であって、カイゼンの成果ではありません。更には原価計算もでたらめになってしまいます。

作業日誌のウソに注意しよう！

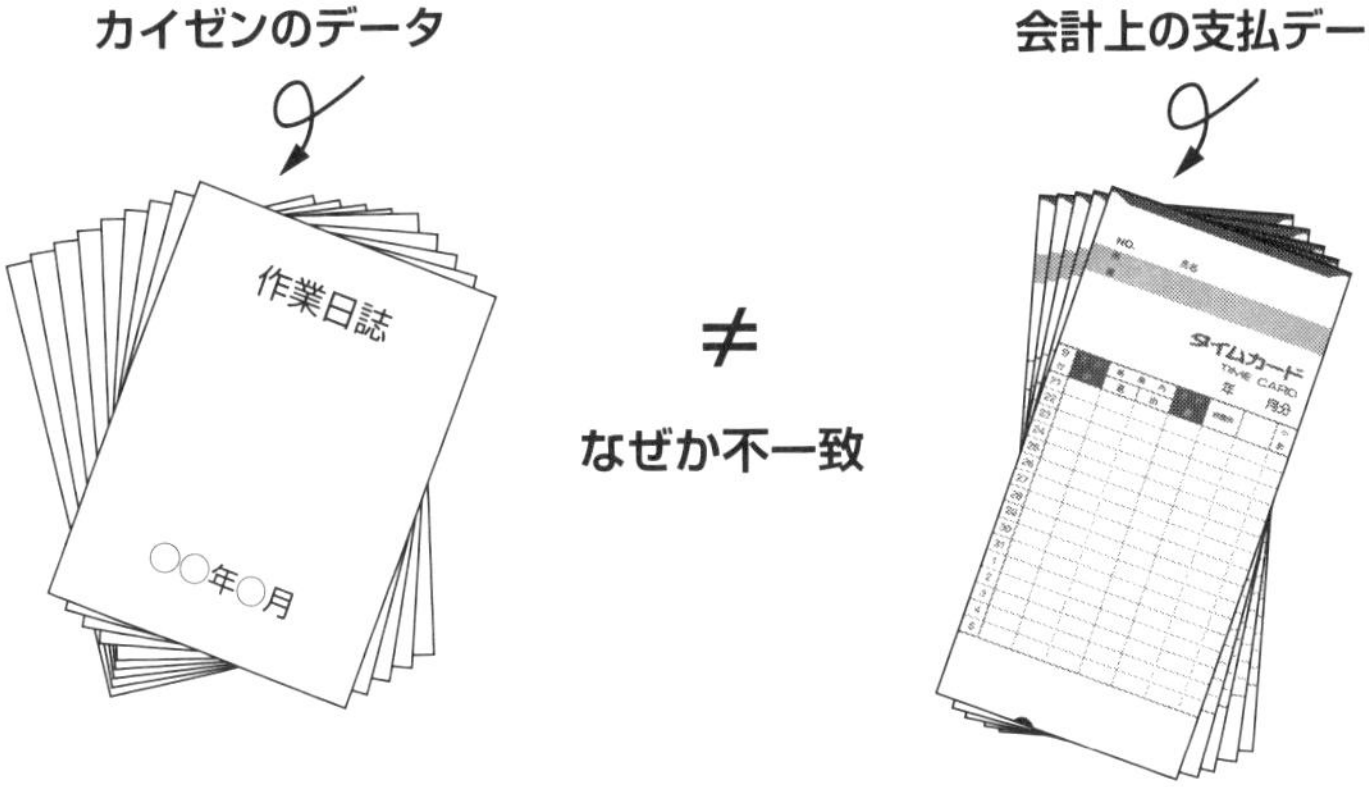

標準時間のウソに注意しよう！

期首の計画

標準時間		台数	時間
製品A	@5分	100台	500分
製品B	@4分	200台	800分
製品C	@6分	50台	300分
製品D	@3分	180台	540分
新製品	@9分	200台	1800分
合計			3940分

見積が甘かった

期末の実績

標準時間		台数	時間
製品A	@5分	100台	500分
製品B	@4分	200台	800分
製品C	@6分	50台	300分
製品D	@3分	180台	540分
新製品	@6分	200台	1200分
合計			3340分

※3940分(計画)→3340分(実績)により１５%のカイゼンが報告された

ポイントBOX

①カイゼンを評価する時には、作業日誌とタイムカードを必ず突合する
②標準時間の見積りの失敗と、カイゼンの成果を混同しない

36 標準時間をどうやって決めたらよいか？

多くの現場で、深刻な問題になっていること

〈新製品の標準時間を、どう決めるか?〉

多くの工場で標準時間は重要な役割を担っていますが、その決定には大きな困難が伴うようになりました。

今、ある新製品の標準作業時間を決めようとしています。最初はコンピュータのシミュレーションで決める予定でしたが、**前提の置き方で数値が大きくぶれてしまうため**、作業者が実際に組み立てトライアルを行い、その時間を参考に決定することにしました。トライアルに参加したのは未経験者チーム（Aチーム、Bチーム）と経験者チーム（Cチーム、Dチーム）の合計4チームです。

トライアルの結果、未経験者チームの最短時間はAチーム10分、Bチーム9分、経験者チームの最長時間はCチーム10分、Dチーム9分だったため、1台9分なら確実だと判断し標準時間を9分と決めました。しかし1年後に実績を調べてみると、組立時間は平均6分で済んでいたとわかったのです。時間が3分（33％）も短縮されていますが、これは標準時間の見積りが甘めだったことによるものでカイゼンの成果ではありません。残念ながらこの新製品も1年限りで生産終了となりました。

〈付加価値を見なければ生産性は評価できない〉

ある製品は3年間生産され、1台当たりの組み立て時間が12分→10分→8分と短縮されていきました。1年目の12分を標準時間として2年目・3年目の実績を評価し、17％と33％のカイゼン成果が報告されています。

しかし、この間に製品1台当たりの付加価値が大幅に減少していたため（1200円→800円→400円）、付加価値で見た時の生産性は減少してしまっていました（1分当たり100円→80円→50円）。付加価値生産性を維持するためには、2年目は8分以下、3年目は4分以下を目指すべきでした。少し厳しい見方をするなら標準時間は工場が内部的に作り出した勝手な目標であり、それを基準に報告された33％のカイゼン成果は、実体のない幻にすぎなかったのです。

標準時間をどうやって決めるか？

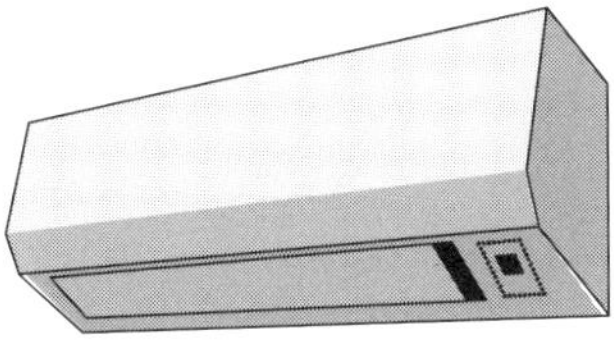

	経験	年齢	組み立てトライアルの結果	
Aチーム	未経験者	若手	1台	10〜15分
Bチーム	未経験者	中堅	1台	9〜11分
Cチーム	経験者	若手	1台	4〜10分
Dチーム	経験者	中堅	1台	7〜 9分

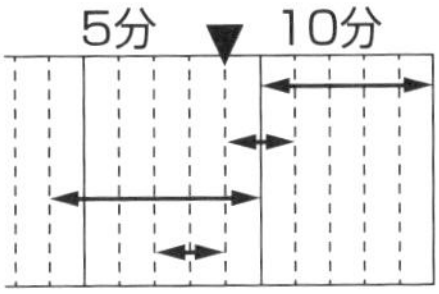

標準時間に代わる評価の方法とは？

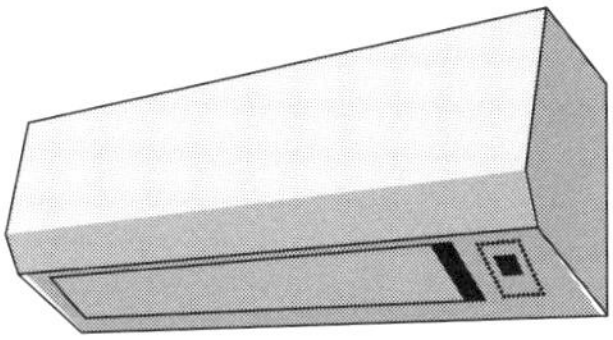

	1年目	2年目	3年目
1台の組立時間	12分	10分	8分
標準時間による評価	—	17%のカイゼン	33%のカイゼン
1台の付加価値 1台の組立時間	1200円 12分	800円 10分	400円 8分
付加価値生産性	100円／分	80円／分	50円／分
付加価値による評価	—	20%の悪化	50%の悪化

ポイントBOX

①ライフサイクルが短くなった製品の標準時間を、合理的に決めるのは難しい
②生産性は付加価値で評価する。標準時間では評価できない

37 生産性を見るための二つの指標を導入する

生産性を問われてこそ、ヒトは力強く成長する

〈自分自身の生産性に責任を持たせる〉

第36話で、付加価値生産性（付加価値÷作業時間）という指標を紹介しました。しかし実際には作業者一人一人の固定給は同額ではありませんから、より厳密には労務費当たりの生産性（労務費生産性）を問わなければなりません。

そこで固定給の作業者（資源）の生産性を、以下の二つの指標に基づいて管理します。

〈第一の指標：A労務費生産性〉

作業者の生産性の良否は、まずはA労務費生産性で評価されます。とにかくたくさん作ることでこの指標は改善されます。営業部門と協力して短納期化にも貢献できれば、売価が回復して付加価値が上がり、労務費生産性も更に上がることになるでしょう。他方、外注や派遣作業者（変動労務費）を乱暴に使えば、付加価値は下がって労務費生産性も下がることになります。もちろん、結果として実現される付加価値の大小はサプライチェーン全体の活動で決まることですから、作業者の努力の及ばない部分もあります。しかし経営資源として位置づけられるべき作業者は常に自分自身の生産性に責任を持ち、納期短縮への協力や、お客様からの急な要望に応えるなど、**自ら積極的に価値を高める活動に参加**しなければなりません。

〈第二の指標：B時間生産性〉

次に作業者の努力はB時間生産性で評価されます。仮に販売側の理由で担当製品の売上や付加価値が半減してしまった場合でも、それに係る作業時間も半分にできたなら、時間生産性は維持され作業者はベストを尽くしたことになります。結果として手待ち時間が生じても、それは作業者の責任ではありません。

手待ち時間が増えれば、生産能力が増えたことになるので、営業部門は更に積極的な受注活動が展開できます。管理者は不要不急な残業を見分けて止めさせることもできます。

第一の指標（A 労務費生産性）を計算しよう！

売上高	1000
－材料費（コスト）	750
－変動労務費（コスト）	100
－外注加工費（コスト）	50
＝付加価値	100
－固定労務費（製造部門）	25
－固定労務費（非製造部門）	25
－減価償却費（資源）	40
＝営業利益	10

A労務費生産性の計算

付加価値÷固定労務費
＝100百万円÷25百万円
＝4.0倍

第二の指標（B 時間生産性）を計算しよう！

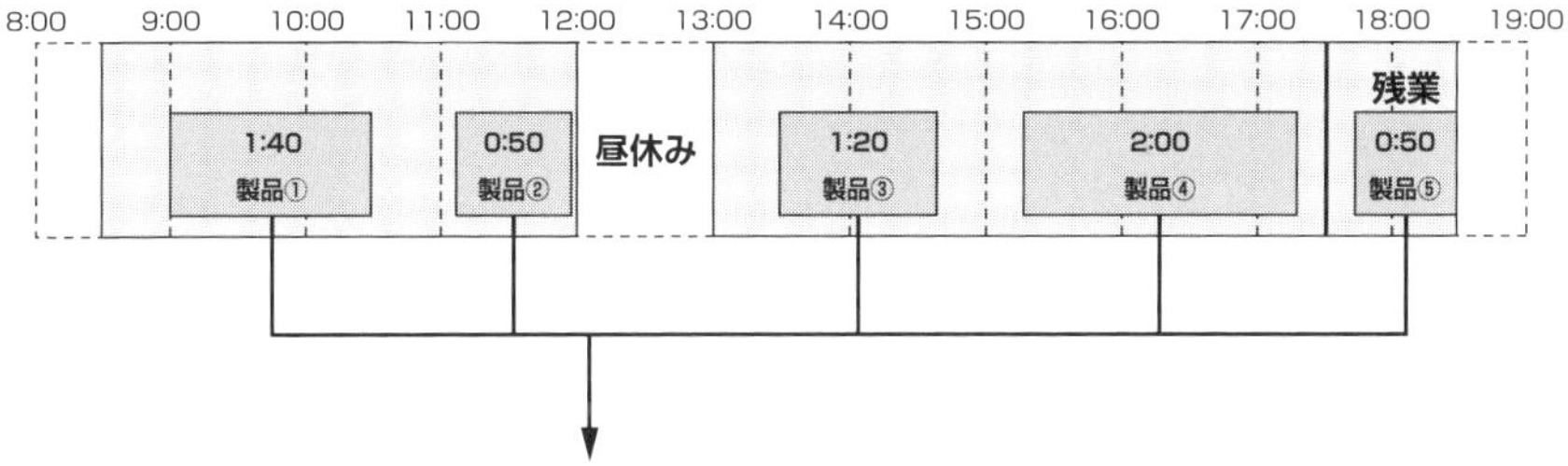

生産時間： 6時間40分
付加価値： 20万円
（製品①～⑤）

B時間生産性の計算

付加価値÷生産時間
＝500円／分

ポイントBOX
①新しいカイゼンの第一の指標は、労務費生産性
②新しいカイゼンの第二の指標は、時間生産性

38 手待ち時間を制する者が、明日を制する！

生産時間ではなく、手待ち時間の使い方こそが未来を決める

〈手待ち時間を何に使ったか？〉

従来行われてきたように、作業者に直接作業時間の申告だけを行わせると、稼働率を高く見せるために手待ち時間を過小申告したり、カイゼン成果を大きく見せるために作業日誌を隠してしまうといった弊害が生じることがありました。

そこで新しい管理では、まず総勤務時間をタイムカードで漏れなく把握した上で、手待ち時間を簡単な非作業日誌で把握し、両者の差で直接時間を確定します。こうして把握される二つの生産性（A労務費生産性、B時間生産性）は、相互に牽制作用を有します。

✔ 場面1：手待ち時間（非作業時間）を過小に申告

従来、手待ち時間があると叱られていた作業者は、故意にゆっくり作業をして、見かけの稼働率を増やしてしまうかもしれません。しかし新しい管理では、故意にゆっくり作業をすれば、B時間生産性が低下するので、評価が下がります。実は手待ちが生じることは、本来は大いに奨励されるべきことであり、「稼働率は問いません」という呼びかけだけで生産性が20％近くも改善した事例がありました。

✔ 場面2：手待ち時間（非作業時間）を過大に申告

仮にB時間生産性を良く見せようとして、実力以上に手待ち時間を過大に申告すると、能力が余っていると判断され、配置転換や一人あたりの生産負荷アップが求められることになります。残業も厳しく制限されます。

二つの指標の管理を通じて作業者に求められるのは、**手待ち時間をなるべくたくさん作り出し、それを有効に活用することです。**なぜなら、手待ち時間こそが保全や5S（整理整頓）、安全への貢献などのカイゼン活動や、新製品・新技術の展開への協力など、新たな価値創造のゆりかごになるものだからです。

非作業日誌で、手待ちを価値創造の時間に変えよう！

2018年 5 月 1 日

	9	10	11	12	13	14	15	16	17	18	19	20	21
① 指図書（No 28 ）		━	━										
指図書（No 75 ）						━	━	━					
指図書（No ）													
② 他工程応援（ へ）													
他工程応援（ へ）													
③ 朝礼、グループ内の打合せ	━												
材料準備													
5S									━				
日常点検、保全、修理	━												
設備修理													
実習、教育、OJT（ さん）													
作業カイゼン													
④ 問い合わせ対応													
返品処理													
⑤ 安全会議、その他会議													
安全パトロール													
場内清掃													
棚卸、監査													
健康診断													
⑥ 技術開発への協力													
製品開発への協力										━			
研修会、講習会					━								
⑦ 手待ち時間													

		実施者	確認者	製造部長
①②の合計 5 時間 0 分	⑤の合計 時間 分	西郷	大久保	島津
③の合計 1 時間 3 0 分	⑥の合計 2 時間 0 分			
④の合計 時間 分	⑦の合計 時間 分			

※③〜⑦の合計が非作業時間（＝間接作業時間＋手待ち時間）

ポイントBOX

①二つの指標の組み合わせで、正しい申告と正しい行動目標に作業者を導く
②手待ち時間を容認しそれを有効に活かすことで、新しい価値を生み出す

39

手待ち、手待ち、手待ちを作れ!

手待ち時間は、新しい価値創造のゆりかご

〈標準時間に代わる生産性の指標〉

標準時間がカイゼンの指標としての機能を果たさせなくなった今、新しい生産性の指標が必要です。そこで付加価値を新しいカイゼンの指標として使いましょう。

付加価値で表される最も重要な指標は「A労務費生産性」です。これは大まかに見れば付加価値を人数で割って固定給の作業者一人当たりの付加価値（稼ぎ）を問うものです。とはいえ実際には一人一人の労務費が異なるため、人数当たりでなく労務費当たりの付加価値を指標とした方が更によいでしょう。

もちろん付加価値は購買部門や販売部門と協力し、サプライチェーン全体で実現すべきものですから、その良否は必ずしも製造部門の作業者だけの責任ではありません。しかし会社の経営資源として位置づけられるべき作業者は**SCMを担う人材としての自覚を持ち**、価値創造に向って常に最善の努力をしなければならないのです。

〈労務費生産性が改善しなかった時に使う指標〉

それでも付加価値は会社全体で実現するものであり、作業者の努力がどうしても及ばない部分があります。そこで作業者が自分自身で直接担うべき指標として、「B時間生産性」を併用します。仮に売上高が半減しA労務費生産性が低下した時でも、同時に生産時間も半減できていたなら時間生産性は維持または改善できたことになります。結果として間接時間（手待ち時間）を生じますが、それ自体は悪いことではありません。この手待ち時間を創造的な活動（設備の保全、自分自身のスキルアップ、後進の育成、安全衛生活動への貢献、新製品や新工法の開発等）に活かせていれば評価は「良い」です。その一方で、時間生産性が改善できていなかった時には無駄な残業がなかったかどうかを確認します。生産性が改善できていないのに無駄な残業があれば評価は「悪い」です。生産性が改善していなくても無駄な残業がなければ評価は「普通」となるでしょう。

タイムカードで総勤務時間を把握しよう！

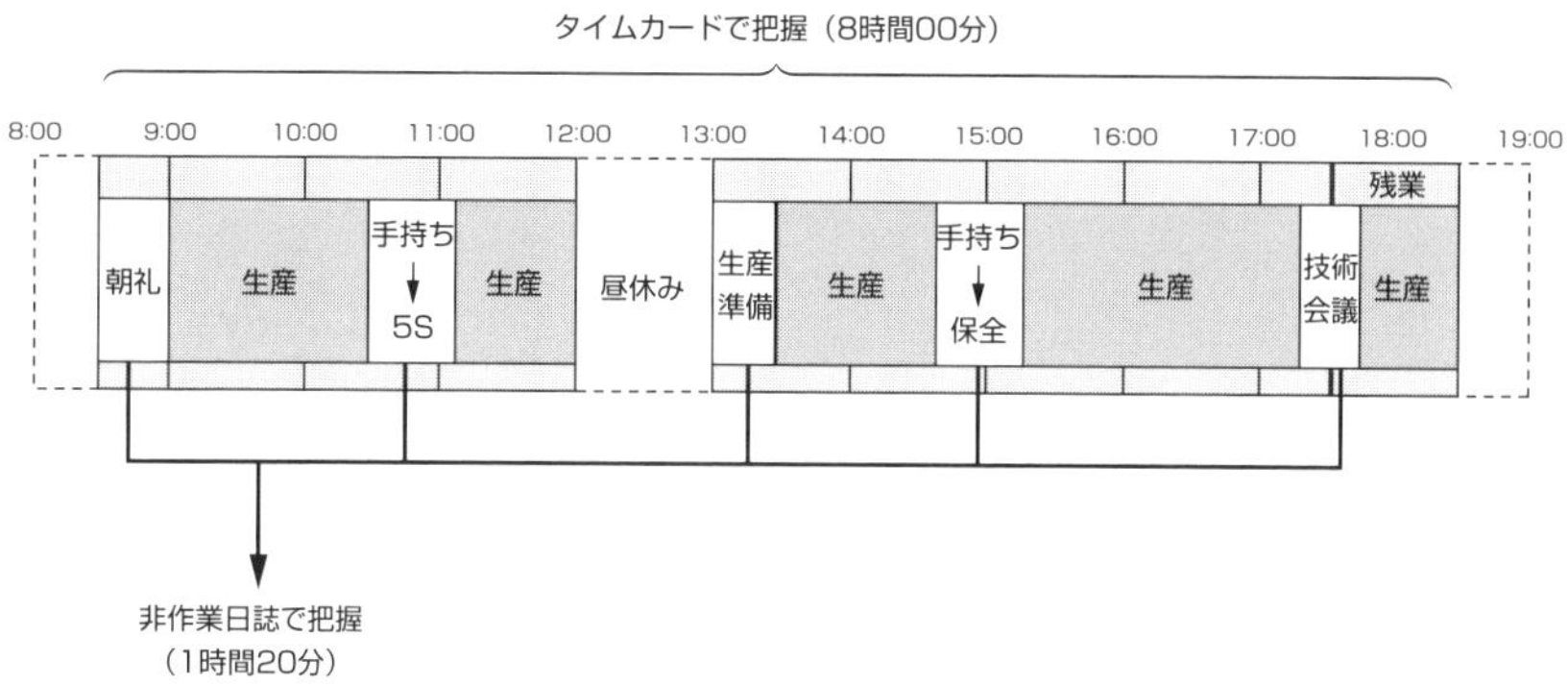

①総勤務時間……タイムカードで把握する（９時間）
②間接作業時間…非作業日誌で把握する（１時間20分）
③直接作業時間…９時間－１時間20分＝７時間40分

生産性の分析と評価の手順

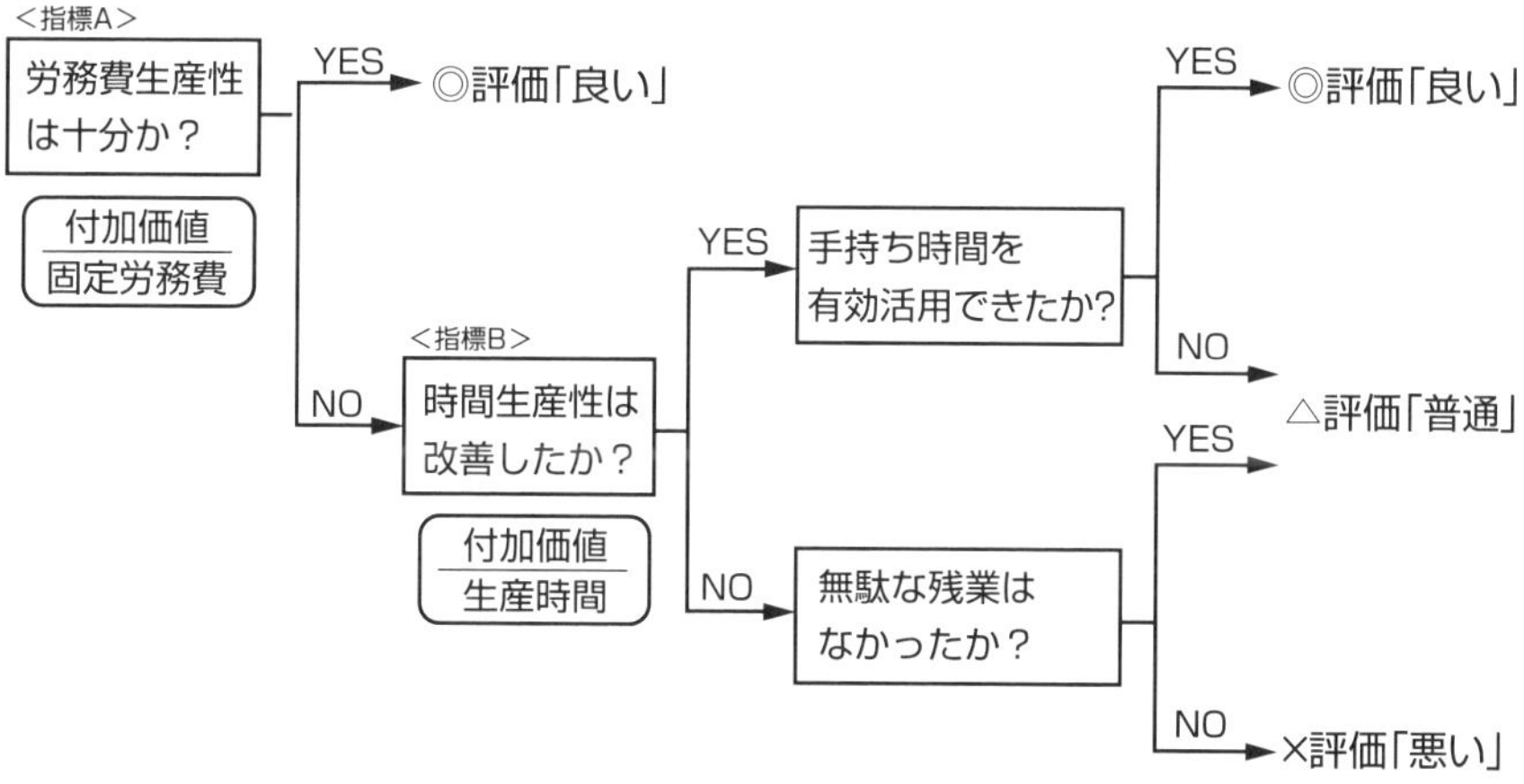

ポイントBOX

①時間生産性を改善し、手待時間も有効に活用できた…「良い」と評価
②時間生産性が改善しないのに、無駄な残業があった…「悪い」と評価

40 これからは全員がホワイトカラー

ホワイトカラーの生産性を高めるために必要なもの

〈ブルーカラーとホワイトカラーの見分けがつかなくなった〉

サプライチェーン・マネージメント（ＳＣＭ）が徹底され、会社のサプライチェーンが真に一体管理される時、製造部門（ブルーカラー）と非製造部門（ホワイトカラー）の見分けはつかなくなり、製造原価と販売費および一般管理費の区分が意味を失います。

〈正しいムダが新しい価値を生む〉

ビジネスモデルが明確で活動目標がはっきりしていた時代には「ムダ」を簡単に定義できました（高度成長期の製造業モデル）。しかしこれからの価値創造においては**何がムダかはわかりません**。どんな活動が将来芽吹くかわからないからです。こうした状況で経営カイゼンを成功させるためには、従業員一人ひとりが自覚を持ち、主体的に活動できる職場環境を整えておく必要があります。これからは製造部門／非製造部門を問わず、全員がＳＣＭのホワイトカラーとして進化する集団を目指し、新たな価値を創造していきましょう（創造業モデル）。

〈職場環境を整備するためのヒント〉

- ✔ 会社が社会の（お客様の）何の役に立とうとするのかが明確になっていますか？
- ✔ 仕事の進め方に関する文化が社内で共有されていますか？
- ✔ 一人一人にチャレンジのチャンスが与えられていますか？
- ✔ 適時に必要な支援が受けられますか？（ヒト、モノ、予算）
- ✔ 勇気あるチャレンジや、達成した価値への正当な評価が行われていますか？

創造業モデルでは、従業員の活動を数値だけで評価することができません。しかしいったんは全員の付加価値生産性を明らかにした上で、数字以外のどんな目標を誰がどのように背負って頑張るかについて話し合い、合意をしておきましょう。

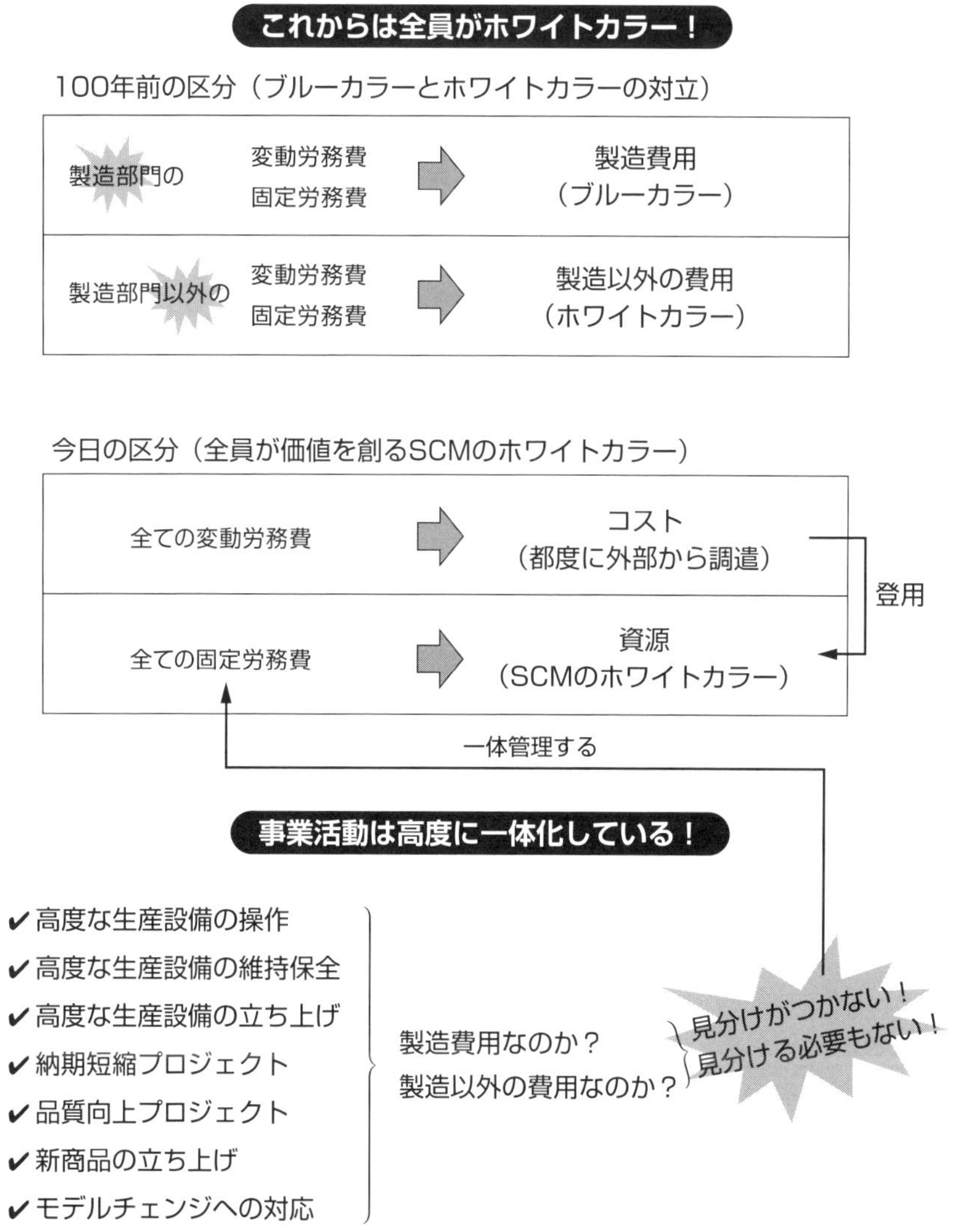

ポイントBOX

①SCMを進めると、ブルーカラーとホワイトカラーの区分は無意味になる

②正しい努力が報われる職場環境が、ホワイトカラーの生産性を力強く高めていく

41 現場の作業カイゼンが製造業をダメにしていた

それはタダ働きの要求、コンプライアンス違反だった

〈非正規雇用者にはカイゼンや多能工化を要求できない〉

カイゼンがタダ働きの要求であるなら、非正規雇用者の方々にカイゼンをさせることはできません。非正規雇用者にお願いできるのは、決まった作業を決まった通りにこなすことだけであり、それ以上の要求はコンプライアンス違反だからです。

カイゼンと併せ、作業者には多能工化も期待されてきましたが、これも正社員を前提にしたものでした。非正規雇用者が多くなった現場では、会社のミッションへの共感を強要できないことや、人材難、期限の制約などがあります。それでもカイゼンや多能工化を望むなら、正社員として登用される途を開いておかなければならないでしょう。

もし様々な理由で登用が困難であるのなら、タダ働きや多能工化に依存しない新しいモノづくりの戦略が必要です。それが新しい日本的経営のけじめなのです。

〈カイゼンには手待ち時間の確保が不可欠〉

長年、日本のモノづくりを支えてきた作業のカイゼンは、作業者が自主的に行う品質や生産性の向上、安全確保のための活動でした。日本のモノづくり成功の記憶として今もノスタルジーを持って語られるカイゼンですが、本来は自主的な活動であったはずのカイゼンが最初から経営計画に織り込まれている（！）といった矛盾も見られるようになりました。会計的視点に立てば、こうしたカイゼンは**作業者に対するタダ働きの要求**になってしまいます。カイゼンにノスタルジーのない海外工場では、

「カイゼンは不当な労働強化だ！」

と受け止められ、ストライキの原因になるケースさえあります。今日ではコンプライアンスが強く要求され、従業員にタダ働きを要求することはできません。死にかけているカイゼンを復活させるためには、固定給の社員の手待ちを一定範囲で容認し、その手待ち時間を更なる創造的活動に振り向けるよう指導していく他ないのです。

考えてみよう！　ヒトはコストか？　資源か？

売上高
－材料費
－変動労務費
－外注加工費
＝付加価値

（コスト：材料費・変動労務費・外注加工費）

－固定労務費（製造部門）
－固定労務費（非製造部門）
－減価償却費
＝営業利益

（資源：固定労務費）

正社員／非正規雇用者にやってもらうことのけじめとは？

	正社員（資源）	非正規雇用者（コスト）
役割	新しい価値の創造 自主的な努力	決まった作業を きちんとこなす
多能工化への期待	**可**	**難しい**
カイゼンへの期待	**可**	**不可**

（正社員・カイゼンへの期待「可」）→コンプラ違反に注意
（非正規雇用者・カイゼンへの期待「不可」）→コンプラ違反

ポイントBOX

①カイゼンはタダ働きの要求であり、コンプライアンス違反になることがある
②これからもカイゼンや多能工に期待するなら、正社員への登用を進めなければならない

column

衝撃！　カイゼンが起こしたストライキ

カイゼンは、製造現場の作業者が自主的に行ってきた活動であり、生産性や品質の工場、安全確保などを目指したものでした。長らく日本のモノづくりを支えてきた大黒柱の一つであり、今も日本のモノづくりが輝いていた時代の記憶と共にノスタルジーをもって語られます。日本のモノづくりの復活を語る時、カイゼンへの待望論には根強いものがあります。「これからも日本のモノづくりは大丈夫、なぜなら日本にはカイゼンがあるのだから！」そんなカイゼンが、ある海外工場でストライキの原因になったと聞いた時、私は強い衝撃を受けました。

「会社を皆で良くしていこう」という呼びかけの一体どこが悪いのか…よくよく話を聞いてみると、ストライキを起こしたのは日雇いの作業者の方々でした。長年、会社のために貢献して下さったキーマン級の方も含まれていたらしいのですが、とうとう正社員にして貰えなかったのだというのです。そんな方々に「会社を皆で良くしていこう！」という呼びかけはどのように響いていたのでしょうか。改めて考えてみれば「自主的な活動」≒「タダ働き」です。カイゼンしようと呼びかけることがタダ働きの要求になるのだ、という厳しい現実に、初めて私は思い当たったのでした。

いったんそう感じるようになると、今日のカイゼンの矛盾が次々と見えてくるようになりました。日本の工場でもカイゼンによるコストダウンが最初から年次予算に組み込まれていましたが（！）、それでは自主的な活動とは言えません。単なる業務上の指示です。正社員ならまだしも、非正規雇用者の方々に自主的なカイゼンを要求することは、確実にコンプライアンス違反です。この疑問をある工場長にぶつけてみたところ、「うちの工場では、正社員並みに頑張ると言ってくれた非正規のみを使っている。だから何の問題もない」とのお答えでした。しかし本当にそれでよかったのでしょうか？

「会社を良くしていこう！」とカイゼンを呼びかけるなら、まず作業者を正社員にしてからでなければなりません。経営上の事情でどうしても正社員にすることができないのなら、自主的なカイゼンを要求してはなりません。それが新しい日本的経営のけじめです。いつまでも60年前の作業のムダ取りから卒業できず、作業者にタダ働きを強要し、元気がない工場群を作り出してしまった日本のモノづくりは岐路に立たされています。もしこれからもカイゼンに期待するなら、工場の中と外／ブルーカラーとホワイトカラー／正社員と非正規雇用者の区別を止め、全ての従業員が会社のミッションに共感できる職場づくりを進めなければなりません。新しい職場環境の中で、自覚を持って頑張れるヒトを育てていかなければなりません。日本のカイゼンよ、力強く蘇れ！

V

原価計算の
カイゼン・マニュアル

原価計算が難しくてわからない？
それは、その計算が事業の目的に合っていないからですよ。
原価計算なんて、自分が便利なようにやったらいいじゃないですか。

42 あるべき原価計算を考える

原点に立ち返り、原価計算の目的を確認する

〈一般的な原価計算の目的〉

財務会計を前提に、従来の原価計算には以下の目的があるとされてきました。

1．財務諸表作成目的

会社を適切に経営するために「どれくらい儲かったか」を把握し、外部へも正しく報告するために原価を計算します。

2．価格計算目的

原価＋利益＝売価という関係が成り立つことを前提に、原価を計算します。

3．原価管理目的／4．予算管理目的

目標とする原価と実績を比較し、差異があれば原因を分析して改善するために原価を計算します。

5．基本計画策定目的

条件を変えて事業活動のシミュレーションを行い、将来の利益を予測し、かつその最大化の方法を検討するために原価を計算します。

〈良く見せることと、良くすることの違い〉

しかしながら近年のビジネス環境の大きな変化により、従来の原価計算は定められた財務諸表の作成や公平な課税計算以外の場面では殆ど機能しなくなってしまいました。その原因は、①サプライチェーンが分断されていること、②変動費と固定費がきちんと分離されていないこと、③費用の内訳が示されないこと、などです。

更にもう一つ原因をあげるなら、あくまでも財務諸表が外部関係者に見せるためのものである以上、何らかの工夫で業績を良く見せたいという思惑を免れないこともあるでしょう。

しかしながら良く見せようとする行動が、必ずしも実態を良くすることに繋がらないのは、**繰り返される粉飾事件を見ても明らかです**。真の経営カイゼンのためには事業の実態（良くても／悪くても）が把握できる適切な原価計算が不可欠です。

原価計算の目的と財務会計

	財務会計
1. 財務諸表作成目的	○
2. 価格計算目的	×
3. 原価管理目的	×
4. 予算管理目的	×
5. 基本計画策定目的	×

※財務会計は、2〜5 の目的のためにデザインされていない
（これでどうやって会社を経営すればよいのか？）

原価計算の目的と管理会計

	管理会計
1. 財務諸表作成目的	×
2. 価格計算目的	○
3. 原価管理目的	○
4. 予算管理目的	○
5. 基本計画策定目的	○

※管理会計は、2〜5 の目的のためにデザインされるもの
（会社を経営するために不可欠！）

ポイントBOX

①従来の財務会計では、原価計算の目的を達成できなくなった
②真の経営カイゼンのためには、そのためにデザインされた原価計算が必要

43 原価が何でできているかを整理する

材料費・労務費・経費VS五つのコストと三つの資源

〈原価は何でできているか?〉

原価には様々な構成要素があり、以下のような分類が紹介されています。

形態別分類または機能別分類	材料費、労務費、経費など
製品との関連による分類	直接費、間接費
操業度との関連による分類	変動費、固定費
現場担当者の管理可能性による分類	管理可能費、管理不能費

しかしこれらはいたずらに複雑で、あるべき管理が見えてきません。また、工場で発生する費用だけが対象になってきたという限界もありました。そこで、今まで検討してきた変動費／固定費の区分に従い、サプライチェーン上の五つのコストと会社の三つの資源（ヒト、モノ、カネ）に単純化して原価計算を考えていくことにしましょう。

五つのコスト	材料費、変動労務費、外注加工費、外注物流費、在庫金利
三つの資源	固定労務費（ヒト）、減価償却費（モノ）、事業資金の金利（カネ）

〈経費とは何か?〉

形態別分類で登場していた「経費」は、工場で発生する費用のうち、材料費でも労務費でもないものを指す言葉です。即ち、水道光熱費、減価償却費、支払手数料など様々な費用の混合物ですが、このままでは性格が曖昧で管理ができません。そこで、経費から特に重要なものを取り出して、五つの変動費、三つの固定費のどこかに組み込んでしまうことにしましょう。

水道光熱費や電気代　→　材料費に準じて管理
減価償却費　→　固定費として全社で一体的に管理
支払手数料、その他　→　固定費として全社で一体的に管理

様々な原価要素と財務会計（工場管理のための会計）

材料費	変動費	直接費または間接費
変動労務費	変動費	直接費
外注加工費	変動費	直接費
外注物流費	変動費	（工場外）
在庫金利	変動費	（工場外）
固定労務費	固定費	ヒトへ
減価償却費	固定費	モノへ
事業資金の金利	固定費	カネへ

売上高
－①売上原価
＝売上総利益（粗利）
－②販売費および一般管理
＝営業利益
－③営業外費用
＝経常利益

様々な原価要素と管理会計（価値を創る会計）

材料費	変動費	直接費または間接費
変動労務費	変動費	直接費
外注加工費	変動費	直接費
外注物流費	変動費	（工場外）
在庫金利	変動費	（工場外）
固定労務費	固定費	ヒトへ
減価償却費	固定費	モノへ
事業資金の金利	固定費	カネへ

売上高
－材料費（コスト）
－変動労務費（コスト）
－外注加工費（コスト）
－外注物流費（コスト）
－在庫金利（コスト）
＝付加価値
－固定労務費（ヒト）
－減価償却費（モノ）
－事業資金の金利（カネ）
＝利益

ポイントBOX

①従来の原価の三大構成要素は、材料費・労務費・経費だった
②経営カイゼンで対象にすべきコストは、材料費～在庫金利の五つが代表的

44 原価計算に開いた大穴を埋める

原価管理に、外注物流費と在庫金利を組み込む

〈管理目標の決め方が、原価計算の形を決める〉

材料費・変動労務費・外注加工費はいわゆる原価計算によって製品別の原価を求め、損益計算における売上原価の構成要素とします。外注物流費は一般的には原価計算の対象ではありませんでしたが、管理の目的に応じて製品や製品群に紐づけて売上原価とします。在庫金利は製品別ではなく、在庫の種類別（材料、仕掛品、製品、売上債権）に金利の計算（第27、28話）をして売上原価とします。これらを全て売上原価とする目的は、**管理目標である標準値と実績を比較して差異管理をする**ことにあります。迅速なフィードバックのため、計算は毎日を目指しましょう。

〈固定費は配賦しない〉

従来の原価計算では複雑な手順で固定費を配賦していましたが、経営カイゼンのための原価計算では固定費を配賦しません。これにより迅速な原価計算が可能になり、変動費と固定費の分離も徹底されます。固定費の管理は、

①予算の遵守状況を月次でモニタリングし、②付加価値が求まった段階で資源の生産性を分析し評価します。

〈変動費と直接費について〉

いわゆる「直接費」と呼ばれるものは個々の製品との対応が明確で直接的な費用です。生産数との関わりも明らかなので変動費と似ていますが、以下では注意が必要です。

✔固定的な労務費のうち、直接的な生産作業に関わる部分だけを切り放して直接費とする事例があります。しかし固定費をバラバラにすると生産性が管理できないため、ここでは固定費を全体として一体的に扱いましょう。

✔便宜的固定費に注意しましょう。これは物理的には変動費なのに固定費として扱われているものです。重要度に応じて配賦し原価計算に組み込むことがあります。

原価計算の対象になるもの

材料費	変動費	直接費または間接費
変動労務費	変動費	直接費
外注加工費	変動費	直接費
外注物流費	変動費	（工場外）
在庫金利	変動費	（工場外）
固定労務費	固定費	ヒトへ
減価償却費	固定費	モノへ
事業資金の金利	固定費	カネへ

材料費・変動労務費・外注加工費 → いわゆる原価計算によって製品別原価を求め、損益へ ※A

外注物流費 → 製品別に集計し損益へ ※A

在庫金利 → 平均在庫から計算し損益へ ※A

固定労務費・減価償却費・事業資金の金利 → そのまま、損益へ ※B

※A：コスト目標を達成するため、標準と実際を比較する
毎日計算することが望ましい
※B：遵守状況の確認のため、予算と実際を比較する
計算頻度は月次が目安

似て非なる変動費と直接費の関係

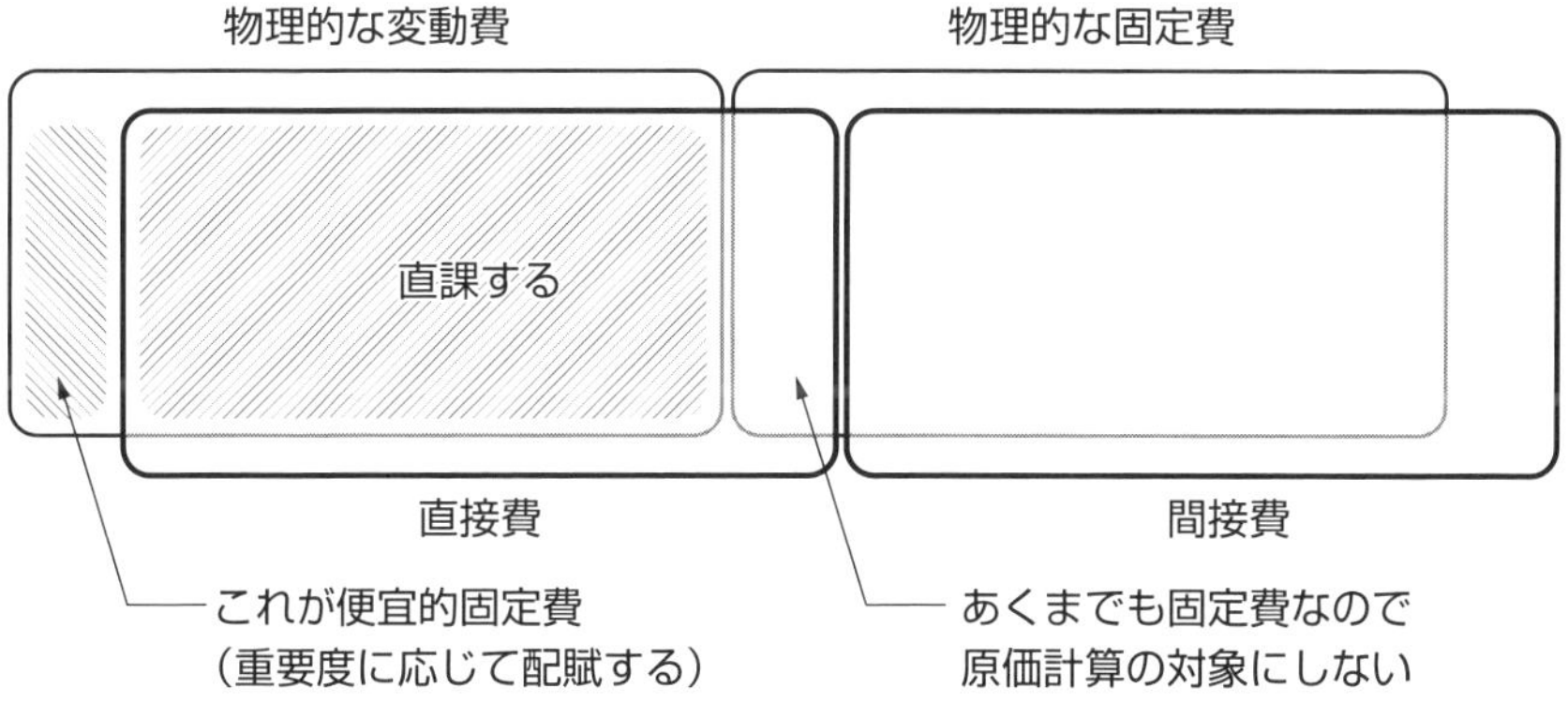

ポイントBOX
①変動費には必ず目標となる標準値を定め差異管理をする。目標なければ進歩なし！
②固定費は配賦をせず、そのまま損益計算に組み込む

45 計算の実際、まず費目別計算をやる

材料費と間接材料費、変動労務費、外注加工費の計算

〈原価計算の三つのステップ〉

いわゆる原価計算は、費目別計算→部門別計算→製品別計算の三つのステップを経て行われます。第一のステップである費目別計算については以下の通りです。

✔ 材料費

材料費を、実際単価×実際使用量で計算し、標準原価（標準単価×標準使用量）と比較します。単価が変動している場合、材料単価は、先入先出法、移動平均法、総平均法、個別法などで計算します。単価の差異があれば購買部門にフィードバックし、使用量の差異は生産部門にフィードバックしましょう。

✔ 間接材料費

間接材料費に区分された費用は、いったんは便宜的固定費として部門別に集計します。それから、管理の必要性や重要度に応じて個々の製品に配賦しましょう。

✔ 変動労務費

ここで言う変動労務費は、派遣社員やアルバイト、日雇い作業者などに関わる労務費です。実際単価×実際作業時間で計算し、標準原価と比較します。今日では製品のライフサイクルが短くなり標準作業時間の決定が難しくなっているため、どうしても作業時間の差異を生じます。差異の原因を分析し（時間の見積りの失敗、作業管理の失敗など）、フィードバックして時間管理の精度を高めましょう。

✔ 外注加工費

どのような取引をしているかによりますが、外注加工費の管理は材料費の個別法に準じるケースが多いでしょう。標準原価と実際の費用の比較をしましょう。

原価計算の手順と範囲

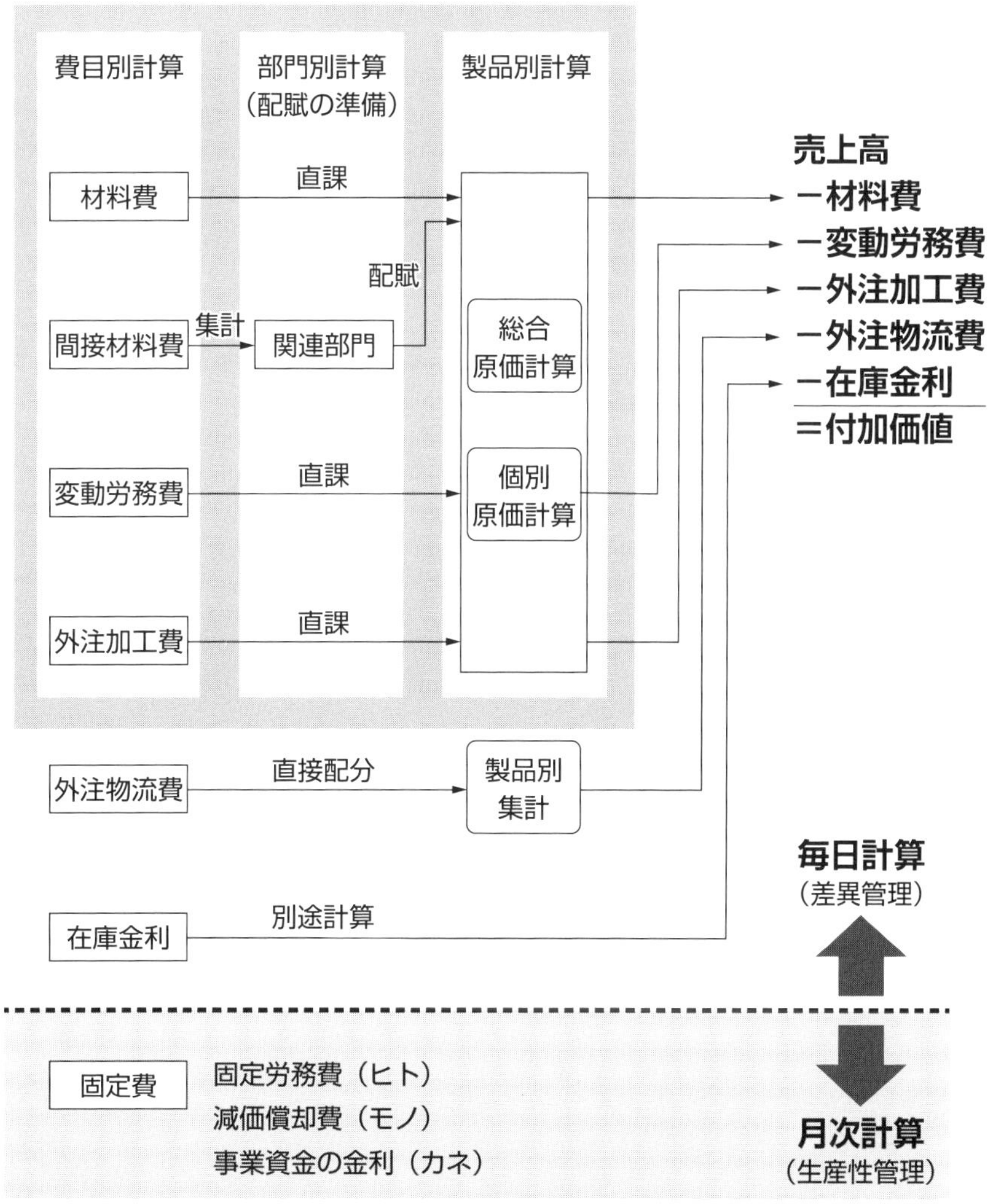

ポイントBOX

①まず材料費、変動労務費、外注加工費の計算から始める
②間接材料費については、便宜的固定費として集計し必要に応じて配賦する

46 次に製品別計算をやる

総合原価か？個別原価か？製造プロセスに合った方法を選ぶ

〈製品別に原価を集計〉

費目別に変動費（材料費、変動労務費、外注加工費など）を計算したら、それを製品別に集計します。これを「直課」と呼びます。間接材料費についてはいったん部門別に集計した後で製品別に配分計算します。これを「配賦」と呼びます。ここでのポイントは、**原価を構成する各費用の内訳が明確になるように集計していくことです**。それによって異常な差異の判定、コストダウンの優先順位の判断、売価やコストのシミュレーションなどに有益な情報を得ることができるからです。

〈総合原価計算と個別原価計算〉

製品別の計算には大別して総合原価計算と個別原価計算の二つがあります。

✔ 総合原価計算は、発生した費用を生産プロセス順に集計していくもので、化学プラントや製油所など連続的な反応を行うプロセス型産業に適した計算方法です。

✔ 個別原価計算は、発生した費用を製造指図書単位に集計していく計算方法で、自動車工場や電気製品工場など組立加工型（ディスクリート型）の産業に適した計算方法です。

〈外注物流費について〉

物流費は期末在庫の原価になることはありません。管理の目的に応じて、当期・当日に発生した費用を製品別や製品グループ別に集計します。集計方法は個別に運んだ運送費を個別の製品に集計する方法の他に、まとめて運んだ製品の運送費を①個数基準、②製造コスト基準、③売価基準、④付加価値基準、などによって配分計算する方法もあります。事業の目的に合った管理基準を選びましょう。

総合原価計算の例

材料費

期首残	500	消費	1000
仕入	2500	期末残	2000

仕掛品

期首残(5個)	50	完成 (80個)	800
投入 (100個)	1000	期末残(25個)	250

変動労務費

支払	500	期首未払	90
期末未払	100	消費	510

仕掛品

期首残(5個)	30	完成 (80個)	480
投入 (85個)	510	期末残(10個)	60

外注加工費

支払	150	期首未払	40
期末未払	50	消費	160

仕掛品

期首残(0個)	0	完成 (80個)	160
投入 (80個)	160	期末残(0個)	0

製品

期首残(15個)		売上原価(90個)	
材料費	150	材料費	900
変動労務費	90	変動労務費	540
外注加工費	30	外注加工費	180
完成(80個)		期末残(5個)	
材料費	800	材料費	50
変動労務費	480	変動労務費	30
外注加工費	160	外注加工費	10

個別原価計算の例

製造指図書番号			501	502	503	504	合計
製造原価							
	前月繰越	材料費	200				200
		変動労務費	40				40
		外注加工費	0				0
	当月発生	材料費		300	120	200	620
		変動労務費		60	24	25	109
		外注加工費	20	15	12		47
合計			260	375	156	225	1016
			完成 引渡	完成 引渡	完成 未引渡	未完成	

ポイントBOX
①個別原価計算には、総合原価計算と個別原価計算がある
②外注物流費も、事業目的に合った方法で製品別に配分する

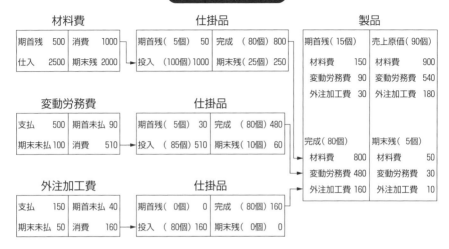

47 そして標準原価計算をやる

標準原価は原価を安定させ、目標管理にも使われる

〈標準原価計算を行う理由〉

原価計算は、その時たまたまのコストである実際原価ではなく、製品1単位当たりのあるべきコストを見積もって標準原価を決めた上で、両者を比較して原価改善に役立てていく必要があります。そうしなければ原価の目標管理ができず、更には同一製品の原価が毎回バラバラになってしまい不都合だからです。実際に原価の改善活動を行う際には以下の点に注意しなければなりません。

✔ 原価計算の対象は変動費のみとする

後述する固定費配賦を含めた原価計算を行うと、生産数の増減で原価が大きく変動してしまいます。稼働率が下がれば異常な配賦となり実用に耐えませんし、期末になって生産数が確定してからでなければ固定費の単価が決まらないので、迅速な経営意思決定を妨げます。ですから変動費だけで原価を計算しましょう（ここまでは直接原価計算が参考になります）。

✔ 標準原価と実際原価の比較は毎日行う

標準と実際の比較と分析は毎日やりましょう。そうしなければ差異の原因がわからなくなり、ムダなコストが垂れ流しになってしまうからです。

✔ 工場内で発生する費用に限定しない

今はサプライチェーン全体で価値を創る時代です。ビジネスモデルに応じて目標管理の対象も、外注物流費や在庫金利などサプライチェーン全体に広げましょう。

✔ 意思決定に影響しない詳細に深入りしない

細かく計算すれば適切な経営判断ができるとは限りません。特に固定費の配賦計算は、深入りすればするほど複雑化し、事業の実態を見えなくします。

勘定連絡図の例

ポイントBOX

①標準原価には、原価の目標管理という意味がある
②目標としての標準原価と実際原価の比較と差異分析は毎日行うのが原則

48 外注物流費も目標管理をする

製造原価ではなくても、売上原価を構成すべき重要な活動

〈変動費として物流費を管理する〉

近年、技術のコモディティ化が進み、製品機能だけでは差をつけ難くなりました。そのため、納期が製品やサービスの価値を左右する重要な活動になってきています。そこで物流費についても、製品別または全体で目標管理のＰＤＣＡを回していかなければなりません。

外注物流費がサプライチェーンを構成する重要な変動費（コスト）とみなされる場合には、やはり標準値を定めた目標管理をしましょう。標準値の設定方法の一つは、売価や売上高に対して物流費の割合を決めておくことです（3％以内など）。これを実績と比較して差異を管理します。その結果、物流費の実績が標準値を上回っていた場合には原因を分析し対策をとらなければなりませんが、送達日数が短縮されるなど、パフォーマンスが改善していれば可と判断されるケースもあるでしょう。いずれにしてもいったん差異を見た上でカイゼンしていくことが肝要です。

物流費を製品個別に管理すれば精度は向上しますが、実績把握のコストもかかるので、バランスを考慮します。パフォーマンス改善の方策としては、定期便と特別便の使い分けやハブ数の適正化、定期便の配送頻度の見直しなどがあります。なお、送達日数を求める方法は単純平均の他に、売価等を加味した加重平均などもあります。

〈固定費として物流費を管理する〉

必ずしも一般的ではないかもしれませんが、物流活動を全て社内で賄っていたり、外部業者に定額で一括委託している場合には、固定費（資源）として生産性を管理しましょう。物流費の生産性管理の指標としては、①距離単価（＝委託物流費÷運送距離累計）、②送達速度（＝運送距離累計÷送達日数）などがあります。各指標の改善状況を評価します。生産性が改善していなければ、外部委託の場合なら委託費の値下げや改善の申し入れ、他の業者への切り替えなどを検討しましょう。

物流費を変動費として管理する場合

標準：売上高の3.0% ⇔ 実績：売上高の3.8%

標準：県内1.5日以内 ⇔ 実績：県内1.72日

1日で送達	10個	1日で送達	10個　@1350
2日で送達	12個	2日で送達	4個　@1850 8個　@2400
3日で送達	3個	3日で送達	3個　@2900
単純平均 平均1.72日		売価を加味した加重平均 平均1.90日	

物流費を固定費として管理する場合

$$\frac{\text{委託物流費}}{\text{運送距離累計}} = \text{距離単価}$$ ↘（なるべく無駄なく）

$$\frac{\text{運送距離累計}}{\text{送達日数}} = \text{送達速度}$$ ↗（なるべく速く）

ポイントBOX
①変動費としての物流費は、標準値を定めた差異管理をする
②固定費としての物流費は、距離単価や送達速度などで生産性を管理する

49 例えば軍手代の話 直課vs配賦を考える

便宜的固定費の配賦計算

〈直課と配賦〉

直課と配賦について整理しておきましょう。費目別計算で計算された変動費（材料費、変動労務費、外注加工費など）は作った製品に直接紐づけられるため、そのまま製品別に集計できます（直課）。他方、重要性に乏しいと判断された間接材料費は、いったんは発生部門全体で集計した上で、何等かの基準で按分し個別の製品に負担させることになります（配賦）。とはいえ間接材料費は、**その本質が物理的な変動費ですから**、必ず合理的な配賦基準を見出せるはずです。例えば電気代であれば、個々の製品の生産に要した機械の稼働時間などが配賦基準になるでしょう。

〈重要でない材料の場合〉

多くの工場で消費される軍手代の本質は生産数量に応じて増減する一種の材料費だと考えられますが、一般に重要性が乏しく消耗品として固定費扱いされているケースが殆どでしょう（便宜的固定費）。仮に徹底的なコストダウンを目指して原価管理に組み込むなら、これを間接材料費として配賦することが考えられます。例えば、製品A、B、C、Dを各1台生産するために概ね1枚の軍手を使うと想定されている場合、工場全体で把握した軍手代を、各製品の生産台数に応じて配賦します。標準と実際の差異の把握は、工場全体の使用枚数についてのみ行われます。

更に厳密な管理を目指すなら、軍手の使用枚数を製品毎に個別に記録し、軍手代を材料費として直課する方法が考えられます。標準と実際の差異の分析を全ての製品について行うことができますが、軍手の使用枚数を記録することにも手間とコストがかかるので注意しなければなりません。管理の強化によって期待される効果と、記録に要するコストを比較し、軍手代をどのように取り扱うべきかを決めましょう。（固定費か？　間接材料費か？　材料費か？）

軍手代を配賦するケース…間接材料費としての扱い

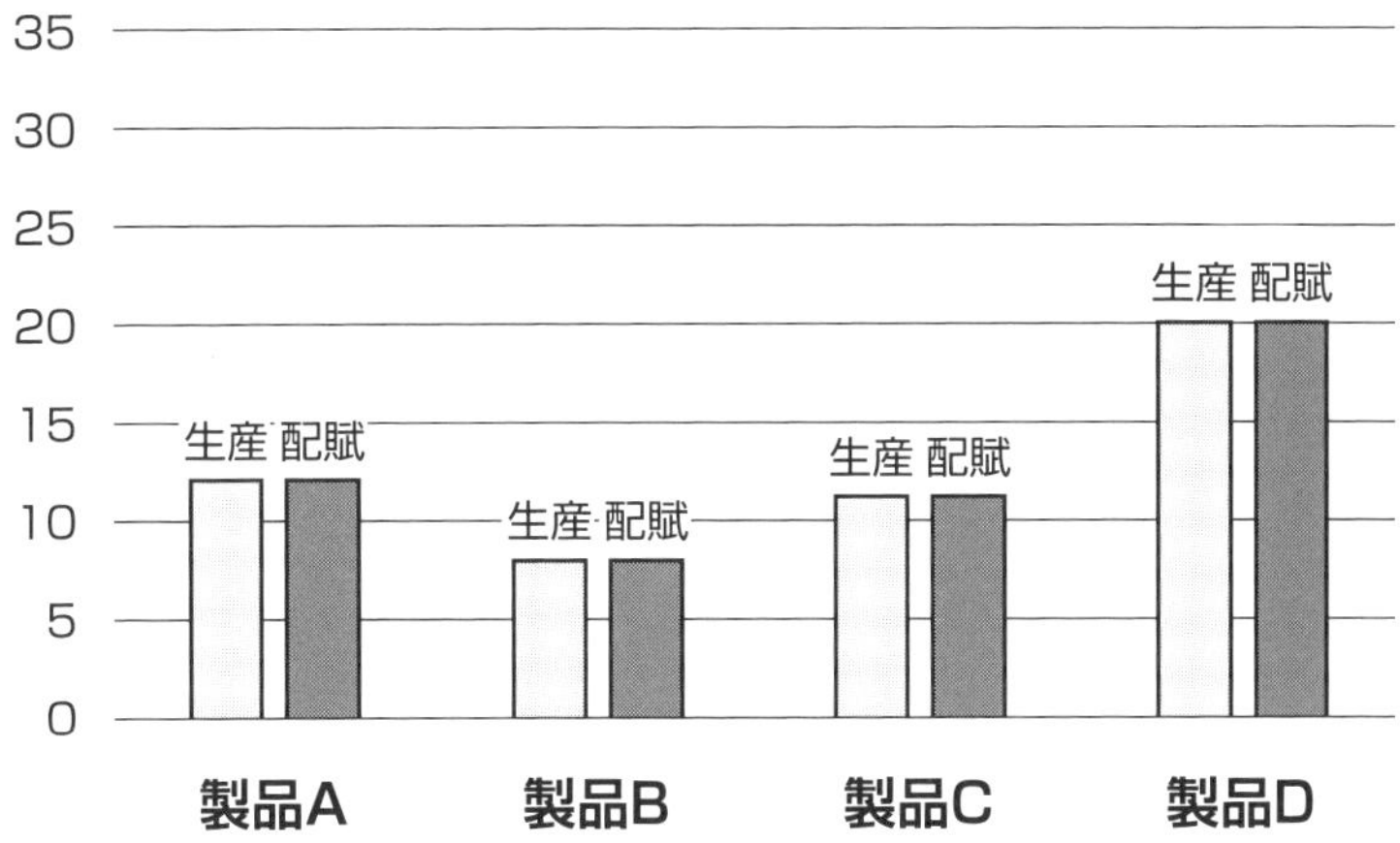

軍手代を直課するケース…材料費としての扱い

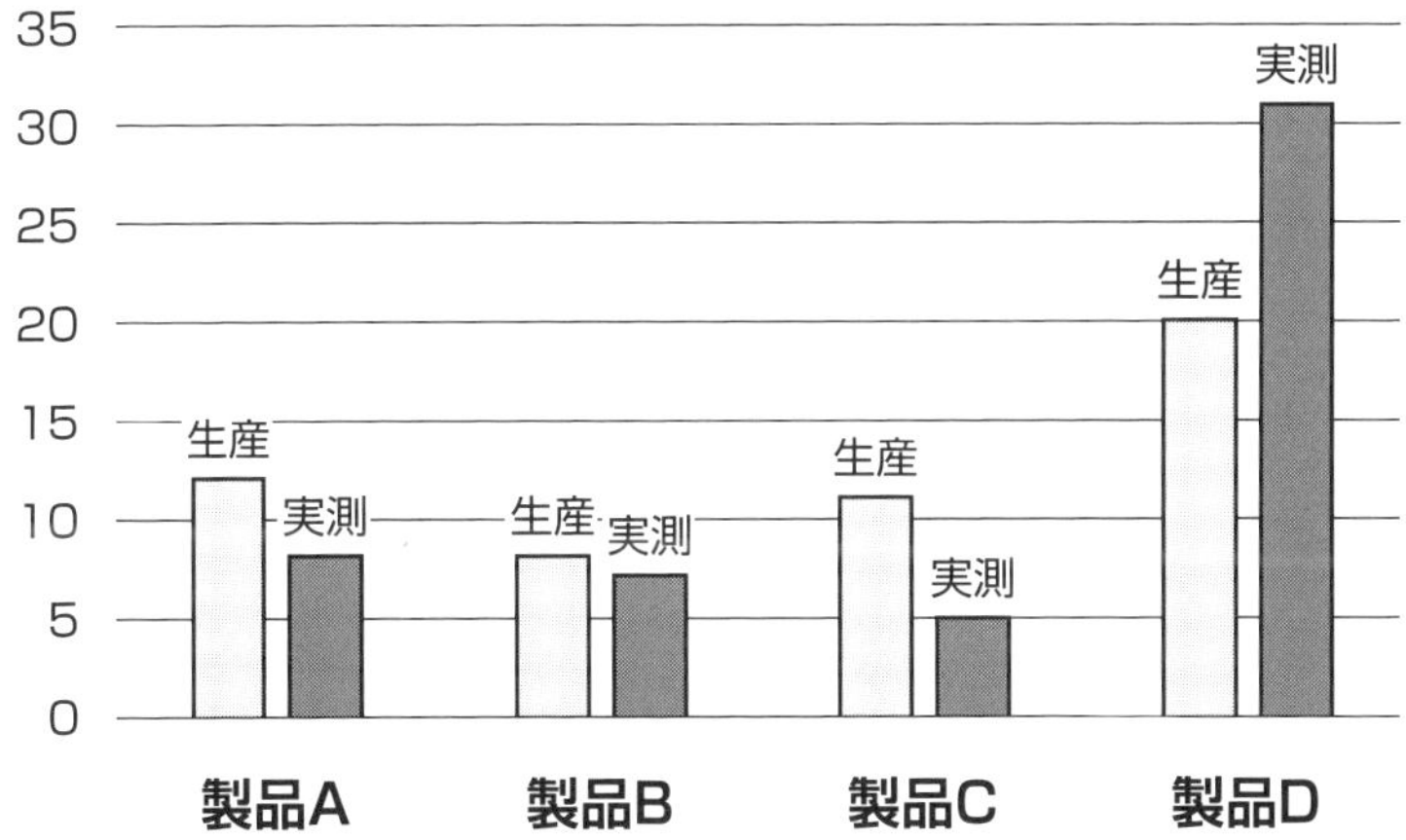

ポイントBOX

①材料費は製品別に差異を把握する。間接材料費は全体で差異を把握する
②直課するか配賦するかは、記録のコストと期待効果のバランスで決める

50 固定費を配賦すべきでない理由を考える

固定費配賦の本質からくる危険性

〈固定費配賦の手順〉

従来の原価計算では固定費も製品別に集計していたため、複雑な計算が必要でした。なぜなら固定費（便宜的固定費ではなく本当の固定費）は個々の製品との対応関係がないからです。そこで製品と固定費を紐づけるために配賦という特殊な計算が行われてきました。配賦はまず固定費を関連部門ごとに集計した上で（部門別計算）、標準の組立時間などを基準として各製品に紐づけていきます（製品別計算）。

例えば、①配賦したい固定費の合計が4千万円、②配賦の基準と決めた標準の組立時間が1年間で2千時間だと想定している場合、4千万円÷2千時間という計算で、組立時間1時間当たりの配賦単価が求まります（1時間2万円など）。この単価に製品1台当たりの標準の組立時間や実際の組立時間（1台2時間など）を乗じれば、製品に配賦する固定費の額が求まります（1台4万円など）。

〈稼働率が下がると異常な配賦が起こる〉

固定費配賦という仕組みが考え出されたのは100年前のことでした。当時は景気の波こそあったものの、概ね右肩上がりの経済成長が続いていた時代です。工場の経営資源は**当然にフル稼働することが期待されており、**それを前提に固定費の配賦が行われてきたのです。

しかし今日では経済社会の変化が激しく、工場や設備が将来に渡ってフルに稼働し続けるかどうかわかりません。そのため異常な配賦が頻繁に起きるようになりました。ここで当初計画を達成しようとして無理なフル生産を続ければ、余剰な製品在庫の積み上げと廃棄というムダを招きます。更には会社の自己都合である稼働率にのみ目が向き、社会やお客様のニーズに向き合えなくなってしまうのです。

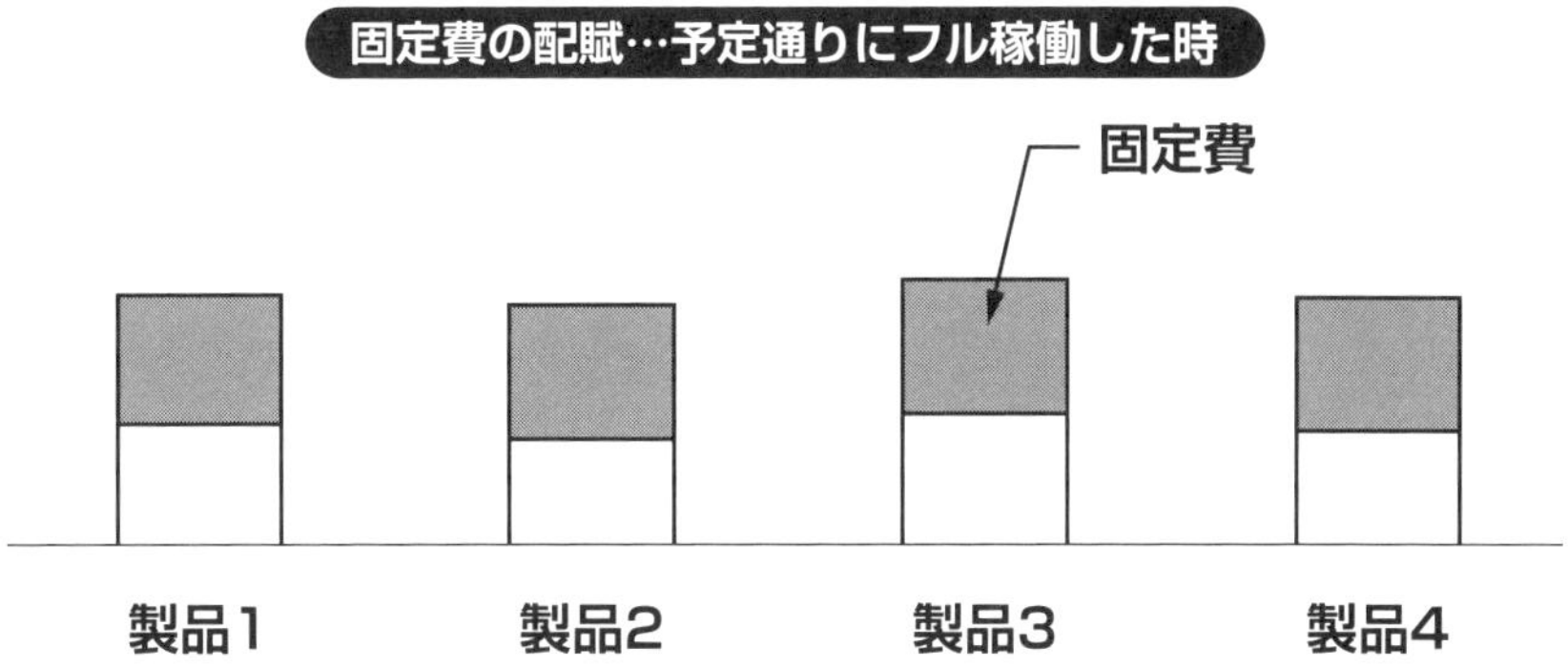

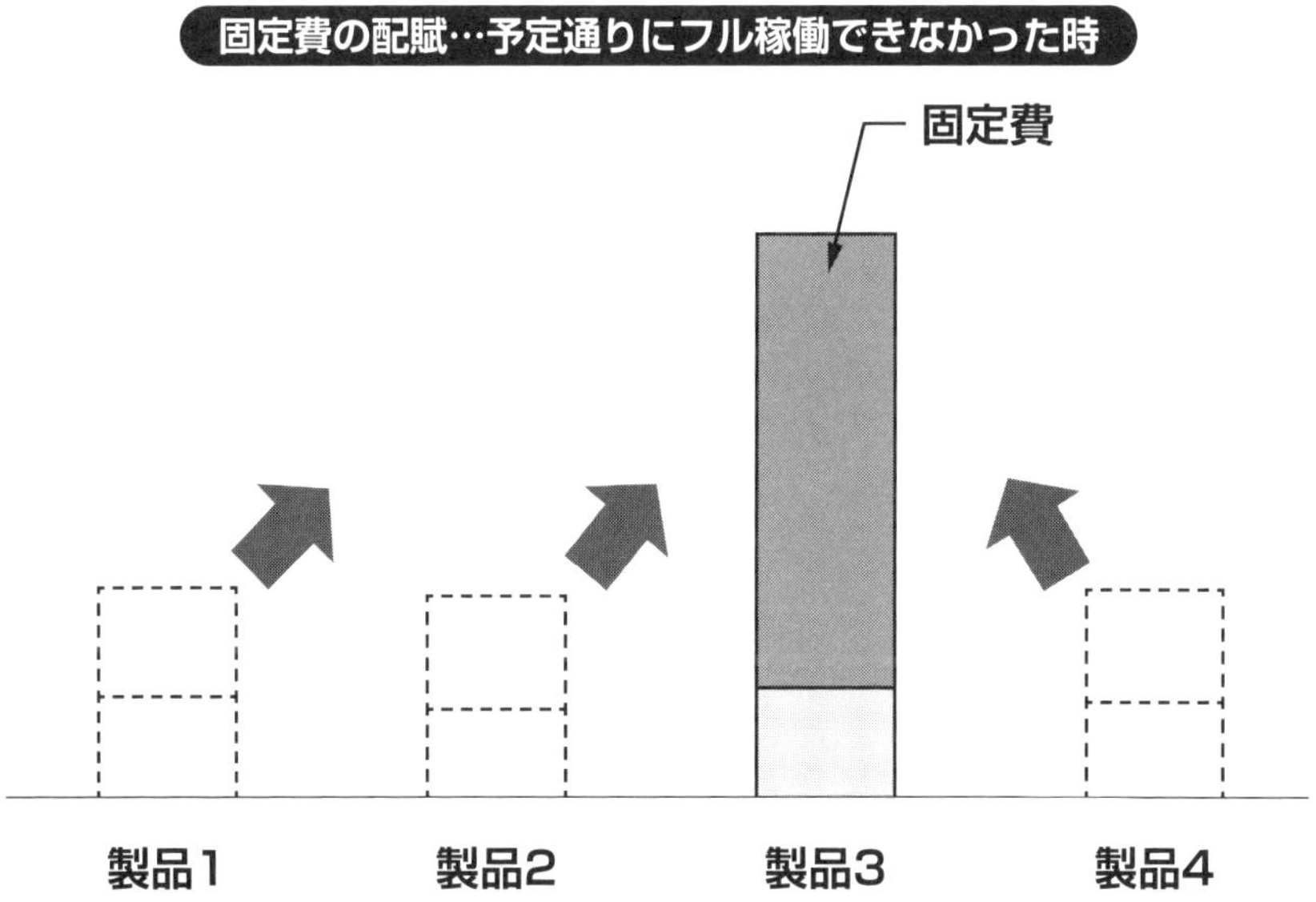

ポイントBOX

①固定費の配賦は、工場や設備がフル稼働し続けることを前提としていた
②フル稼働が前提にできなくなると、配賦の金額は異常になる

51 固定費を配賦しない会計があった！

財務会計の全部原価計算と、管理会計の直接原価計算

〈全部原価計算〉

過去100年間、財務会計で採用されてきた原価計算が全部原価計算です。変動費と固定費の全部を対象とすることから、全部原価計算と呼ばれてきました。ここでは、変動費は個別の製品との対応関係が明らかなので直接に集計され（直課）、固定費は個別の製品との対応関係が明らかではないため配賦で集計されます。

その一方で「全部」原価計算とは言いながら工場内での作業の管理に強く偏ったものであったため、計算対象となる費用も工場内の活動に限定されていました。工場の外で発生する費用に「販売費および一般管理費（販管費）」というゴミ箱然とした名称が付され、ひとくくりにされてきたのも、こうした背景によるものです。しかし今日では、本来高度に一体化している事業活動を製造と非製造に分断してしまう会計構造が適切な経営管理を困難にしています。

〈直接原価計算〉

固定費の配賦は工場の操業度の影響を強く受け、操業度が下がれば異常な配賦が起こります。配賦の計算過程は複雑でブラックボックス化しやすく、固定費を期末在庫⇕売上原価⇕販管費⇕固定資産の間で巧みに行ったり来たりさせることで**会計粉飾や利益操作の温床にもなってきました**。固定費の配賦が引き起こす様々な問題を解決すべく、変動費（≒直接費）だけで原価計算を行う直接原価計算が提唱されたのは今から60年前のことです。直接原価計算を導入して固定費の配賦計算をなくしてしまえば、原価計算は著しくシンプルでわかりやすいものになります。

ただし、直接原価計算にもサプライチェーンという概念はなく、製造部門の活動に偏ったものだったという意味では、全部原価計算と同じ限界を抱えたものでした。

全部原価計算の計算範囲…財務会計

	変動費	固定費
製造部門の費用	YES 直課	YES 配賦
製造部門以外の費用	NO 範囲外	

※製造と非製造の視点で費用を分類

直接原価計算の計算範囲…管理会計

	変動費	固定費
製造部門の費用	YES 直課	NO 範囲外
製造部門以外の費用	NO 範囲外	

※製造の視点で、変動費と固定費を分離

ポイントBOX

①固定費配賦は、財務会計が 100 年前に採用した原価計算の方法
②固定費配賦の不合理を解消するために 60 年前に提唱されたのが直接原価計算

52 サプライチェーン全体を一体管理するための会計

二つの管理会計…直接原価計算と付加価値会計

〈全部原価計算および直接原価計算の限界〉

全部原価計算（即ち、財務会計の原価計算）は、製造部門の変動費と固定費を対象とする原価計算でした。これに対して直接原価計算（管理会計）は、製造部門の変動費のみを対象とする原価計算です。両者とも長所/短所がありますが、共通に抱えていた限界は工場内で発生する費用にのみ強くフォーカスされていたことでした。

〈新しい管理会計…付加価値会計〉

そこで直接原価計算を一つの出発点としながらも、工場内/外という区別を止めてサプライチェーンの視点を取り入れた管理会計が付加価値会計です。工場内で発生する変動費のみならず、工場外で発生する変動費（例えば外注物流費や在庫金利など）も併せた全てのコストを一体管理する点で、直接原価計算とは異なります。

更に付加価値会計では、付加価値と固定費の総額をそれぞれ明らかにすることで経営資源の生産性向上を図ろうとしています。国内の全ての付加価値を合計したものがＧＤＰですが、近年日本の製造業には総じてかつての元気がなく、ＧＤＰの低迷が問題視されてきました。しかしながら、今までどの製造業も付加価値を見える化しておらず目標管理の対象にしていなかったのです。**これではＧＤＰは増えません！** そこで付加価値会計では、付加価値を見える化した上で固定費の生産性を問い（付加価値生産性）、会社にとって最も重要な経営資源であるヒトの成長を促します。

更に付加価値会計では変動費と固定費の分離を徹底しているため、損益分岐点分析がしっかりできるという利点もあります。その他、付加価値会計にはキャッシュフローの視点、加重平均資本コスト（ＷＡＣＣ）の視点などが加味されていますが、これらについてはまた後ほど検討しましょう。

直接原価計算の計算範囲…管理会計

	変動費	固定費
製造部門の費用	YES 直課	NO 範囲外
製造部門以外の費用	NO 範囲外	

※製造部門の費用を、変動費と固定費に分離

付加価値会計の計算範囲…更に新しい管理会計

	変動費	固定費
製造部門の費用	YES 直課	NO 範囲外
製造部門以外の費用	YES	

※サプライチェーンの視点（外注物流費、在庫金利）
※固定費の一体管理の視点（逃げ回りの防止、生産性管理）
※キャッシュフローの視点（減価償却の見直し）
※ WACC の視点
※損益分岐点の視点

ポイントBOX
①全部原価計算と直接原価計算は共に工場内に限定されていた
②付加価値会計は計算範囲をサプライチェーン全体に拡大する

column

これが付加価値の会計！

原価計算は、製造業における製品売価の決定や原価管理など様々な目的で行われてきたものです。その骨格は今から100年前も前にデザインされました。従来の原価計算に特徴的だったのは、変動費の集計（直課）のみならず、固定費も含む全部の費用を個々の製品に紐づけようとしてきたことです（配賦）。このことから、従来の原価計算は「全部原価計算」と呼ばれます。全部原価計算が行われてきたことの背景には、右肩上がりの成長経済を前提とし、全ての経営資源が常にフル稼働しているのが正常な状態だという期待がありました。

ところが近年では、社会経済の変化が速くなる一方、国内の経済成長の速度そのものは鈍化してしまったため、多くの場面で経営資源のフル稼働が期待できなくなりました。フル稼働が期待できなければ固定費の配賦は異常な高額となってしまいます。そのため会社はフル稼働を維持しようと躍起になり、市場のニーズに背を向けた生産活動で余剰な在庫を積み上げようとする動機を持つことになりました。余剰在庫の積み上げは、従来の会計の構造的な不備によって架空の利益を作りだし（打出の小槌）、後日になってから致命的な損失を会社に与えることになります。

こうした**配賦計算の危険性は60年も前から指摘されており**、対策として固定費を配賦せず変動費だけで原価計算を行う「直接原価計算」が提唱されました。これなら「打出の小槌」は解消できます。しかし全部原価計算も直接原価計算も工場内の原価計算という枠組みの中に留まるものであり、サプライチェーン全体という視点を持っていませんでした。そこで改めてサプライチェーン上の全ての変動費を拾い上げたのが付加価値会計です。付加価値会計は「費用をどのように管理したいか」という視点から変動費と固定費を分離します。即ち変動費は目標となるべき標準値を定めて管理する費用、固定費はこうした管理をしない費用です。そして固定費の配賦をしません。

実はその結果として生まれてきた会計は、付加価値が見える会計でもありました。そしてこの付加価値の最大化を、全ての関係者（経営者、従業員、資金提供者）が最優先すべき目標として位置づけています。固定費については、それを４次～５次の計算で徹底的に精密配賦すべきだという考え方と、全く配賦すべきではないという考え方が今でも対立しています。それは優劣の問題ではなく、どちらのやり方が、事業活動が目指す目標の管理に適しているかで個別に判断されるべきことでしょう。日本の原価計算よ、蘇れ！

VI

意思決定の
カイゼン・マニュアル

固定費の配賦を止めたら、意思決定できないですって？
でも、配賦をしていたらいつまでも製造業は前に進めません。
そろそろ100年前の仕事を卒業し、一歩前に出てみませんか？

53 三つの曖昧が原価計算を台なしにしていた！

どんなに精密な配賦も、土台が危うければ不毛な計算

〈精密に計算するほど、事業の実態が見えなくなる〉

一般に原価計算を難しくしてきたのは固定費の配賦です。製品に直接紐づかない固定費を製品原価に無理に組み込むため費用別→部門別→製品別という長い過程を経て配賦は行われてきました。しかし皮肉なことに、手をかけて精密な配賦を試みれば試みるほど、計算は実態から乖離し合理性を失ってしまうのです。

〈固定費配賦の三つの曖昧〉

✔固定費の配賦計算は、まず部門別計算の段階で製造費用（売上原価になる）と製造以外の費用（販売費および一般管理費になる）の切り分けをする時に合理性を失います。本来は全社で一体的な活動を無理に区分することに必然性がないからです。配賦は科学的事実ではなく、交渉と妥協の産物にすぎません。

✔次に固定費の配賦計算は、製品別計算の段階でも合理性を失います。固定費の配賦基準には様々なものがありますが（生産台数、標準作業時間、その他無限にある）、そのどれを選んでも恣意性を免れないからです。

✔最後に固定費の配賦計算は、配賦基準の管理で更に合理性を失います。従来は標準作業時間などを配賦基準とするケースが多かったのですが、日常的に標準値管理のＰＤＣＡを回していかない固定費は、変動費の場合以上に配賦基準となるべき数値の精度を高めていくことが難しいからです。

〈たまったもんじゃない！〉

原価計算の目的としては売価の決定も挙げられてきました。しかし固定費の配賦を含んだ原価計算をすると、売価は異常なものになりがちです。お客様にしてみれば「たまったもんじゃない！」です。会社の内部都合を優先して異常な配賦を続け、売価を決めれば、その製品はお客様（市場）から支持されなくなってしまうでしょう。

交渉と妥協の果てに…

製造部門と管理部門で、社食費用（1000万円）の分担を相談したら出た意見

	第一案	第二案	第三案	第四案	第五案
売上高	1234	1234	1234	1234	1234
－製造費用	－900	－750	－600	－500	－200
＝粗利	＝334	＝484	＝634	＝734	＝1034
－製造以外の費用	－100	－250	－400	－500	－800
＝営業利益	＝234	＝234	＝234	＝234	＝234

第一案の根拠　…　面積（900m^2 vs100m^2）
第三案の根拠　…　人数（60人 vs 40人）
第五案の根拠　…　使用時間帯（2時間 vs 8時間←ミーティング利用を含む）
第二案の根拠　…　人数×回数で分けよう！　60人×2回 vs 40人×1回
第四案の根拠　…　人数×時間で分けよう！　60人×12分 vs 40人×18分
食事の回数（昼と夜 vs 昼のみ）
食事の時間（平均12分 vs 平均18分）

正解はない！
なんでもあり！！

不毛な計算の法則

合理性ある数値（変動費）＋合理性ない数値（固定費配賦）＝合理性ない数値（全部原価）

ポイントBOX

①元々合理性のない数字を、後からどんなに精密に計算しても精度は上がらない
②会社の内部都合である固定費の配賦は、お客様に背を向ける行為

54 昔、すごい人がいた？

配賦計算が多くの会社でブラックボックス化している

〈昔、すごい人がいた〉

固定費の配賦計算でもう一つ問題になることは、過去に決めた配賦の根拠を見失ってしまっているケースが少なからずあることです。固定費配賦の計算方法（配賦の基準の選択、時間単価の決定など）は、しばしば社内の力関係や交渉・妥協、塩梅などを経て決定されますが、こうしたやりとりの過程は記録に残らず、後日にわからなくなってしまいがちだからです。

「この計算方法は、どうやって決めたのですか？」

「いやあ、昔、山田さんというすごい経理の方がいて、膨大な手間と時間をかけて決めたらしいのです」

「では、その山田さんに伺えば根拠がわかりますね！」

「実は…山田さんは何年も前に会社を退職してしまいました。もう連絡がつかないのです」

「ということは、今はこの計算方法を決めた根拠がわからないということですか？」

「そうなんです」

〈意思決定のための新しい原価計算〉

根拠を見失ってブラックボックス化した配賦計算では、**会社を正しく経営できないことは言うまでもありません。**それならむしろ、思い切って配賦計算など止めてしまえばムダな事務費用の削減になり、誤った経営判断も解消されます。

更に一歩進んで、計算過程が明確で事業の実態を正しく把握できる新しい原価計算を導入できるなら、元気のなかった事業は活力ある事業へと生まれ変わり、成績の良い事業はもっと成績の良い事業へと生まれ変わることでしょう。

昔、すごい人がいた
配賦基準は何？
何が販管費？
標準時間どう決めた？

ポイントBOX
①多くの会社で配賦計算がブラックボックスになっている
②固定費の配賦を止めれば、原価計算はシンプルで使いやすいものになる

55 負け犬をもっと負け犬にする方法

固定費配賦という発想が生む自滅のスパイラル

〈負け犬は、もっと負け犬になる〉

固定費の配賦を止めれば原価計算は著しくシンプルになりますが、固定費を配賦しないと売価が決められず困る（！）という話もしばしば伺います。しかし「かかった費用は仕方がないんだ！」という従来の原価計算の発想は、**非効率な事業活動の責任をお客様に転嫁する発想であり、**製造業を滅ぼす発想でもあるのです。なぜなら経済成長が鈍化した今日、多くの製造業で工場のフル稼働を期待できません。ビジネスモデルが陳腐化し売上が減ると、資源の操業度が下がって固定費の配賦が上昇します。それが製品原価に転嫁されれば売価も上昇します。しかしながら今日は常にネット等で比較され選ばれる時代ですから、異常な売価をつければ、製品はお客様に支持されず選ばれなくなるでしょう。結果的に更に売上が低下し、更に固定費の配賦が上昇するという「自滅のスパイラル」に陥ってしまうのです。

責任転嫁の構図

固定費配賦 ⇓ 製品原価へ ⇓ 売価へ

⇓ お客様へ ⇓ 自滅のスパイラルへ

ですから活動効率の悪い固定費（資源）があれば、個々の製品やお客様に責任転嫁（配賦）するのではなく、資源の側に生産性向上への責任を負わせて、成長を促していかなければなりません。

〈異常な配賦をしている原材料を買わない〉

自らが異常な配賦をして「自滅のスパイラル」に陥ってしまわないようにすることはもちろんですが、同時に、外部から原材料や部品等を購入する際には十分な市場調査と価格比較を行って、異常な配賦をしている会社の巻き添えにならないよう注意しなければなりません。

固定費配賦が引き起こす「自滅のスパイラル」

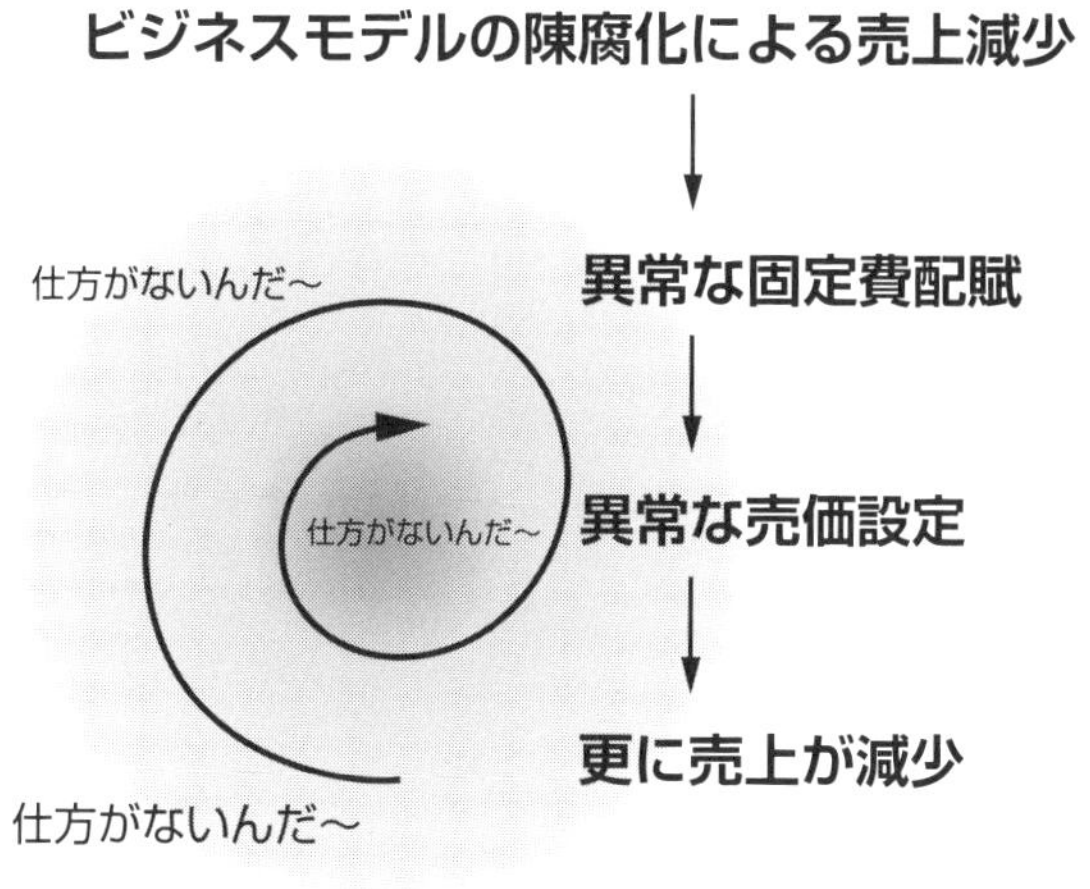

「かかったものは仕方がないんだ〜〜〜」

異常な配賦をしている原材料を買わないようにしよう！

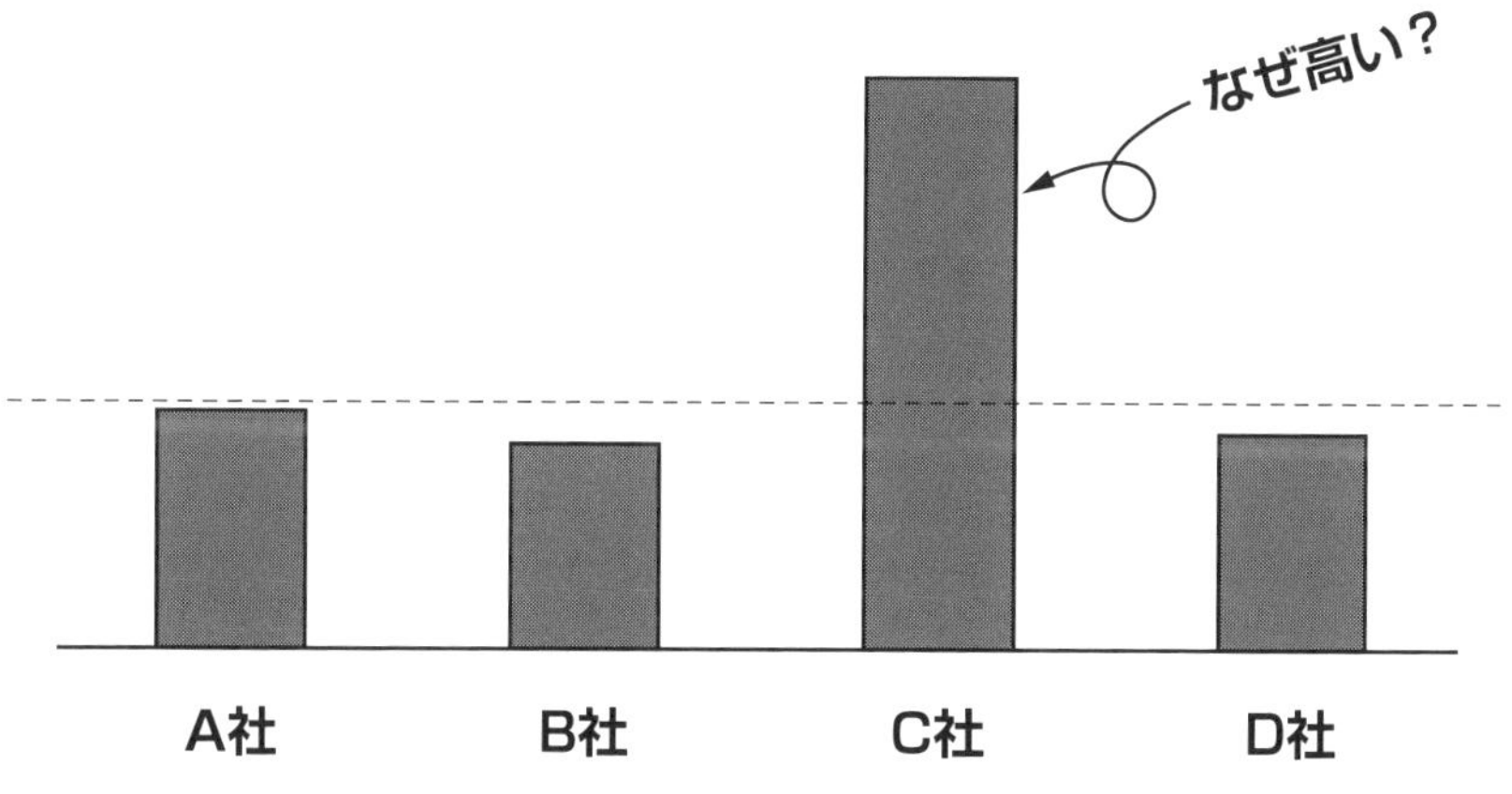

ポイントBOX

①固定費を配賦して売価を決めるという発想が「自滅のスパイラル」を招く
②異常な配賦をしている原材料や部品等を、他社からも買わないように注意する

56 もう売り逃げはできない！

固定費を配賦せずに売価を決めるということ

〈配賦をして売価を決定する〉

従来の原価計算で行われてきたように、製造原価に固定費を配賦し、それに好き勝手な利益を加算して売価を決めるという方法は、異常な売価設定の原因になり、お客様に支持されません。製造業の自滅の道に繋がります。

〈配賦をせずに売価を決定する〉

固定費の配賦を止めて変動費（コスト）だけを集計し、それに基づいて売価を決めれば、固定費配賦が起こす異常な価格設定を回避できます。それでもなお競合他社と比較してコストや売価に大きな差が生じていれば、**自社のサプライチェーンのどこに弱点やムダがあるのか**を慎重に点検してみなければなりません。

かつてのように製造業の都合で固定費を配賦し売り逃げるという時代は終わりました。今日、価格はお客様（市場）が決めます。会社が製品の売価を決める時は、合理的な水準のコストに基づき市場の状況を見極めながら決定しなければなりません。もし利益が出なければサプライチェーン全体を合理化する努力をし、資源の生産性を高め、新しい価値を創るビジネスモデルを築き上げていきましょう。

〈固定費を配賦せずに、どうやって意思決定をするのか〉

「固定費を配賦しないと利益が確保できない」

「個々の製品が儲かっているのか儲かっていないのかがわからない」

といったお話を伺いますが、長期的な利益はキャッシュフローとＩＲＲ（内部収益率）で計画し、管理します（第69、73話）。短期的な利益は付加価値会計で管理します（第20、61話）。個々の製品の生産を続行すべきか否かという日々の判断については、次の第57話で考えてみることにしましょう。

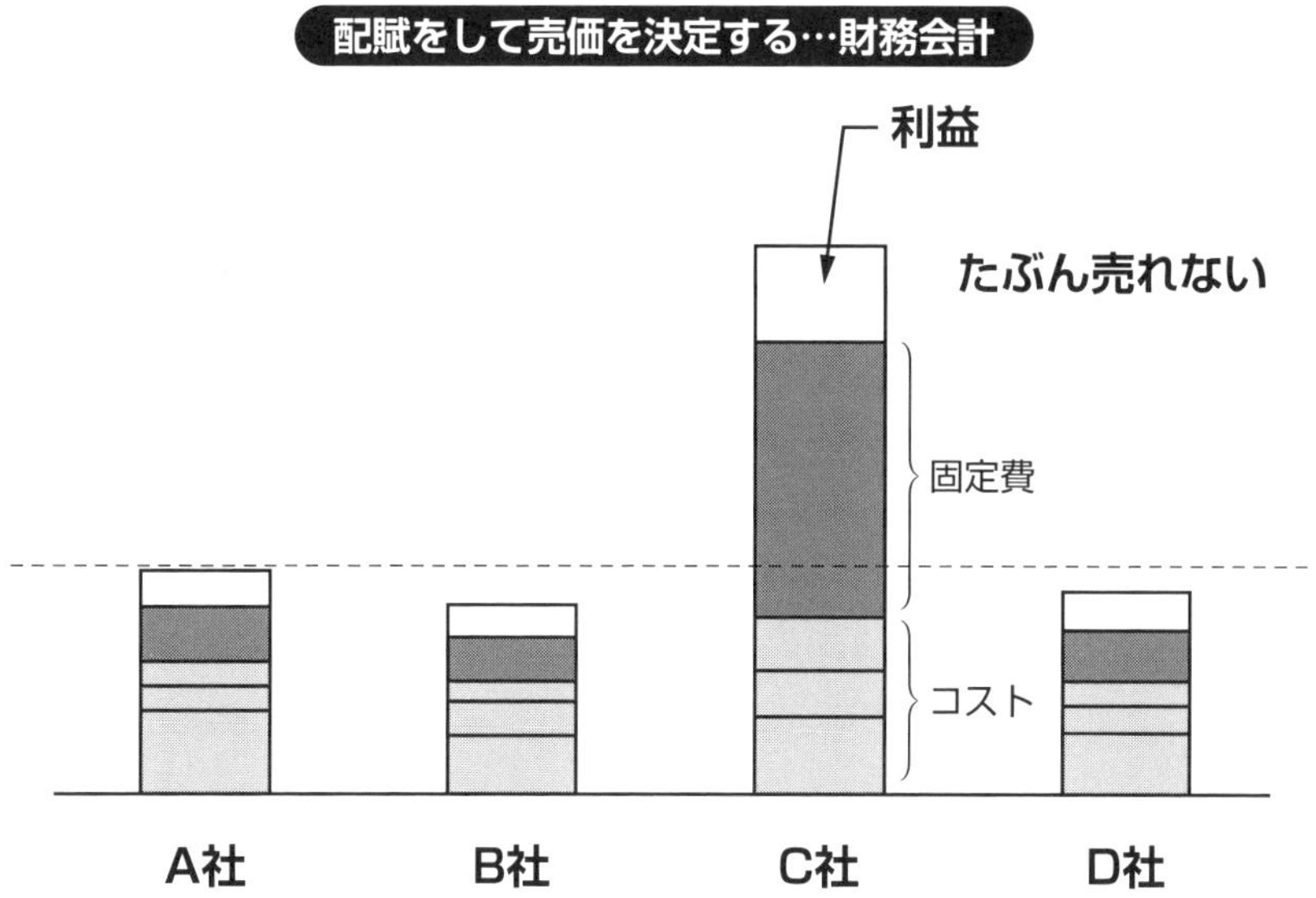

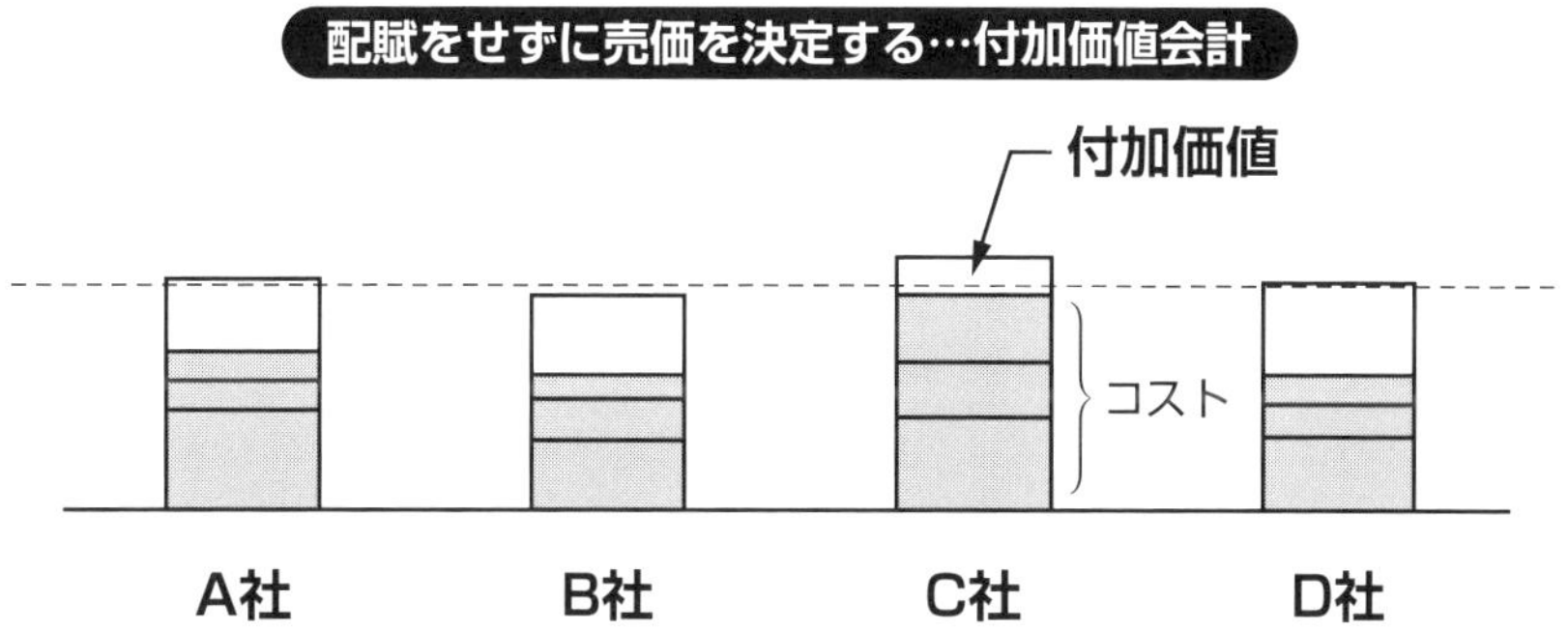

ポイントBOX

①利益は、キャッシュフローとIRR（内部収益率）で確保する
②売上げても利益が出ないのは、会社のサプライチェーンのどこかにムダがある証拠

57 生産維持／生産中止の意思決定をする

固定費配賦に合理性がないならば、変動費だけで判断すべき

〈財務会計の意思決定〉

従来の財務会計においては、変動費と固定費を集計して製造原価を求め、それを売価と比較していました。売価が製造原価を上回っていたら黒字なので生産維持、売価が製造原価を下回っていたら赤字なので生産中止です。しかし今まで見てきたように固定費の配賦に合理性がないならば、**固定費を加算して求めた製造原価では合理的な意思決定ができません。**

〈付加価値会計の意思決定〉

配賦をしない付加価値会計は、変動費のみを集計してコストを求め、それを売価と比較します。売価がコストを上回っていたら付加価値で黒字、売価がコストを下回っていたら付加価値で赤字です。付加価値で赤字であれば直ちに生産を中止しなければなりませんが、付加価値で黒字の場合は工場の生産能力の検討に入ります。その結果、生産能力に余力があれば生産維持という判断をします。生産能力に余力がない場合には、個々の製品の時間生産性を比較し、時間生産性の高い製品から優先的に生産を割り当てます。

〈製品の時間生産性の比較〉

製品Aと製品Bがあるとします。しかし工場には両方を生産する能力がありません。そこでどちらの製品を優先すべきか判断してみましょう。概要は以下です。

製品Ａ１台の付加価値１０００円
製品Ａ１台の見積もり生産時間1時間

製品Ｂ１台の付加価値２５００円
製品Ｂ１台の見積もり生産時間2時間

この場合、製品Aの時間生産性は1時間１０００円、製品Bの時間生産性は1時間１２５０円となるので製品Bが有利です。従って製品Bの生産維持を優先し、それでも余力があれば製品Aの生産を行います。

財務会計で意思決定する…赤字なら生産中止！

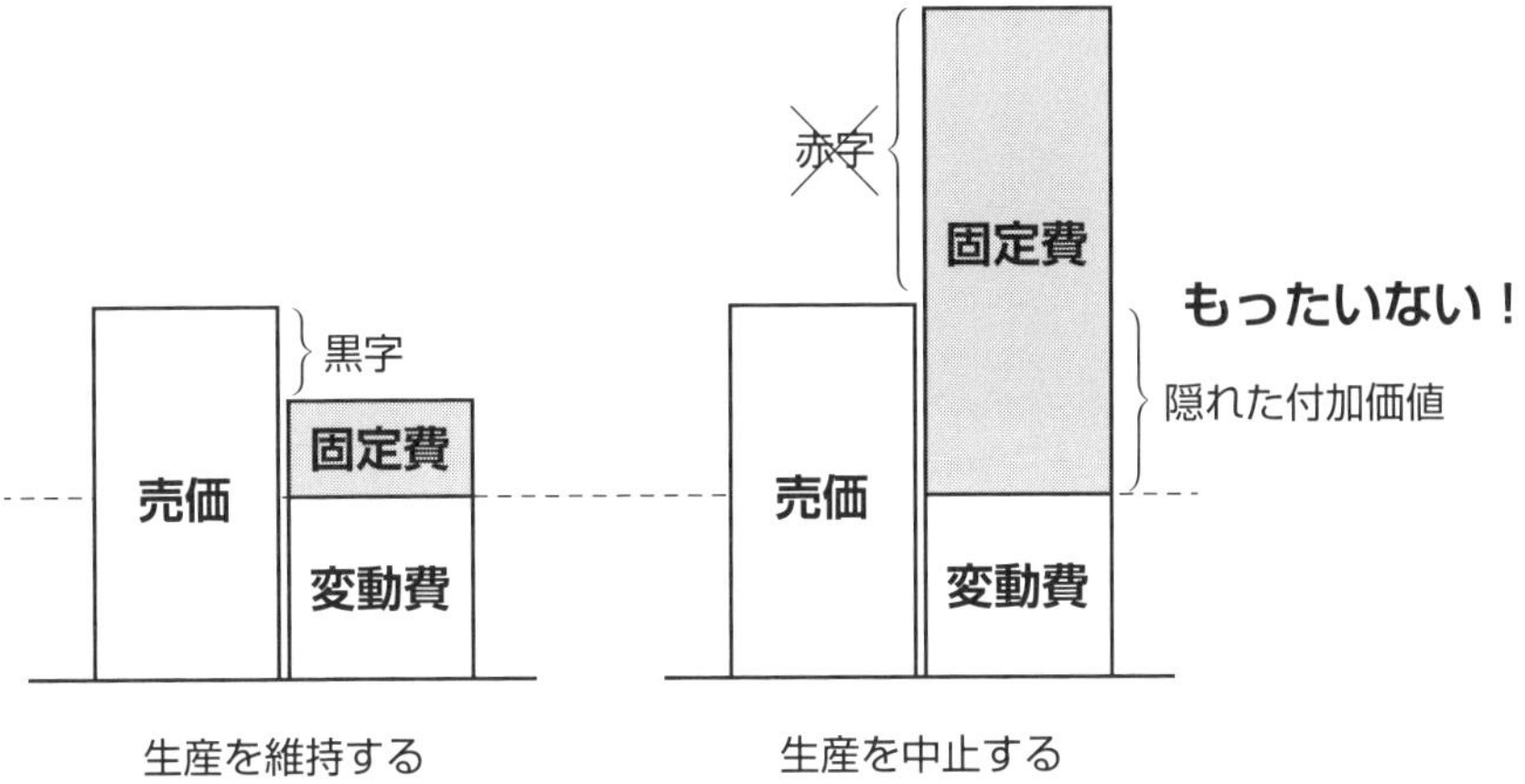

付加価値会計で意思決定する…付加価値があれば生産維持！

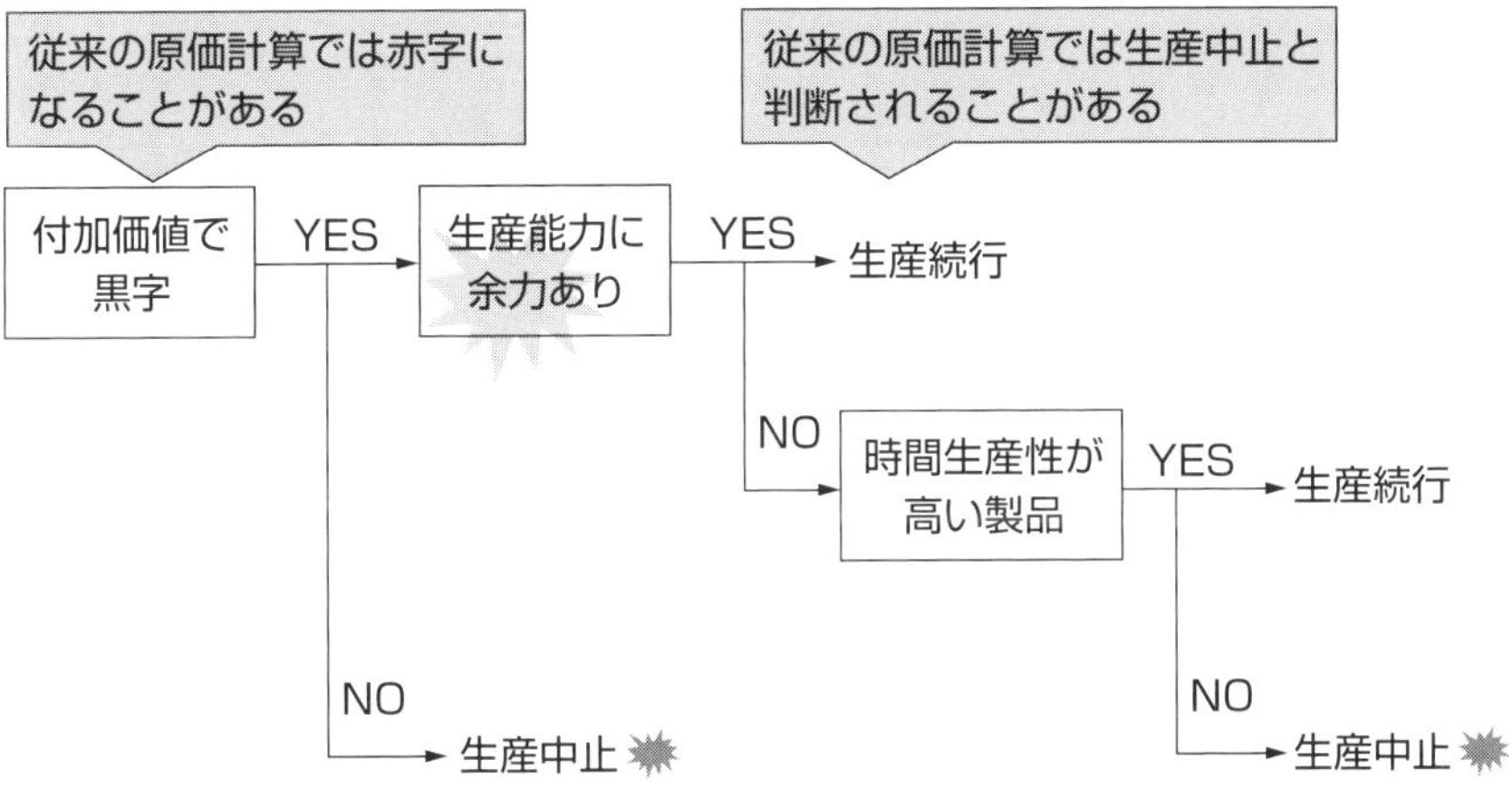

ポイントBOX

①付加価値が黒字で生産能力にも余力があれば、生産を維持
②生産能力に余力がなければ、時間生産性の高い製品を優先して生産する

58 配賦が止めた新鋭工場

固定費の配賦は経営資源を余らせる

〈財務会計の意思決定〉

配賦が引き起こす本質的な失敗を示す事例を紹介しましょう。ある会社には東京工場と横浜工場という二つの工場がありました。どちらの工場も製造原価に差はありません。共に老朽化による労災のリスクが高まってきたので、経営トップの判断で最新設備に更新することになりました。なんといってもモノづくりの基本は安全第一です！　しかし予算が限られていたため今年は横浜工場でのみ実施し、東京工場では三年後に実施するという計画となりました。

さて、一足先に設備更新した横浜工場では、副次的に材料の歩留りが改善され変動費が減りました。しかしそれ以上に新鋭設備の減価償却費が配賦されてきたため、横浜工場の製品原価（変動費＋固定費）は割高だと言われて営業マンから敬遠されてしまったのです。その一方で、配賦が無い東京工場の人気は高くフル生産が続きましたが、老朽化設備のため労災リスクは更に高まりました。

〈付加価値会計の意思決定〉

配賦してもしなくても会社全体の固定費は変わりません。冷静に考えれば、**変動費が安い横浜工場こそフル生産すべきだったのです**。しかし実際にはそうした成り行きにならなかった原因は、従来の原価計算に固定費の配賦があったからでした。固定費の配賦を止め、変動費だけで原価計算をすれば、横浜工場での生産が有利だったことがすぐにわかります。これは、本来は経営トップの意思決定による固定費を、配賦を通じて担当者の負担に実質的に転嫁してしまったことによる失敗だったとも言えます。いったん原価に差がつくと横浜工場は更に敬遠されるようになり、製品1台あたりへの固定費配賦が更に増えていくという自滅のスパイラルに陥ります。

経営トップの判断　⇓　担当者の負担へ転嫁
⇓　部分最適な意思決定　⇓　会社全体の損失

財務会計で意思決定する…東京工場を使おう！

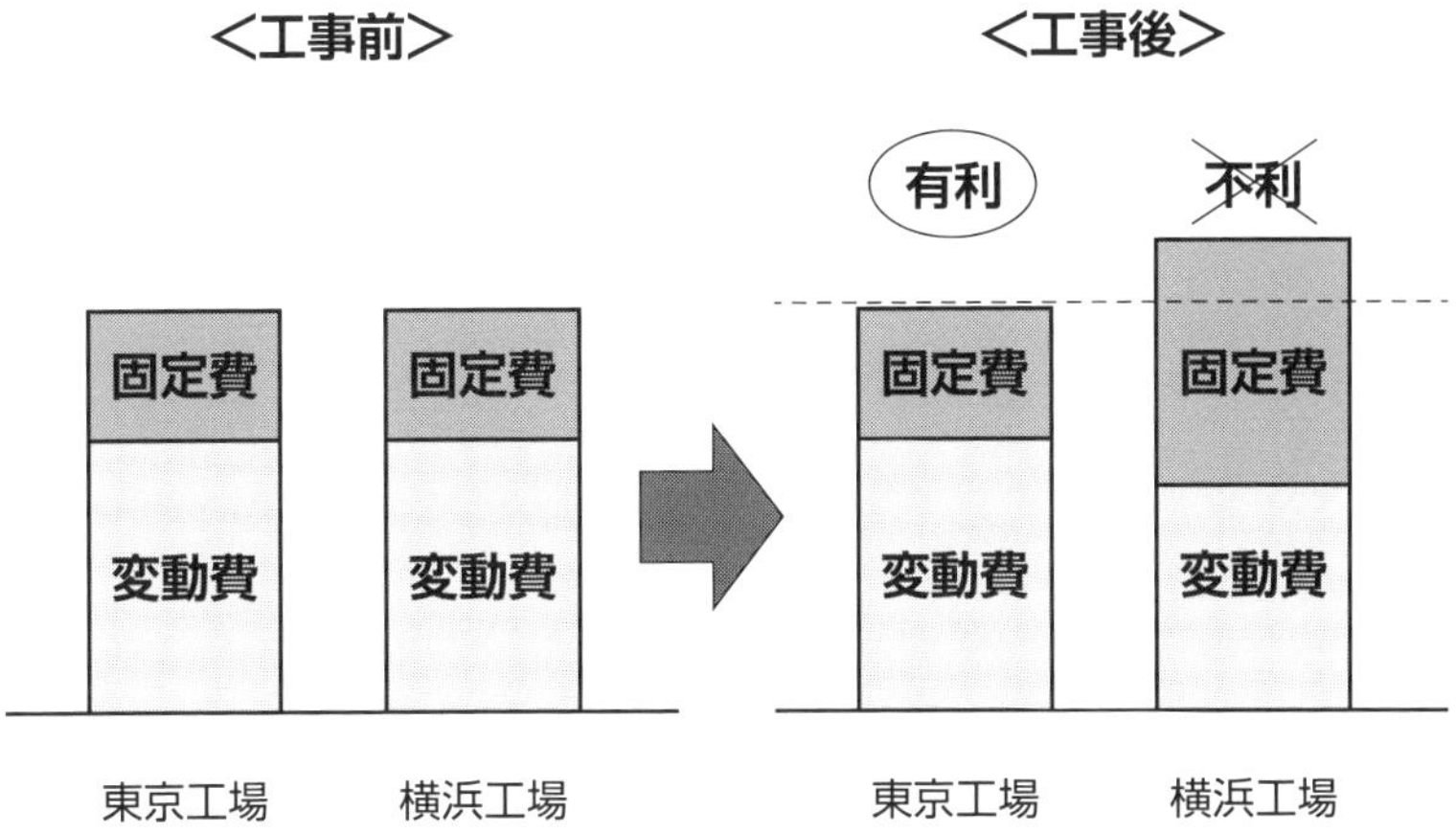

付加価値会計で意思決定する…横浜工場を使おう！

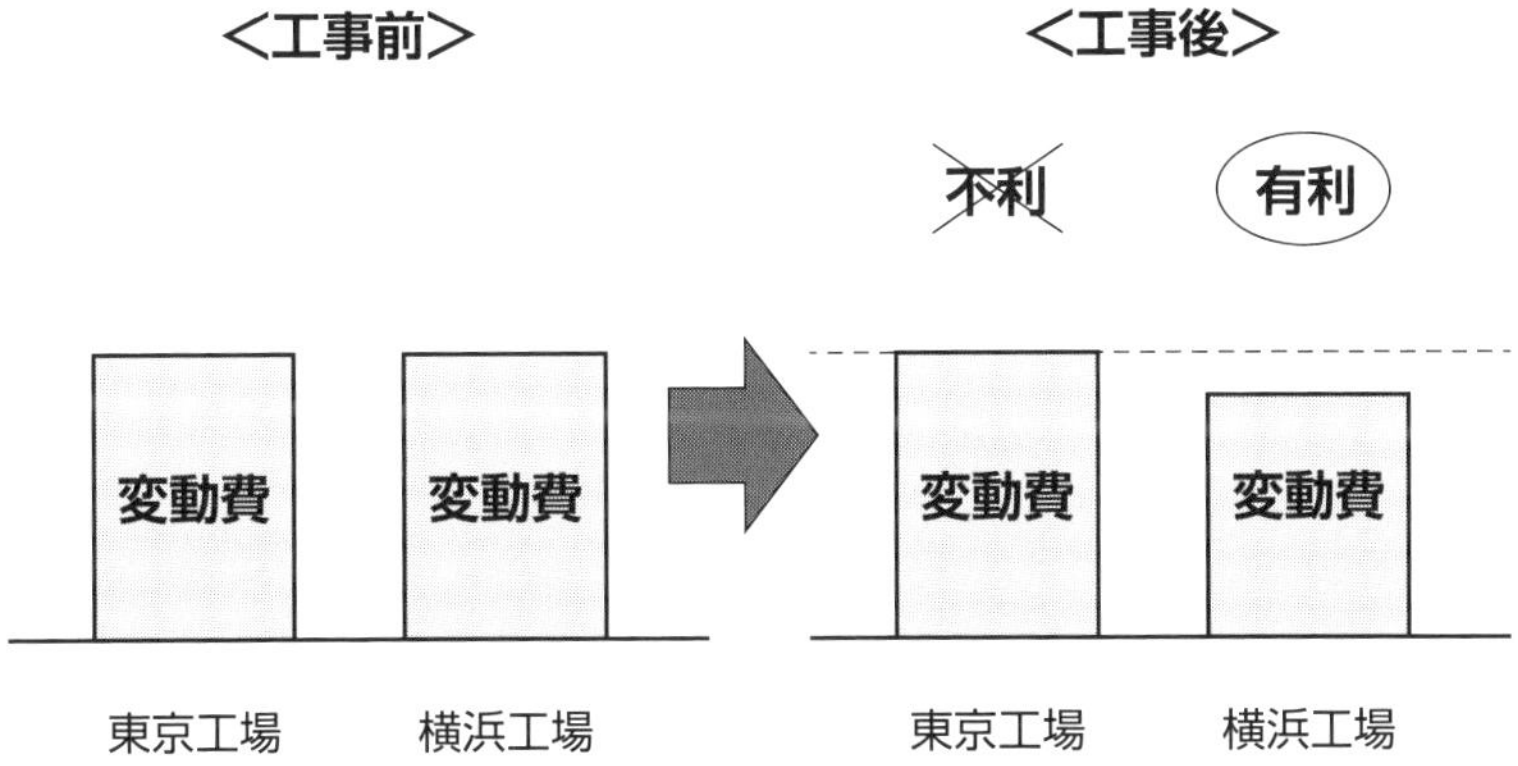

ポイントBOX

①財務会計と管理会計では、異なる結論が導かれる
②減価償却費の配賦が、自滅のスパイラルに繋がることがある

59 設計費を配賦する？／しない？

製品に責任転嫁せず、設計者が自分自身の生産性に責任を負う

〈財務会計の管理…製品の責任を問う〉

財務会計では製品Aについて特別の設計費が発生した場合、①費目別計算、②部門別計算を経て、③製品別計算（設計者田中さんの固定労務費600万円の内の250万円など）によって配賦するケースがあるでしょう。

仮に製品Aの生産予定が1年2万台、5年後の販売終了までの累計が10万台の見込みだった場合、年50万円の設計費を配分したとします（1台当たりの目安25円）。しかし現実に販売開始してみたところ、1年目は2万5千台の生産・販売となりましたが、3年目以降は2万台を大幅に下回り、5年間の累計では5万6500台に留まってしまいました。こうした場合にはいくつかの問題が生じます。

✔ 2万台を達成しようとして余剰生産する動機となり、ムダな在庫で廃棄損を出す

✔ 2万台を達成できなかった場合、異常な配賦による自滅のスパイラルに陥る

✔ 赤字だからといって生産中止しても、過去の設計費は取り返せない（埋没原価）

〈付加価値会計の管理…田中さんの生産性を問う〉

製品Aの将来の生産台数は不確実です。そんな時、付加価値会計では以下の扱いが考えられます。即ち田中さんが固定給であるなら、その設計費を繰り延べたり配賦したりせず、全額（600万円）を即時に費用計上してしまいます。仮に田中さんが製品Aを設計しなかったとしても（あるいは超短時間で設計したとしても）労務費は変わらず手待ちが増えただけでしょう。それに製品Aだけが田中さんの設計費を負担している訳でもありません。問われるべきは田中さん全体のパフォーマンスです。

そこでむしろ田中さんに**自分自身の生産性への自覚を促すため**、田中さんが関わった全ての製品の付加価値と田中さんの労務費全体を比較して生産性を問うのです。田中さんは付加価値の高い製品がどれなのかを意識しつつ新しい活動にも果敢に挑戦し、自分の時間を創造的に使う努力をしなければなりません。

財務会計の管理…製品の収益性を見る！

製品 A の収益性

	1 年目	2 年目	3 年目	4 年目	5 年目
生産と販売の予定	20000 台	20000 台	20000 台	20000 台	20000 台
生産と販売の実績	25000 台	20000 台	10000 台	1000 台	500 台
売上	5000 万円	4000 万円	2000 万円	200 万円	100 万円
変動費	4000 万円	3200 万円	1600 万円	160 万円	80 万円
固定設計費の配賦	50 万円	50 万円	50 万円	50 万円	50 万円
製品 A の粗利	950 万円	750 万円	350 万円	▲ 10 万円	▲ 30 万円
製品 A の評価	生産維持	生産維持	生産維持	生産中止	生産中止

※発生した設計費　250 万円（山田さん）
　生産予定期間　5 年間
　設計費の配賦　年 50 万円（250 万円÷5 年）

付加価値会計の管理…設計者の生産性を見る！

田中さんの労務費生産性

	2＊01 年	2＊02 年	2＊03 年	2＊04 年	2＊05 年
製品 A の付加価値	1000 万円	800 万円	400 万円	40 万円	20 万円
製品 B の付加価値	2000 万円	1500 万円	1000 万円	800 万円	680 万円
製品 C の付加価値	−	700 万円	900 万円	800 万円	700 万円
製品 D の付加価値	−	−	500 万円	1660 万円	1600 万円
田中さん実現合計	3000 万円	3000 万円	2800 万円	3300 万円	3000 万円
田中さんの労務費	600 万円	600 万円	600 万円	600 万円	600 万円
田中さんの生産性	5.0 倍	5.0 倍	4.7 倍	5.5 倍	5.0 倍
田中さんの評価	○	○	△	◎	○

ポイント BOX

①配賦によって製品毎の損益を見ても、設計者の生産性向上には繋がらない
②設計者の活動全体の生産性を問うことで、はじめてその成長が促される

60 固定費をカバーしきれない時はどうするか？

手遅れになる前に手を打ち、比較の時代を生き延びる！

〈目安は計算してよい〉

固定費を配賦すべきではないとはいっても、価格決定や自社／他社の実力の比較のために目安を計算してみることはあるでしょう。配賦しないというのは、それをもって最終的な意思決定をしないという意味です。今日は何でもネットで比較される時代ですから、異常な固定費を配賦して値決めされた製品は市場で支持されません。そして自らもまたネット等で慎重な調査比較を行って異常な固定費が配賦された外注加工費、原材料や部品などを買わないように注意しなければなりません。

〈固定費をカバーしきれない時はどうするか？〉

固定費を配賦しないのであれば、それに代わる何らかの方法で固定費をカバーしなければなりません。従来の財務会計のやり方と付加価値会計のやり方を比較してみましょう。

✔財務会計のやり方では、製品の売価から費用（変動費＋配賦された固定費）を引いた利益が黒字になるか赤字になるかで行動を決めます。固定費を配賦して赤字になってしまったら、値上げしたり赤字の製品を廃止したりしますが、結果として更に固定費がカバーできなくなる自滅のスパイラルに陥る危険性があります。バラバラにされた固定費は逃げ回り生産性が問われることもありません。

✔付加価値会計のやり方では、生産性（付加価値÷固定費）をモニタリングし、低下傾向が見られた時には資源の生産性を高めるための行動を起こします。事業活動の中で十分に活かしきれていない資源（ヒト・モノ・カネ）があれば、最終的には処分しなければならないこともありますが、赤字になる遥か前から生産性の低下が認識できるので、**手遅れになる前に適切な処置を講じることができます。**

今日では価格は市場（ネット）が決める

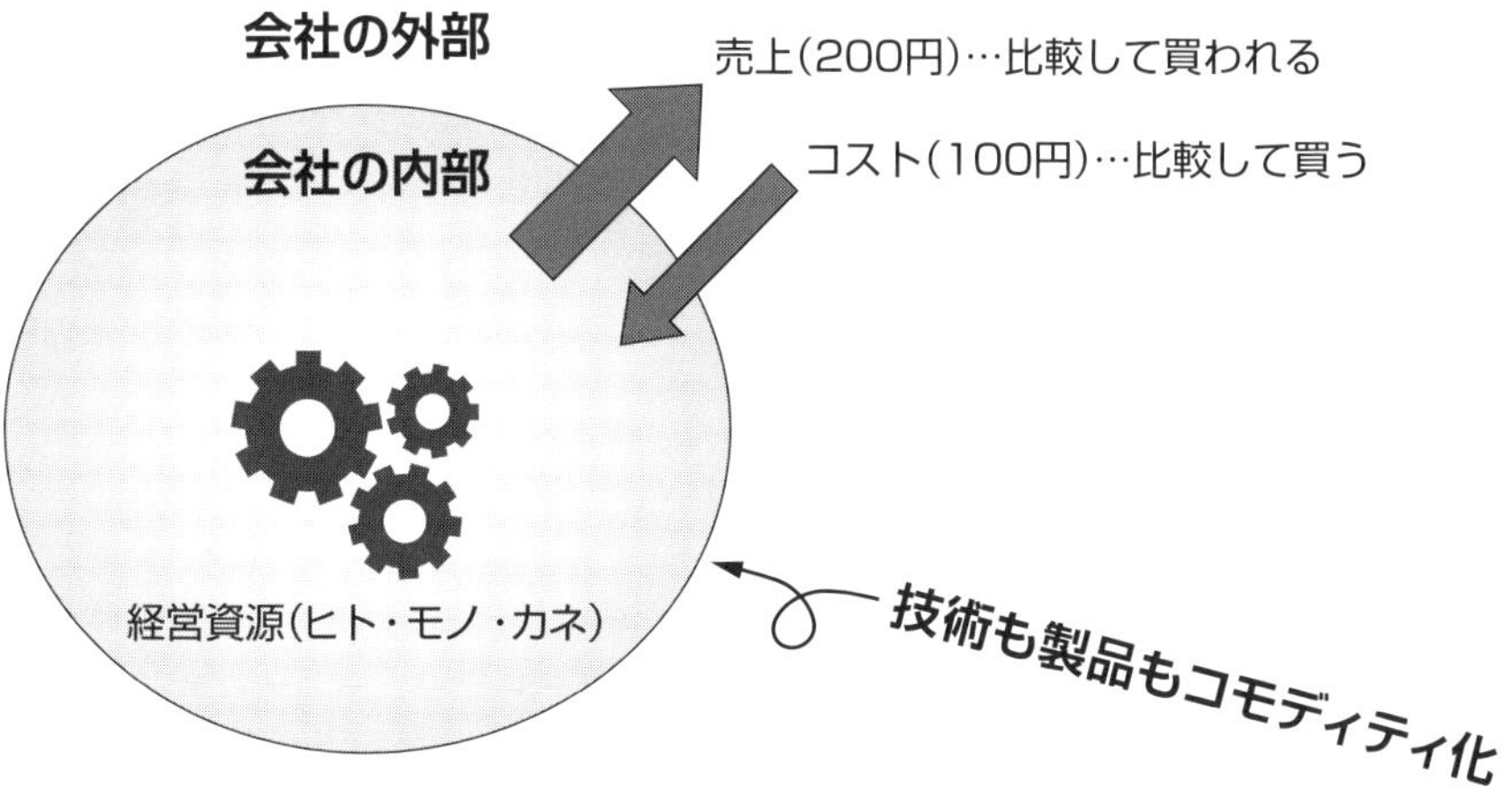

固定費をカバーしきれない時はどうするか？

財務会計のやり方

売価－(変動費＋固定費)＝利益　をチェックする

利益が赤字になった場合の行動
- ✔値上げする　→製品が更に売れなくなる→自滅のスパイラル
- ✔赤字の製品を廃止する→隠れた付加価値の喪失→自滅のスパイラル

付加価値会計のやり方

付加価値÷固定費＝生産性　をチェックする

生産性（ヒト・モノ・カネ）が下がった場合の行動
- ✔ヒトを育てる　→育成プログラムの見直しなど
- ✔活かされていないモノ・カネの処分→固定資産の売却、新規取得の中止、固定的な外部委託契約の見直しなど

ポイントBOX

①固定費をカバーしきれなければ、資源を処分すべき時もある
②常に生産性をモニタリングしていれば、手遅れになる前に対策ができる

61 財務会計では未来をシミュレーションできない！

経営上の課題が見えない！ビジネスモデルの限界が見えない！

〈目をつぶって運転する会社…これでは会社を経営できない！〉

そもそも原価計算の目的とは何だったでしょうか？原価計算には財務会計に基づいた財務諸表の作成以外にも、価格計算目的、原価管理目的、予算管理目的、基本計画策定目的などがあるとされてきました（第42話）。しかし従来の原価計算では変動費と固定費の分離が徹底されていないため、**これらを達成できません！**

✔ 価格計算目的が達成されない

低成長経済では資源の稼働率が下がり、固定費の異常な配賦を起こします。配賦に基づく売価の計算は、負け犬を更に負け犬にしてしまうでしょう。

✔ 原価管理目的・予算管理目的が達成されない

管理の目的もタイミングも異なる変動費（コスト）と固定費（資源）を混ぜると適切な管理ができません。変動費は日次で管理し節減に努める一方、固定費は月次で管理し、しっかり使って生産性向上を目指すという違いがあるからです（第4話）。

✔ 基本計画策定目的が達成されない

変動費と固定費が混ざっていると適切な将来シミュレーションができません。そのため基本計画策定にも支障を来します。即ち、財務会計の損益計算では無意識に「売上原価＝変動費」「販管費＝固定費」と思い込み、「売上が倍になれば、粗利も概ね倍になるだろう」と期待をしてしまいます（第18話）。しかし今日の経営環境にあってはこれは危険な錯覚で、重大な経営判断の誤りに繋がるのです。

これらの問題を解消し五つの目的を達成するために、変動費と固定費をしっかり分離し、会社の活動を一体的に管理できる適切な管理会計を導入しましょう。

財務会計の誤った期待

	今年		売上2倍	
売上高	1000	×2	2000	
−売上原価	890	×2	1780	
＝粗利	110	×2	220	
−販売費および一般管理費	210		210	
＝営業利益	▲100		10	← 誤り

売上２倍で黒字化を目指す！

付加価値会計で正しい予測をする

	今年		売上2倍	
売上高	1000	×2	2000	
−材料費	750	×2	1500	
−変動労務費	100	×2	200	
−外注物流費	160	×2	320	
＝粗利	▲10	×2	▲20	
−固定労務費	50		55	
−減価償却費	40		50	
＝営業利益	▲100		▲125	← 真実

このビジネスモデルは限界を迎えている

ポイントBOX
①従来の原価計算や損益計算では正しい経営判断ができない
②正しい経営判断のためには、適切な管理会計を導入する

62 なぜ、いつまでも変われないのか？

会計が変わらなければ、会社人の行動も変わらない！

〈外部報告のための財務会計〉

財務会計およびそれに用いられている全部原価計算は約１００年前にデザインされた会計です。様々な会社間の業績比較や、公平な課税の基礎データとするため「変わらないこと」が身上です。同時にそれは外部の方々に過去の業績を綺麗に見ていただくためのものだとも言えます。言い換えれば、必ずしも今日の会社経営上の**課題を明らかにし、適切に手を打つためにデザインされたものではない**のです。

そして会計が変わらなければ、それで目標設定される会社人の行動も変わりません。

〈内部での意思決定のための管理会計〉

１００年前に財務会計が誕生した頃、製造業の最大の関心は工場内の作業の管理でした。そのため財務会計（および全部原価計算）は作業の管理に焦点を当てた構造になっています。当時はそれが外部的にも内部的にも有用な経営ツールの形だったのです。

しかしその後、社会経済の環境が大きく変わり、正しい意思決定のための新しい会計が必要となりました。それは環境変化と共に「変わること」を身上とする会計でなければなりません。扱うフィールドは工場内に止まらずサプライチェーン全体への広がりを持ち、変動費（なるべく使わない）と固定費（しっかり使う）をきちんと分離できる会計でなければなりません。更には会社内部で問題を把握し、手当てし、業績を向上させて人を育てていく会計でなければなりません。

もちろん管理会計は私的な会計であり、最終的な外部報告は財務会計で行います。しかし管理会計によって会社が良くなれば財務会計の指標も必ず良くなります。逆に財務会計の指標を良く見せようとする努力が必ずしも会社を良くすることに繋がらないのは、何度も繰り返されてきた会計不正や粉飾事件を顧みても明らかでしょう。

外部報告のための財務会計（変わらないことが身上）

- ✔ **外部**に綺麗に見せるための会計
- ✔ **公的**な会計
- ✔ **法定**された会計
- ✔ **過去**に向き合うための会計
- ✔ **税務計算**のための会計
- ✔ 公平な**比較**のための会計

意思決定のための管理会計（変わることが身上）

- ✔ **内部**で問題を把握するための会計
- ✔ **私的**な会計
- ✔ **自由**な会計
- ✔ **未来**に向き合うための会計
- ✔ **業績向上**のための会計
- ✔ ヒトを**育てる**ための会計

ポイントBOX

①会計が変わらなければ、会社人の行動も変わらない
②管理会計上の指標が良くなれば、財務会計上の指標も必ず良くなる

63 逃げ回る固定費を捕まえる

不正の温床！　多くの会計不正が固定費の操作で行われてきた

〈会計不正の多くが、固定費の操作で行われてきた〉

財務会計における固定費は、様々な会計的操作によって、①製造費用（売上原価）、②製造以外の費用（販売費および一般管理費）、③期末在庫、そして④固定資産の間を逃げ回り、実態の捉えどころがありません。近年、製造業では深刻な会計不正や粉飾事件が続いていますが、全くのウソをつくことを別にすれば、こうした粉飾の多くが固定費の操作で行われてきたのです。そして合法／非合法を問わず、良く見せるために行う毎日の「操作」の故に、**関係者の感覚は麻痺し、自社の事業の実態が見えないことに何の疑問も抱かなくなってしまうのです。**

〈手を止めて、あるべき会計を考える〉

固定費の配賦には膨大な手間とコストがかかり、数値が確定するまでには日数もかかります。経理担当者の交代によって過去に決めた配賦の根拠がわからなくなり原価計算の過程がブラックボックス化している事例もあります。この際、ムダな「数値操作」を止めて時間を作り、「意思決定のための原価計算とはどうあるべきか？」を、原点に立ち返って考えてみてはいかがでしょうか。

〈成長こそが財産！　逃げ回らずに成長を目指す〉

正社員（製造現場、一般管理部門を問わず）の生産性を向上させるためには、各人が自覚を持って自分自身の生産性に責任を負わなければなりません。そして生産性を問うには、生み出された付加価値の大きさと固定的労務費の両方を正しく把握する必要があります。生産性の向上は全ての製造業にとって喫緊の課題ですが、実は正しい管理会計によって付加価値を見える化しなければ何も始まらないのです。

ヒトは生産性を問われることで、はじめて生産性向上に向かおうとする動機を持ち、失敗への反省が生まれ、成長が促されていきます。そして成長こそは、先行きが見通せなくなった今日の社会において、個人への最大の報酬であり、会社にとっての最大の財産なのです。

固定費は逃げ回る…財務会計

売上高
－①製造費用　（変動費＋固定費）→ 期末在庫
＝粗利　［良く見せる］

固定費は逃げ回る

－②製造以外の費用　（変動費＋固定費）⇢ 固定資産
＝営業利益

－③金利　（変動費＋固定費）
＝経常利益

今はどうやって経営していますか？

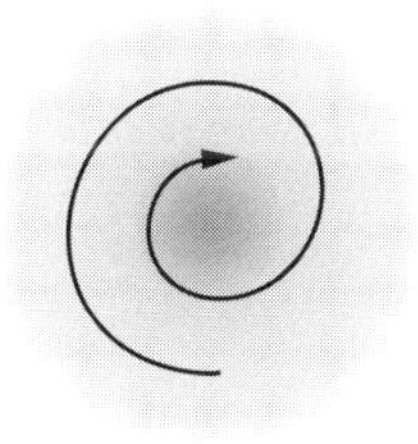

綺麗に見せる（あるいは粉飾）
↓
自分にも問題が見えなくなる
↓
有効な対策が打てなくなる
↓
業績が更に悪化する
（→ 綺麗に見せる へ戻る）

ポイントBOX

①固定費は様々な会計操作によって逃げ回り、事業の実態を見えなくする
②生産性を問われて、初めてヒトは成長する動機を持つ

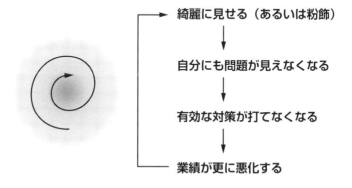

column

それでも固定費を配賦しますか？

固定費を配賦することが引き起こす様々な問題の根源は、配賦に科学的な根拠がないことです。従来の全部原価計算では標準時間等を基準にして配賦を行うケースが多かったのですが、①標準時間を合理的に決定することが極めて難しい、②そもそも基準が標準時間でよいのか、という問題などがあります。そこで標準時間に代わる様々なデータを探し出して配賦基準とし、精密な配賦を行おうとする考え方があります（ABC／Activity Based Costing）。これは便宜的固定費の管理には有効な方法です。しかしそれ以外の場面では自由に基準を選ぶが故に却って恣意的な配賦が行われてしまうこともしばしばでした。

固定費の配賦が恣意的になってしまう更に致命的な理由は、昨今の事業活動が全社で高度に一体化したものになったため、③製造原価になるべき活動と、なるべきではない活動の見分けがつかないことです。この段階で切り分けに失敗すれば、後からどれだけ精密な計算をしても意味がありません。結局のところ、固定費の配賦は科学的事実ではなく、駆引き・妥協・塩梅・なすり合いなどの産物だと言うべきでしょう。そして駆引きの過程は記録されないため、多くの会社で配賦がブラックボックス化しているという現実があります。「昔、経理にすごい人がいましてね…」 いえいえ、根拠を見失った数字で適切な経営判断が下せるはずはありません。この際、思い切って発想を転換し、本来一体的な活動を一体的に管理しては如何でしょうか？

そもそも原価計算は、適切な意思決定をするために必要な会計データを提供するためのものでした。それにもかかわらず固定費の配賦が会社を不適切な意思決定に導いてしまう場面が増えています。それは固定費の配賦に、経営トップの意思決定（人材の採用や設備投資など）の結果を、現場の担当者やお客様に転嫁するという本質があるために引き起こされるのです。その挙句、担当者は新鋭工場の配賦を敬遠して老朽化工場を使いたがり、お客様は異常な固定費が配賦された製品を敬遠して、他社の製品に流れていきます。「お客様、この扇風機を 1 台作るのに当社の計算では 100 万円ほどかかっております」「そ、そうですか、それはそれは…」

固定費配賦は製造業の自滅のスパイラルの入り口です。固定費配賦はお客様を無視したプロダクトアウトの発想の根源です。そして固定費は配賦を通じて在庫や売上原価や販売費及び一般管理費の間を逃げ回り、捉えどころがありません。捉えどころのない固定費は生産性の管理ができず、ヒトも育てられません。そして会社の経営も、いつまでもカイゼンできなくなってしまうのです。固定費の配賦とはそういうものです。

Ⅷ

設備投資のカイゼン・マニュアル

達成すべきミッションを決めて、お金を集め、投資する…
設備投資って、小さな会社の設立みたいですね。
いったいどうすれば、儲かる会社ができあがるのでしょうか？

64 何もしなければジリ貧になる！

新しいサプライチェーンを創るためのバリューチェーンの活動

〈同じことの繰り返しだけでは終わりが来る〉

ここまで、サプライチェーンの正しい回し方について検討してきました。しかし今日の日本の製造業には総じてかつての元気がなく、いつまでも同じサプライチェーンを回していたのではジリ貧になってしまうでしょう。立ち止まれば海外のライバルに追い越されます。**手遅れになる前に**、なんとしても新しいビジネスモデルを創り上げ、新しいサプライチェーンを構築し、それを力強く回して行かなければなりません。そのための活動がバリューチェーンです。

〈製造業の運命を決めるバリューチェーン〉

製造業は新しいサプライチェーンを構築するためにヒト・モノ・カネを投じて研究開発や設備投資をします。即ち会社は、まず①資金を調達し、②様々なプロジェクトの妥当性や優先順位を判断し、③実行し、④新たなサプライチェーンの構築と回転によって資金を回収します。こうしたプロジェクトに投入される資金は、在庫に投資される運転資金（短期の借入金）ではなく、事業資金として借り入れられる長期の借入金や、株式発行などで調達される資金です。長期借入金は、いずれは利子と共に銀行に返済されます。株式発行であれば返済は行われず、資金は次の事業活動に再投資されるでしょう。この時の株主にとってのリターンは配当や株価の上昇です（ただし簡単化のため、これらも一括して「返済」と呼びましょう）。こうした一連の活動が製造業の根本的な生産性と運命を決めてしまうバリューチェーンなのです。

✔ サプライチェーンの活動
運転資金の調達→材料購入→製品の生産→販売→売上債権の回収→銀行への返済

✔ バリューチェーンの活動
事業資金の調達→研究開発や設備投資→新たなサプライチェーン構築と回転→銀行や株主への返済

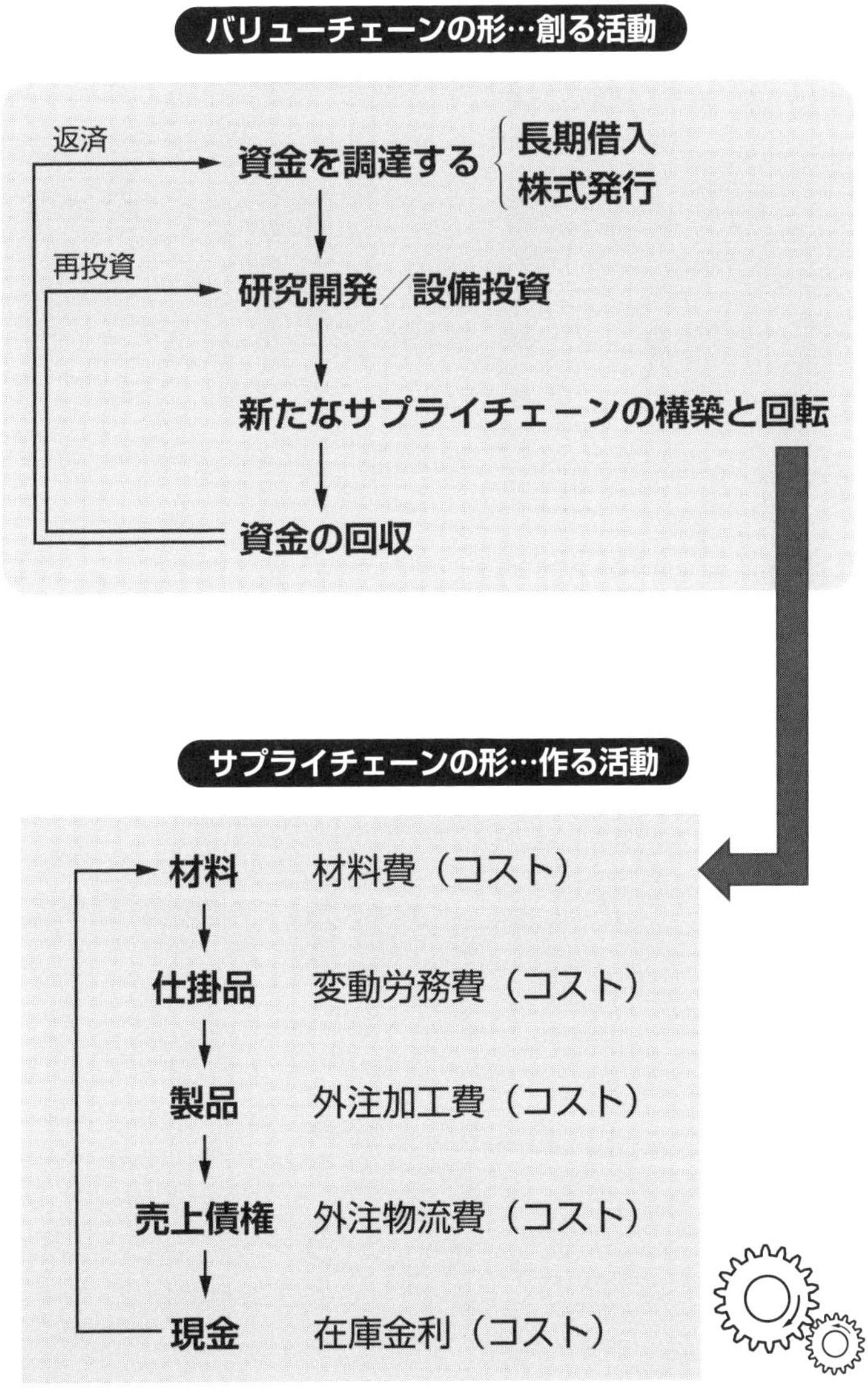

ポイントBOX

①新しいサプライチェーンを構築するための活動がバリューチェーン

②バリューチェーンの根幹は、研究開発と設備投資

65 お金はどこからやってくるかを考える

社内留保はタダじゃない！
実は銀行から借りるよりも高コスト

〈負債と純資産〉

会社がどのように運転資金と事業資金を調達しているかは貸借対照表の左側で確認できます。「流動負債」は買入債務や銀行から運転資金として借り入れた短期借入金などです。「固定負債」は銀行から事業資金として借り入れた長期借入金などです。「純資産」は株主からの出資と社内留保された過去の利益（剰余金）です。

〈純資産は、株主から運用を託されているお金〉

銀行などから借り入れた流動負債や固定負債を合せて「他人資本」と呼びます。これに対して純資産を「自己資本」と呼びます。純資産が自己資本と呼ばれる理由は、株主が株主総会の議決権を通じて会社を所有していると いう株式会社の法的な構造によるものです。即ち、**配当されても／されなくても純資産は株主のものなのです。**

なお純資産が記載されている「純資産の部」は、以前は「資本の部」と呼ばれていましたが、会計の変遷によってその性格が複雑化し「資本」という言葉では収まらなくなったため純資産の部と呼ばれるようになりました。ここではその詳細には立ち入らず、「純資産≒株主のお金」という認識をしておきましょう。

〈純資産はハイリスク・ハイリターン〉

社内留保された純資産はタダとみなされることがありますが、実は借入金より高いコストを背負い株主から預かっているものなので要注意です。

即ち、個人の立場で考えると手許資金の運用方法には①債券投資と②株式投資がありますが、債券投資は期日と利率が約束されている分、ローリスク・ローリターンです。

これに対して株式投資は何も約束されていない分、ハイリスク・ハイリターンです。従って会社から見れば純資産の方が高コストになるのです。もし十分な運用成果が出せなければ、株価が下がり敵対的買収の標的となって会社は消滅するでしょう。それが資本主義なのです。

貸借対照表で、資金調達の方法を確認しよう！

資産の部	
流動資産	
現金及び預金	76,093
受取手形及び売掛金	143,133
商品及び製品	14,856
仕掛品	7,513
原材料及び貯蔵品	10,889
その他	18,012
流動資産合計	270,496
固定資産	
有形固定資産	
建物及び構築物（純額）	50,809
機械装置及び運搬具（純額）	7,731
工具、器具及び備品（純額）	6,713
土地	16,830
その他	2,169
有形固定資産合計	84,252
無形固定資産	
ソフトウェア	17,492
その他	8,671
無形固定資産合計	26,163
投資その他の資産	
投資有価証券	50,082
その他	8,964
投資その他の資産合計	59,046
固定資産合計	169,461
資産合計	439,957

在庫（受取手形及び売掛金〜原材料及び貯蔵品）

負債の部	
流動負債	
支払手形及び買掛金	34,994
短期借入金	24,373
未払金	26,148
賞与引当金	15,311
その他	63,747
流動資産合計	164,573
固定負債	
長期借入金	40,899
その他	12,509
固定負債合計	53,408
負債合計	217,981
純資産の部	
株主資本	
資本金	43,401
資本剰余金	50,344
利益剰余金	114,638
自己株式	△11,019
株主資本合計	197,364
その他の包括利益累計額	
その他有価証券評価差額金	15,325
その他	2,853
その他の包括利益累計額合計	18,178
少数株主持分	6,434
純資産合計	221,976
負債純資産合計	439,957

他人資本　銀行から

自己資本　株主から

資金調達コストの違いを理解しよう！

〈個人の立場〉		〈会社の立場〉
債券投資 ローリスク・ローリターン	⇔	長期借入金 相対的に低コスト
株式投資 ハイリスク・ハイリターン	⇔	純資産 相対的に高コスト

ポイントBOX

①会社の資金調達の方法には借入（他人資本）と純資産（自己資本）がある

②社内留保された剰余金等は、高コストな事業資金なので注意する

66 目標のＷＡＣＣを決めて周知する

ＷＡＣＣを達成しなければ会社の株価は上昇しない！

〈ＷＡＣＣが周知されていない！〉

他人資本と自己資本の主な違いは返済期限の有／無、株主総会における議決権の有／無などですが、近年両者は近接し多くの場面で差が小さくなってきています。

✔ 他人資本が自己資本化している例
借り換えの繰り返しによって返済が実質的に無期限延長されている

✔ 自己資本が他人資本化している例
償還期限付株式や無議決権株式が発行されている

従って自己資本と他人資本のコストは一体化して管理するのが適切です。そこで登場するのがＷＡＣＣ（ワック）です。ＷＡＣＣは加重平均資本コスト（Weighted Average Cost of Capital）の略で、会社全体の資金調達コストを示すものです。事業活動が絶対に達成しなければならない利益目標でもあるため極めて重要な概念なのですが、日本のモノづくりでは会社内部の関係者に周知されていないケースが殆どです。経営カイゼンのためにはＷＡＣＣを周知し、必達すべき目標として日々のＰＤＣＡにしっかり組み込まれなければなりません。

〈ＷＡＣＣの計算方法〉

ＷＡＣＣは加重平均計算により求めることができます。仮に長期金利が６％で固定負債の額が５万３４０８円、株主期待が８％で純資産の額が22万１９７６円だったとすれば、両者の加重平均は７・６％になります。

このようにＷＡＣＣは計算によって求めることもできますが、経営管理上の目標にもなるべきものなので**経営的な判断による決定でもＯＫです**。経理財務部門の方と相談して決めましょう。理論上は、事業の成果がＷＡＣＣを上回れば株価は上がり、下回れば株価は下がります。

なお計算式の形から明らかですが、社内で剰余金を多額に眠らせておくとＷＡＣＣが上がり経営は苦しくなります。逆に借入を利用すればするほど理論上はＷＡＣＣを下げることができます（財務レバレッジ）。

自己資本と他人資本は近接している

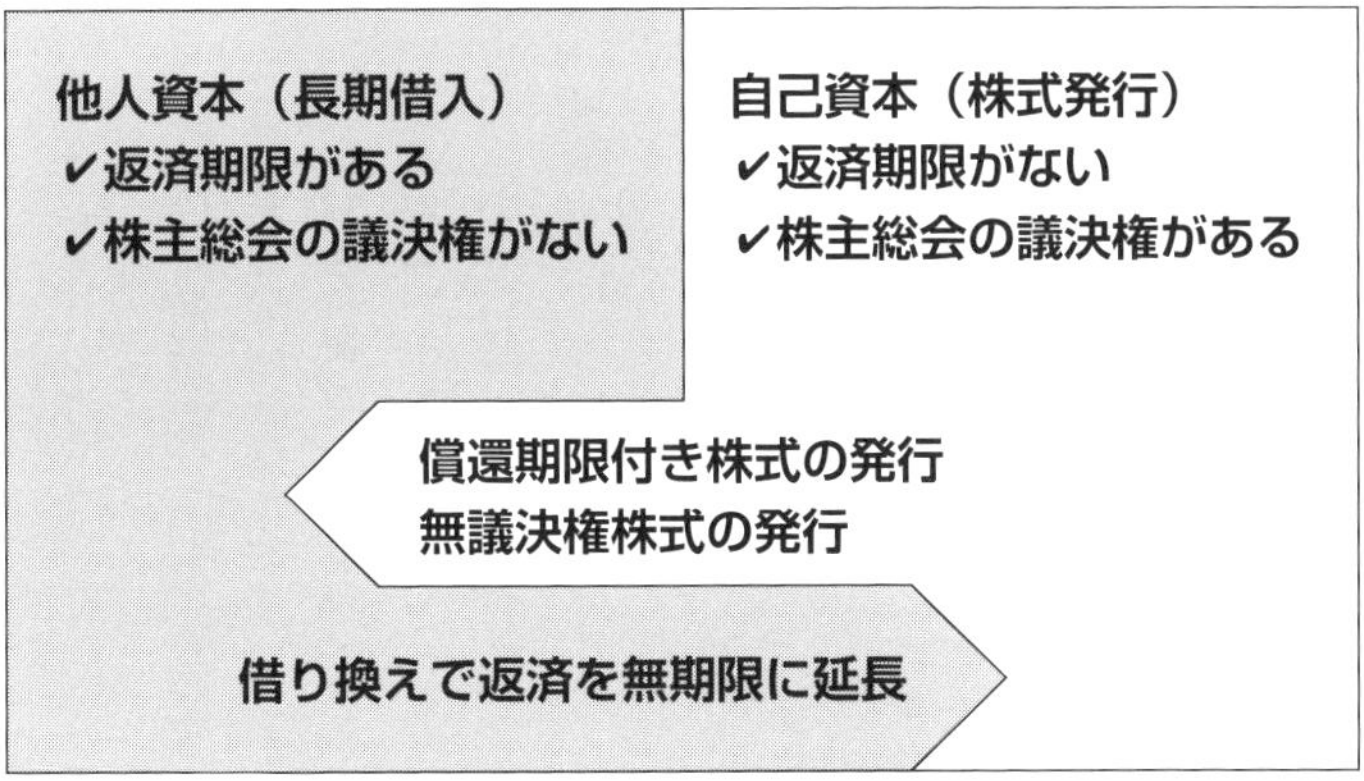

WACC（加重平均資本コスト）を計算しよう！

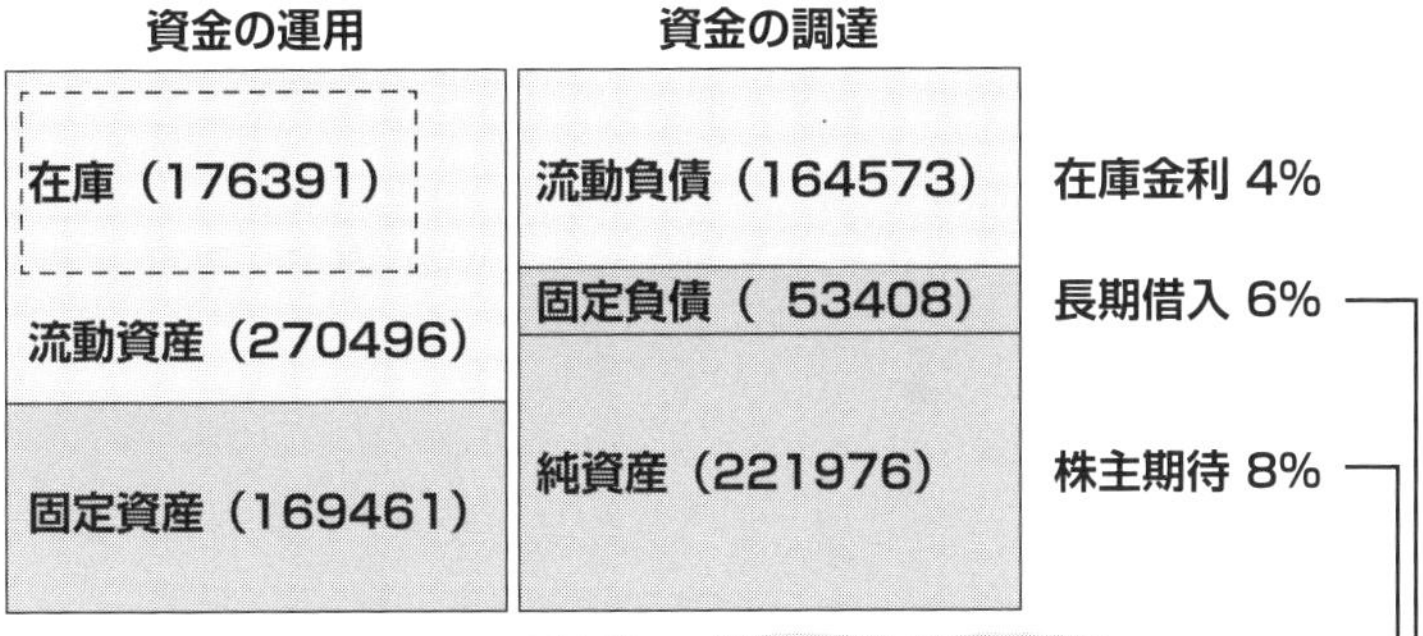

$$\frac{(6\%\times 53408)+(8\%\times 221976)}{(53408+221976)}=7.6\%$$

ポイントBOX

①近年、他人資本と自己資本の差が小さくなったので、一体的に管理する
②他人資本と自己資本のコストを一体的に管理するためにWACCを使う

67 「勘と気合」の設備投資を卒業する

回収期間法も危うい！このままでは経営責任を果たせない！

〈国内で最も広く使われている意思決定の方法〉

設備投資は製造業を成長させていくための重要な活動ですが、国内では合理的な意思決定が殆ど行われていません。残念ながら、日本のモノづくりで最も多用されている意思決定の方法は「勘と気合法」だと言われているのです。例えば

「5回起案書を突き返しても諦めなければ認可する」
「担当者の目を見て本気そうだったら認可する」

などです。しかしこうした方法はかつての右肩上がりの経済でこそ安全に機能し得た方法でした。また、**担当者の本気にかかわらず計画が妥当ではない可能性**はあります。いつまでも勘と気合に頼っていたのでは、日本のモノづくりは進化しません。

〈回収期間法の問題〉

国内で、勘と気合法の次に多く使われている投資の意思決定の方法は回収期間法です。これは設備投資の額と毎年期待される利益を比較して、一定の年数以内に設備投資が回収される見込みなら「YES」と判断する評価方法です。仮に会社が回収期間を3年以内と定めている場合、設備投資が1000万円、毎年の利益額の見込みが300万円というプロジェクト案があったとすれば、回収期間が3・33年（>3年）となるためこのままでは設備投資は「NO」です。そこでこのプロジェクトを見直し、毎年の利益の見込みが350万円に改善できるなら回収期間は2・85年（<3年）となるので、設備投資は「YES」と判断されるでしょう。

しかしこうした計算では、売上原価と販売費および一般管理費（販管費）の間で費用の付け替えが行われやすく（第16話など）、誤った意思決定に繋がるケースがあります。また回収期間法は簡便な方法ですが、お金の現在価値や将来価値といった概念がなく、資金提供者が会社に要求している必達目標（WACC）への考慮もありません。

勘と気合法…最も多用される意思決定

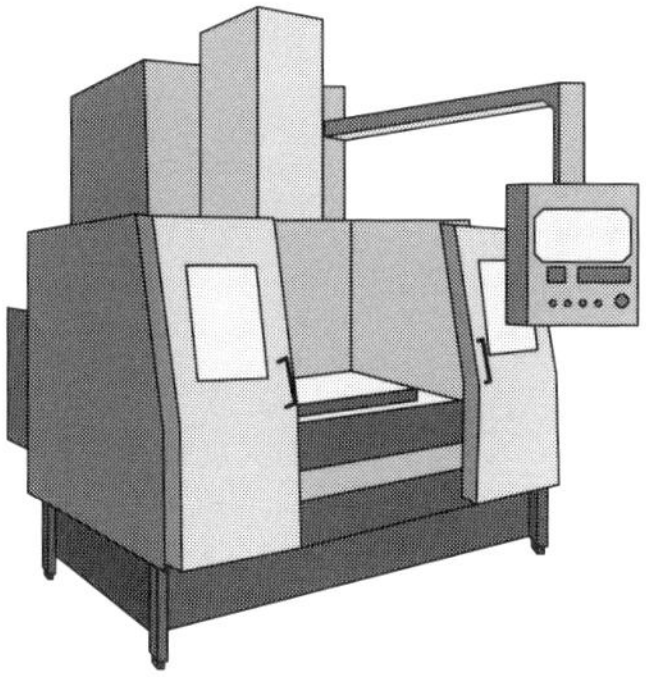

起案書を5回突き返しても
諦めずに持ってきたら可とする

回収期間法…2 番目に多用される意思決定

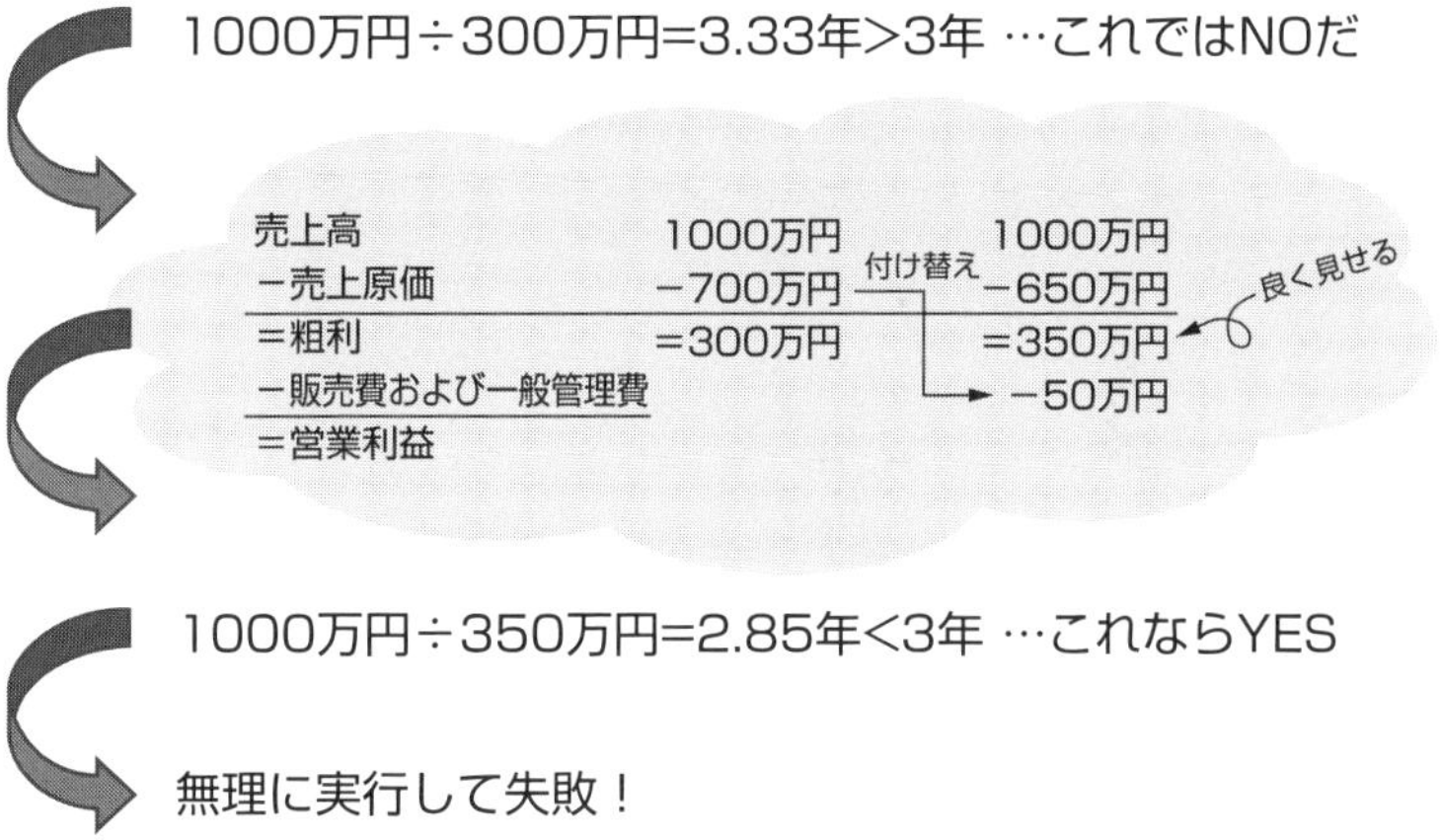

ポイントBOX

①勘と気合法が、国内で最も広く使われてきた意思決定の方法
②回収期間法では、費用の付け替えによる誤った意思決定に陥りやすい

68 お金の価値はなぜ変わる？

割引計算は、運用機会ではなく運用義務であることに注意

〈お金の価値は変化する〉

設備投資プロジェクトの評価には「割引計算」や「現在価値」「将来価値」といった計算がつきものです。そこで、まずはお金を割り引くことの意味や、なぜお金の価値が時間の経過と共に変化するのかということについて考えてみることにしましょう。

ある会社はWACC（加重平均資本コスト）7・6％で事業資金を調達しています。仮に今、事業資金として調達した1000円があった場合、1年後には元本と利子を合せた1076円を運用成果として銀行や株主に返済しなければなりません。

✔ 1000円×1.076＝1076円

逆に、1年後に1000円の新たな付加価値を生み出すと期待される設備投資プロジェクトがある場合、現在このプロジェクトに投入してもよい事業資金の上限は929円です。この金額なら1年後の1000円で元本と利子を返済できるからです。

✔ 1000円÷1.076＝929円

こうした状況が、

「現在手許にある1000円の将来価値は1076円」
「将来の1000円の現在価値は929円」

と表現されるのです。

しばしば割引計算は、手許資金が運用で増えることとして説明されますが重大な誤りです。自然に増えるのではなく、**自らの知恵と努力で増やさなければならないのです**。そしてWACCを必達しなければならないのだということを、しっかり肝に銘じておいて下さい。

WACC 7.6% の意味を確かめておこう！

将来、返済できる金額から考えてみよう！

ポイントBOX

①事業資金を調達したら、WACC を達成しなければならない
②将来の返済可能額から、今投入してよい金額を逆算するのが割引計算

69

知らなきゃ世界と戦えない！ ＩＲＲを使いこなす

モノとカネの生産性をＩＲＲで管理する

〈ＷＡＣＣとＩＲＲの関係〉

ある会社で新製品の立ち上げを検討しています。達成が期待される付加価値の増加は、１年後７４０万円、２年後７２０万円、３年後６６０万円です。また、この新製品を立ち上げるためには仕上げ加工用の新しい機械装置を導入しなければなりません。導入を考えている機械装置は、３年後に２００万円で売却処分できると見込まれています。今、この機械装置のベンダーと価格交渉をしていますが、**この機械装置の価格がいくらだったらこのプロジェクトを実行すべきでしょうか？**　なお経理財務部門からは会社のＷＡＣＣが７・６％であると周知されています。

✔ １年後の期待成果７４０万円から遡ると、現在の投資許容額は６８８万円です。
（740万円÷1.076＝688万円）

✔ ２年後の期待成果７２０万円から遡ると、現在の投資許容額は６２２万円です。
（720万円÷1.076÷1.076＝622万円）

✔ ３年後の期待成果８６０万円から遡ると、現在の投資許容額は６９０万円です。
（860万円÷1.076÷1.076÷1.076＝690万円）

✔ 全ての計算結果を合計し、現在投資してよい金額は２０００万円と求まりました。
（688万円＋622万円＋690万円＝2000万円）

従ってこの機械装置の価格が２０００万円以下ならプロジェクトは「ＹＥＳ」と判断されるでしょう。仮に、更なる値引きを引き出して機械装置の価格が２０００万円を下回れば、プロジェクトは更に高いＷＡＣＣを負担できることになります。例えば、８％のＷＡＣＣを負担できる装置価格は先程と同様の計算により１９８５万円、10％のＷＡＣＣを負担できる装置価格は１９１５万円と求まります。それぞれのプロジェクトが負担できる最大のＷＡＣＣのことをプロジェクトの「ＩＲＲ（内部収益率）」と呼びます。

WACCを達成するにはどうすればよいか？

設備投資　　　　　　　　　　　　　　1年後の期待成果
？万円　×1.076 ──→ 740万円

設備投資　　　　　　　　　　　　　　2年後の期待成果
？万円　×1.076 ×1.076 ──→ 720万円

設備投資　　　　　　　　　　　　　　3年後の期待成果
？万円　×1.076 ×1.076 ×1.076 ─→ 660万円+200万円

→ ？の金額を求める

現在	1年後	2年後	3年後
688万円 ←	740万円		
622万円 ←		720万円	
530万円 ←			660万円
160万円 ←			200万円
2000万円	740万円	720万円	860万円
投入してよい金額	返済できる金額	返済できる金額	返済できる金額

ポイントBOX
①プロジェクトのIRRがWACCを上回れば「YES」と判断
②プロジェクトのIRRがWACCを下回れば「NO」と判断

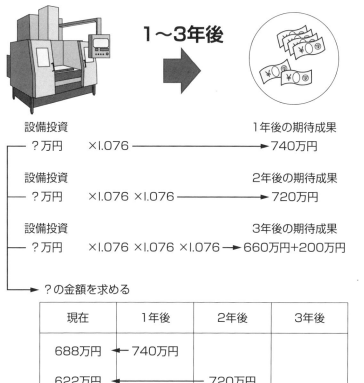

70 エクセルでＩＲＲを計算する

ＩＲＲがＷＡＣＣを上回れば、会社は力強く成長する

〈プラン1の検討〉

ＩＲＲ（内部収益率／Internal Rate of Return）の計算は少し手間がかかりますが、エクセルなら簡単です。第69話の案件でやってみましょう。この設備投資案件に期待される付加価値の増加は1年後740万円、2年後720万円、3年後660万円でした。また、導入を考えている機械装置の3年後の売却見込価格は200万円でした。この場合、現時点で検討している機械装置の価格が2000万円以内で済むなら、エクセルのＩＲＲ関数でＩＲＲ（内部収益率）が7・6％と求まり、会社が目標とするＷＡＣＣを達成できることがわかります。従ってこのプロジェクトは「ＹＥＳ」と判断されるでしょう。この評価方法では**ＩＲＲが大きいほど良いプロジェクトです**。プロジェクトのＩＲＲが会社のＷＡＣＣを上回れば、プロジェクトは会社の成長を力強く牽引していきます。逆にプロジェクトのＩＲＲが会社のＷＡＣＣを下回るなら、会社は資金提供者への運用責任を果たせませんから、プロジェクトを実行すべきではありません。

〈プラン2の検討〉

ここで装置ベンダーから新モデルの提案がありました。価格は旧モデルより高い2100万円ですが、デザインが一新されて使い勝手が良く、市場の評判も高いため、3年後の売却見込み価格は300万円になるという説明でした。装置のパフォーマンスは同じです。さて、この提案を受けるべきでしょうか？　断るべきでしょうか？

先程と同様にＩＲＲ関数を使って内部収益率を求めると7・1％となり、会社が目標とするＷＡＣＣ（7・6％）を下回ってしまいました。従ってこの提案を受けるべきではないことがわかります。なお、内部収益率がプラン1の7・6％から7・1％に下がってしまった理由は、100万円相当額の事業資金を3年間寝かしてしまうことによるものです。一般に固定資産への投資でお金を寝かした場合の金利負担は、在庫を寝かした場合よりも遥かに重いのです。

IRR 関数を使えば計算は簡単！

	A	B	C	D	E	F	G
1							
2	プラン１		現在	１年後	２年後	３年後	
3		売上増		3700	3600	3300	
4		コスト増		−2960	−2880	−2640	
5		付加価値		740	720	660	
6		設備投資	−2000				
7		設備売却				200	
8		合計	−2000	740	720	860	
9		=IRR(C8:F8)					
10		7.6%					
11							
12							
13	プラン２		現在	１年後	２年後	３年後	
14		売上増		3700	3600	3300	
15		コスト増		−2960	−2880	−2640	
16		付加価値		740	720	660	
17		設備投資	−2100				
18		設備売却				300	
19		合計	−2100	740	720	960	
20		=IRR（C19：F19)					
21		7.1%					
22							
23							
24							

ポイントBOX

①IRRの計算はIRR関数で簡単にできる
②ワークシートを作ってお金の出入りを整理してから、IRRを計算する

71 自動化投資を成功させる

自動化が陥りやすい致命的な失敗を回避する

〈重大な漏れがあった！〉

会社は自動化によるコストダウンを計画しています。最先端のロボットやAIを駆使して削減が期待されるコスト（変動労務費）は、1年後2200万円、2年後2050万円、3年後1730万円です。また、今般導入を想定している自動化装置への投資額は5000万円、3年後の売却価格は10万円と見込まれています。売却見込価格が極めて小さいのは、工場の作業環境に合わせ**自動化装置を特殊な仕様に改造しなければならないからです**。以上の条件をIRR関数に代入して求めたIRR（内部収益率）は10・0％であり、会社の目標とするWACC（7・6％）を上回ったため、この自動化プロジェクトは「YES」と判断されました。

ところが慎重を期してSCM部で再度詳細に検討した結果、重大な漏れがあったことが判明しました。漏れていたのはロボットやAIの導入のため新規に採用しなければならない技術者と、設備を維持するために必要な保全要員の増員に関する費用です。これらを考慮して再計算した結果、IRRはマイナス20・0％となりWACC（7・6％）を大幅に下回ってしまいました。そのためプロジェクトは「NO」となり、発注しかけていた自動化装置を急遽キャンセルするというハプニングとなったのです。なお、IRRのマイナスは、投下した資金の元手さえ回収し切れないことを示します。

〈自動化は、進歩を止めるという宣言でもある〉

このプロジェクトのIRRが低かった理由の一つは、自動化で削減される労務費が単純作業の変動労務費だったのに対し、新たに増員が必要となる技術者や保全要員が高給の固定労務費だったことによるものです。

自動化投資を成功させるためには、プロジェクトを推進するための関係者自身の負荷や、今後数年間は技術も製品も進化できなくなってしまうことへの慎重な考慮が不可欠です。

技術者自身の労務費が漏れないようにしよう！

	A	B	C	D	E	F	G
1							
2	最初の検討		現在	1年後	2年後	3年後	
3		売上増		0	0	0	
4		コスト減		2200	2050	1730	
5		付加価値		2200	2050	1730	
6		設備投資	−5000				
7		設備売却				10	
8		合計	−5000	2200	2050	1740	
9		=IRR(C8:F8)					
10		10.0%					
11							
12							
13	2回目の検討		現在	1年後	2年後	3年後	
14		売上増		0	0	0	
15		コスト減		2200	2050	1730	
16		付加価値		2200	2050	1730	
17		技術者	−800	−200	−20	−80	
18		保全員		−500	−600	−800	
19		設備投資	−5000				
20		設備売却				10	
21		合計	−5800	1500	1430	860	
22		=IRR(C21：F21)					
23		−20.0%					
24							

ポイントBOX

①自動化の検討では、関係者自身の労務費の漏れに注意する
②いったん自動化すると、数年間は身動きが取れなくなるので注意する

72 研究開発を成功させる

早さか？　独自性か？
ミッションを見定めプロジェクトを管理する

〈何年経っても5年先？〉

ある製品開発プロジェクトがありました。外部の技術を導入して5年後の販売開始を目指すものでした。しかし翌年になっても、更にその翌年になっても、いつまで経っても販売開始の予定は5年後のままだったのです。開発担当者には期日までに完成させようという意識が全くありませんでした。研究開発は管理が難しい活動ですが、**ここで経営資源を浪費したのでは全社的なコストダウンの意味がなくなります。**研究開発も事業活動である以上、きちんと目標を立て、実績との差を把握しなければなりません。目標がなければ反省も進歩も生まれてこないからです。

〈プロジェクトのＩＲＲを管理する〉

会社は全ての製品開発プロジェクトにおいてＩＲＲ（内部収益率）20％の達成を指示しています。研究者の明智さんは＊＊04年に製品開発プロジェクトＡに参加しましたが、幸いＩＲＲ20％を達成できる見込みとなったためプロジェクトは「ＹＥＳ」となりました。同様に明智さんは＊＊05年には製品開発プロジェクトＢに参加しＩＲＲ22％、＊＊06年には製品開発プロジェクトＣに参加しＩＲＲ21％を達成できる見込みです。

〈明智さんの生産性を見る〉

研究者・明智さんの労務費は毎年800万円です。一方、明智さんの＊＊04年の開発成果は、過年度の製品開発プロジェクトによる付加価値1600万円でした。この年、明智さんは500万円の設備投資をしていたので、明智さん個人としての労務費生産性は（1600万円－500万円）÷800万円によって1・375倍です。同様に＊＊05年の労務費生産性は1・875倍、＊＊06年の労務費生産性は1・625倍となりました。明智さんは自分自身の労務費生産性を2倍に高めることを目標に、今後の研究開発に取り組んでいきます。研究者にとっても成長こそが至高の財産なのです！

研究者・明智さんの生産性を評価してみよう！

	A	B	C	D	E	F	G
1		＊＊04年	＊＊05年	＊＊06年	＊＊07年	＊＊08年	＊＊09年
2	過年度分					—	—
3	付加価値	1600	850	450	50	—	—
4							
5	製品A				=IRR(B9:E9)		20%
6	付加価値		950	750	100	—	—
7	明智さん	−800					
8	設備投資	−500	0	−100	0		
9	合計	−1300	950	650	100	—	—
10							
11	製品B				=IRR(C15:F15)		22%
12	付加価値			550	540	520	—
13	明智さん		−800				
14	設備投資		−300	0	0	0	
15	合計		−1100	550	540	520	—
16							
17	製品C				=IRR(D21:G21)		21%
18	付加価値				700	500	400
19	明智さん			−800			
20	設備投資			−350	0	0	0
21	合計			−1150	700	500	400
22							
23	付加価値	1600	1800	1750			
24	設備投資	−500	−300	−450			
25	明智さん	800	800	800			
26	生産性	1.375	1.875	1.625			

ポイントBOX

①研究開発プロジェクトも目標を決めて管理する
②研究開発では、開発スケジュール、IRR、研究者自身の生産性を管理する

73 ＩｏＴの会計、コストと売価の新戦略！

モノ売りからコト売りへのシフト、コストと売価の概念が変わる！

〈ＩｏＴで新しい価値を創る〉

ＩｏＴ（Internet of Things）の時代になれば「モノ売り」から「コト売り」へのパラダイムシフトが加速します。例えばエアコンの場合、お客様にはエアコンという機械ではなく快適な温度の空気を最適の利便性で届けなければなりません。この時、原価や売価の概念が全く変わるでしょう。ここではエアコンを貸与し、インターネットを介して使用状況をモニタリングし、使用時間に応じた課金をするというＩｏＴ契約の設計を考えてみましょう。契約期間は2年、お客様はエアコンそのものを購入する必要がなく、季節に応じ使った分だけ使用料を払えば済みます。**使用料はたったの1時間2円です！**

更にお客様はインターネットを通じた故障サポートも受けられます。リサーチの結果、お客様が平均的に支払う金額は次のようになるだろうと見積もられました。

✔ 基本契約料は月２５０円（年３０００円）、従量分との合計で年１６０００円と想定

✔ 従量分：夏冬６ヶ月は月１５００円、春秋４ヶ月は月１０００円、残り2ヶ月は０円

会社はＩＲＲ（内部収益率）10％を目指してＩｏＴ契約を設計します。エアコンの提供コストは３１０００円、1年目のオペレーションコストは月50円（年６００円）、2年目は故障の増加で月75円（年９００円）と見積もられましたが、計算してみるとＩＲＲがマイナス１％となってしまいました（プラン１）。そこで製品のコストダウンを検討すると、提供コストを２６５００円にしなければならないとわかりましたが、どうやら実現困難です。

そこで発想を変え、24時間の故障サポートをオプション提供し契約の価値を高めることにしました。お客様は1時間０・34円（年３０００円）の追加料金を払います。しかしオペレーションコストも2倍になるためＩＲＲは9％までしか上昇しません（プラン2）。そこで更に契約時の翌日発送を１０００円のオプションで承ることにしました。追加コストは４００円ですが、ＩＲＲは10％達成です！（プラン3）　ＩｏＴ時代の原価と売価の決定は、会計を駆使したものとなるでしょう。

IoT で、新しい価値を創ろう！

	A	B	C	D	E
1	プラン 1	契約時	1 年目	2 年目	
2	製品の提供コスト	−31000	—	—	
3	基本契約の価値	—	16000	16000	
4	オペレーションコスト	—	−600	−900	
5	合計	−31000	15400	15100	
6	=IRR(B5:D5) −1%				
7	プラン 2	契約時	1 年目	2 年目	
8	製品の提供コスト	−31000	—	—	
9	基本契約の価値	—	16000	16000	
10	オペレーションコスト	—	−600	−900	
11	24 時間サポートの価値	—	3000	3000	
12	オペレーションコスト	—	−600	−900	
13	合計	−31000	17800	17200	
14	=IRR(B13:D13) 9%				
15	プラン 3	契約時	1 年目	2 年目	
16	製品の提供コスト	−31000	—	—	
17	基本契約の価値	—	16000	16000	
18	オペレーションコスト	—	−600	−900	
19	24 時間サポートの価値	—	3000	3000	
20	オペレーションコスト	—	−600	−900	
21	翌日配送の価値	1000	—	—	
22	翌日配送のコスト	−400	—	—	
23	合計	−30400	17800	17200	
24	=IRR(B23:D23) 10%				

夏冬の想定の計算
1 日 24 時間×1 時間 2 円×31 日≒1500 円

春秋の想定の計算
1 日 16 時間×1 時間 2 円×31 日≒1000 円

1500×6＋1000×4＋3000≒16000 円

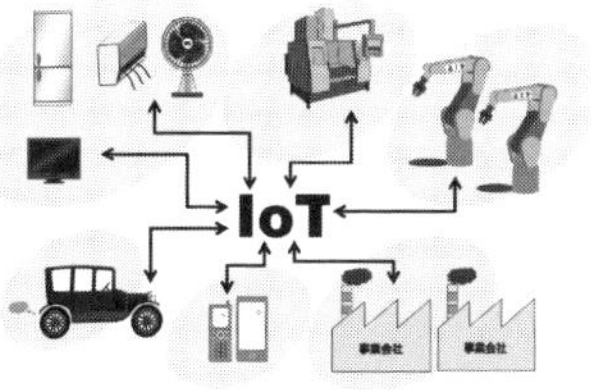

ポイント BOX
① IoT 契約によって新たな価値を創り出すことができる
② IoT の時代になれば、会計リテラシーなしでは戦えない

74 株式会社って何だろう？

新しい損益分岐点、会社が絶対に果たさなければならない責任

〈お客様の役に立つ〉

ネット社会の今日、人を騙して儲け続けることはできません。会社には必ず果たすべき社会的ミッション（役割や使命）があり、それを達成することで売上が実現します（お客様の役に立つ）。売上が伸びていれば、それは**会社のミッションが社会から支持されていることの証拠です**。逆に売上が伸びていなければ、会社のミッションが古びてしまっていないか点検しなければなりません。そしてミッションを最も経済合理的な手段（コスト）で実現できれば、そこに付加価値が生み出されるのです（かせぐ）。

〈常にWACCを意識する〉

会社のミッションに共感する人々は従業員となり、あるいは資金提供者（銀行・株主）となって会社の活動に参加します。こうして会社が獲得した付加価値は経営資源（ヒト・モノ・カネ）へと分配されていきます（わける）。ヒトへの分配が従業員の労務費、モノへの分配が設備投資と減価償却費（即時償却費）、カネへの分配が資金提供者に対するWACCです。お金の流れという視点で見れば、会社は資金提供者から事業資金を預かってミッションを達成し、資金提供者にWACCを返済する存在だと言えます。しかし従来の経営管理ではWACCを是が非でも達成するという目標が明確ではありませんでした（第66、67話）。達成されなければ株価は暴落し、敵対的買収の対象となって市場や社会から会社が淘汰されてしまうこともあります。それが資本主義の掟だからです。

〈WACCを損益分岐点分析にも反映させる〉

従来、利益（付加価値のうちの株主の取り分）が±ゼロになる点が黒字／赤字の損益分岐点とみなされ、経営管理上の必達ラインとされてきました。しかしこの点ではまだWACCが未達成です！　そこでWACC全体が達成される点を新たな損益分岐点とし、会社の経営目標にしっかり組み込んでおきましょう。

WACCによる損益分岐点の移動に注意しよう！

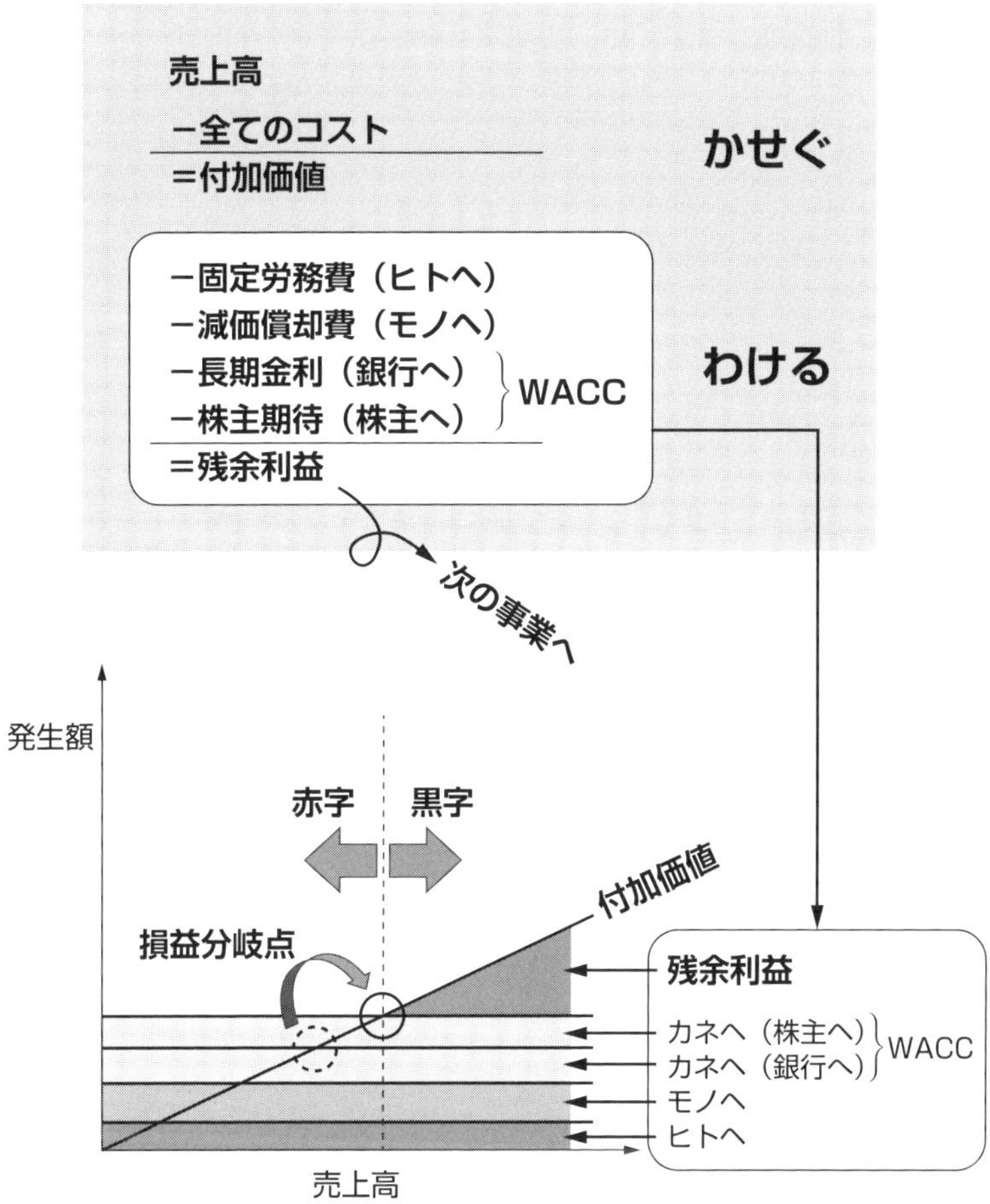

ポイントBOX

①ミッションへの社会の支持が売上となり、合理的なコストが付加価値を創る
②必達目標であるWACCを、損益分岐点の管理にもしっかり組み込む

column

自分のお金が増えない理由

もう何年も前のことですが、私は小さな設備投資の起案書を上司の所に持っていったことがありました。簡潔に要点を整理し、必要なデータも添付し、10ページくらいにまとめた起案書でしたが、1ページも読んで貰えずに突き返されました。

「君ね、この起案書は薄すぎる！」

そこで今度は100ページに増やして持っていくと、再び突き返されました。

「君ね、この起案書は厚すぎる！」

とうとう5回も突き返されて困り果てた私は最初の起案書をこっそり持っていきました。1ページも読まれていないのですから気づかれる心配はありません。すると、あっさり受理されたので理由を尋ねてみたのです。今度はどこが良かったのでしょうかと。

「僕はね、いつも5回は起案書を突き返すことにしている。それでも諦めずに持ってきたら、その気合いに免じて認可をするのだ。長年の勘があるから、本気かどうかは目を見ればわかる。細かい計算なんかに興味はないのさ」

この頃、会社は100億円の設備投資に失敗して大騒ぎになっていましたが、勘と気合いの意思決定が原因ではなかったかと思われてなりません。驚くべきことに、日本のモノづくりでは相当な名門企業でも、勘と気合いで設備投資が行われているのです。なぜなら起案をまとめる各部門の方々に十分な会計知識がないからです。辛うじて一部の会社で回収期間法が行われますが、それさえも費用の逃げ回りや付け替え操作で骨抜きです。でも、最も致命的な問題は、**自社のWACCを知らず／知らされてもいない**ということでしょう。知らされていないどころではなく、WACCという概念さえ認知されていないというケースが大半なのではないでしょうか。

WACCは株式会社という存在の根幹にかかわる概念です。事業資金を集めて社会的ミッションを達成し、資金提供者の期待（即ちWACC）に応えていく…、それが株式会社の本質であり資本主義社会の原理です。それにもかかわらず関係者が自社のWACCを知らされず、それを努力目標にしていなければ日本の会社の株価が上昇する道理がありません。それは巡り巡って、一人ひとりが個人で運用している年金や退職金が思うように増えない原因にもなってしまうのです！

Ⅷ

キャッシュフロー経営のカイゼン・マニュアル

また黒字倒産かぁ。黒字なのに倒産って怖いなあ…
それって、そもそも利益計算が間違ってたんじゃないですか？
良い業績を見せようとして、真実を見失っていたのだと私は思うのです。

75 キャッシュフロー計算書の構造を知る

損益計算書があてにならなくなったので作られた新しい財務諸表

〈損益計算書はあてにならなくなった〉

「黒字倒産」という言葉があります。損益計算上は黒字でありながら、会社がキャッシュのやり操りに行き詰まって倒産してしまうケースが少なからずあるのは、**従来の損益計算書が事業の実態を正しく示せていない**ことの証拠なのかもしれません。そこで財務会計の世界では、様々な歴史的経緯で歪んで「嘘」が多くなってしまった損益計算書を補完するために、「嘘」が少ないキャッシュフロー計算書が作られるようになりました。

〈キャッシュフロー計算書の構造〉

キャッシュフロー計算書には直接法によるものと間接法によるものの2種類があります。キャッシュの動きを理解するためには直接法がわかりやすいのですが、会社の経理部門の負担が重くなってしまうという理由から、専ら間接法が行われています。間接法は、損益計算書で計算された利益を出発点とし、損益計算書の歪みを順次修正していく構造になっています。実際のキャッシュフロー計算書を見ると、三つの部分から成り立っていることがわかります。

✔ 営業活動によるキャッシュフローは、サプライチェーンの回転によってキャッシュにどのような動きがあったかを示します。損益計算書の税引前当期純利益を出発点とし、間接法によって損益の歪みを順次修正していく構造になっています。

✔ 投資活動によるキャッシュフローは、固定資産の購入や売却に関わるキャッシュの動きを示します。

✔ 財務活動によるキャッシュフローは、資金の調達や返済に関わるキャッシュの動きを示します。資金を調達すればプラス、返済すればマイナスです。しばしば誤解がある所ですが、キャッシュフローのプラスが「お金を借りた」、キャッシュフローのマイナスが「お金を返した」、なので注意しましょう。

キャッシュフロー計算書の構造を知っておこう！

Ⅰ 営業活動によるキャッシュフロー		（百万円）
税引前当期純利益		1000
減価償却費	＋	400
売上債権の増加	－	14
棚卸資産の増加	－	10
仕入債務の増加	＋	4
法人税等の支払額	－	500
営業活動によるキャッシュフロー	＋	880
Ⅱ 投資活動によるキャッシュフロー		
有形固定資産の購入	－	820
有形固定資産の売却	＋	90
投資活動によるキャッシュフロー	－	730
Ⅲ 財務活動によるキャッシュフロー		
借入金の増加	＋	500
借入金の返済	－	450
財務活動によるキャッシュフロー	＋	50
Ⅳ キャッシュの増減額	＋	100
Ⅴ キャッシュの期首残高		214
Ⅵ キャッシュの期末残高		314

ポイントBOX

①キャッシュフロー計算書は、利益から出発して損益の歪みを修正していく構造になっている

②キャッシュフロー計算書は、三つの活動のキャッシュフローから成り立つ

76 元気な会社と危ない会社を見分ける

営業活動のCF、投資活動のCF、財務活動のCFの読み方

〈キャッシュフローに見る会社の成長〉

キャッシュフロー計算書は、様々な経緯で「嘘」が増えてしまった損益計算書を補って会社の経営状態を見える化するための経営ツールです。キャッシュフロー（CF）にどのように会社の経営状態が表れるかを大まかに見ておきましょう。

✔ 元気な会社

元気な会社は、営業活動によるキャッシュフローがプラス、投資活動によるキャッシュフローがマイナスになっています。これは日々のサプライチェーンの活動で得た利益を、設備投資など新たなバリューチェーンの構築に積極的に投入し事業を拡大する姿です。更に財務活動のキャッシュフローもプラスになっていることから、**自己資本と他人資本の両方の充実を図り貸借対照表を成長**させています。

✔ あまり元気がない会社

事業が成熟して安定期に入ると、成長が鈍化し投資活動によるキャッシュの流出が小さくなることがあります。財務活動によるキャッシュフローもしばしばマイナスに転じます。これは借入金を順次返済しながら、貸借対照表を縮小しつつある会社の姿です。

✔ 危険な状態の会社

更に成長が鈍化すると、営業活動によるキャッシュフローだけでは借入金の返済が賄えず、資産を売却して返済に充てるケースが出てきます。戦略的な経営カイゼンによって不要な資産を処分し、一時的に投資活動によるキャッシュフローがプラスになるのは健全なことですが、それが何年も続く場合には、会社は危険な状態にあると判断されるでしょう。

会社の元気度は？　キャッシュフローで見てみよう！

元気な会社

Ⅰ 営業活動によるキャッシュフロー	＋	880
Ⅱ 投資活動によるキャッシュフロー	㊀	900
Ⅲ 財務活動によるキャッシュフロー	＋	50
	＋	30

お金の流れ
お金の流れ
ここがマイナス

あまり元気がない会社

Ⅰ 営業活動によるキャッシュフロー	＋	100
Ⅱ 投資活動によるキャッシュフロー	－	80
Ⅲ 財務活動によるキャッシュフロー	㊀	50
	－	30

お金の流れ
ここがマイナス

危険な状態の会社

Ⅰ 営業活動によるキャッシュフロー	±	0
Ⅱ 投資活動によるキャッシュフロー	㊉	50
Ⅲ 財務活動によるキャッシュフロー	－	100
	－	50

お金の流れ
ここがプラス

ポイントBOX

①元気な会社は投資活動によるキャッシュフローが大きくマイナス
②危ない会社は投資活動によるキャッシュフローがプラス

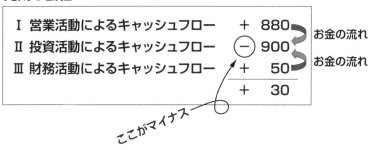

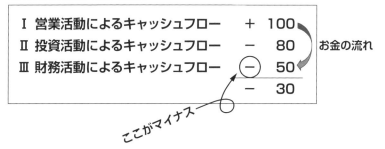

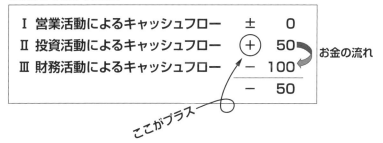

77 見えない取引と戦う

損益計算書では見えない三つのキャッシュ危険に注意する

〈キャッシュ危険な取引〉

損益計算書の動きとキャッシュの動きが一致しない事象が「見えない取引」です。キャッシュ安全な取引とキャッシュ危険な取引があります。間接法で作成されたキャッシュフロー計算書を見た時に「＋」になっているのがキャッシュ安全な取引、**「－」になっているのがキャッシュ危険な取引です。**言うまでもなく経営カイゼンを進めていく上で特に注意しなければならないのはキャッシュ危険な取引です。

✔ キャッシュ危険な取引…売上債権の増加

売上債権とは売掛金や受取手形のことです。損益計算書に売上が計上されているのに売上代金が回収されないでいる状態はキャッシュ危険です。売上債権は日々発生し、日々回収されるべきものですが、毎期その残高が増加しているならキャッシュ危険なので要注意です。売上債権もサプライチェーンを構成する在庫（見えない在庫）の一つとして適切に管理していかなければなりません。

✔ キャッシュ危険な取引…棚卸資産の増加

棚卸資産（見える在庫）が増加すれば当然にキャッシュ危険です。原材料等の購入や変動労務費の支払、外注加工費等はキャッシュを流出させますが、損も得もしていない等価交換とみなされれば損益計算書には何も表れてこないのです。キャッシュが不足すれば借入金を増やさなければなりません。

✔ キャッシュ危険な取引…固定資産の購入

固定資産を取得すれば購入代金として多額のキャッシュが支払われます。しかしこれは等価交換と見做されるため損益計算書上では何も表現されません。後日に減価償却されて初めて費用として表れてくることになります。キャッシュの動きと費用計上の時間差もまた、キャッシュ危険な状態を作り出す原因の一つになります。

キャッシュ危険な取引はこれだ！

Ⅰ 営業活動によるキャッシュフロー	（百万円）	
税引前当期純利益	1000	
減価償却費	＋ 400	
売上債権の増加	－ 14	キャッシュ危険
棚卸資産の増加	－ 10	キャッシュ危険
仕入債務の増加	＋ 4	
法人税等の支払額	－ 500	
営業活動によるキャッシュフロー	＋ 880	
Ⅱ 投資活動によるキャッシュフロー		
有形固定資産の購入	－ 820	キャッシュ危険
有形固定資産の売却	＋ 90	
投資活動によるキャッシュフロー	－ 730	
Ⅲ 財務活動によるキャッシュフロー		
借入金の増加	＋ 500	
借入金の返済	－ 450	
財務活動によるキャッシュフロー	＋ 50	

ポイントBOX

①損益には表れていないのにキャッシュが出ていく状態はキャッシュ危険
②損益には表れているのにキャッシュが入ってこない状態もキャッシュ危険

78 究極の恐怖、ブラックホールを退治する

それはキャッシュを吸い込み、財務諸表に表れない

〈会社の中にブラックホールがあった！〉

前回の三つのキャッシュ危険な取引の内、棚卸資産の増加と固定資産の取得は、更に恐ろしいブラックホールへと繋がります。その怖さを見てみましょう。

〈第一のブラックホールへの道…棚卸資産の増加〉

正常なサプライチェーンの活動では、ムダな在庫で廃棄損を出さないよう努力します。仕掛品や製品はジャストインタイムによる在庫削減を徹底し、原材料は戦略的に纏め買いした在庫がムダにならないよう部材の共通化などを進めます。仮に販売予測などの失敗で一時的な廃棄損を出すことはあっても、正常な経営カイゼンの中で予測精度を高め、失敗を繰り返さないよう進化していくことになるでしょう。

ところが棚卸資産（製品）の原価に固定費を配賦していると、**販売予測とは全く別の事情で余剰在庫を持とうとする動機を生じます。**即ち、工場の稼働率を高く維持することで（平準化生産）見かけの損益を改善しようとする動機です。しかしお客様のニーズに背を向けて社内都合で積み上げられた余剰在庫には市場価値が乏しく、後日に投げ売りされ、あるいは廃棄されて大きな損失をもたらすリスクが高いのです。こうした余剰在庫の価値の低下は、損益計算書にも貸借対照表にも表れず、キャッシュフロー計算書上でも見分けがつかないブラックホールとなります。

〈第一のブラックホールを解消する〉

棚卸資産の増加が危険な本当の理由は、製品在庫に固定費が配賦され得ることが費用を一時的に繰り延べて隠すための逃げ道となることです。その先にはブラックホールが待っています。しかし在庫に固定費を配賦しなければ、こうした不適切な動機からは解放され、真に戦略的な視点から適正在庫を決定できます。それ故、本気で経営カイゼンを目指す付加価値会計では、原価計算で固定費を配賦しないのです。

ブラックホールとは何か？

宇宙のブラックホール

✔ 無限の重力で宇宙空間の物質を吸い込み消滅させる
✔ 光すら吸い込み、目で見ることができない

会社のブラックホール

✔ 経営判断の誤りで会社のキャッシュを吸い込み消滅させる
✔ 損益計算書（PL）にも貸借対照表（BS）にも
キャッシュフロー計算書（CF）にさえも表現されず、
目で見ることができない

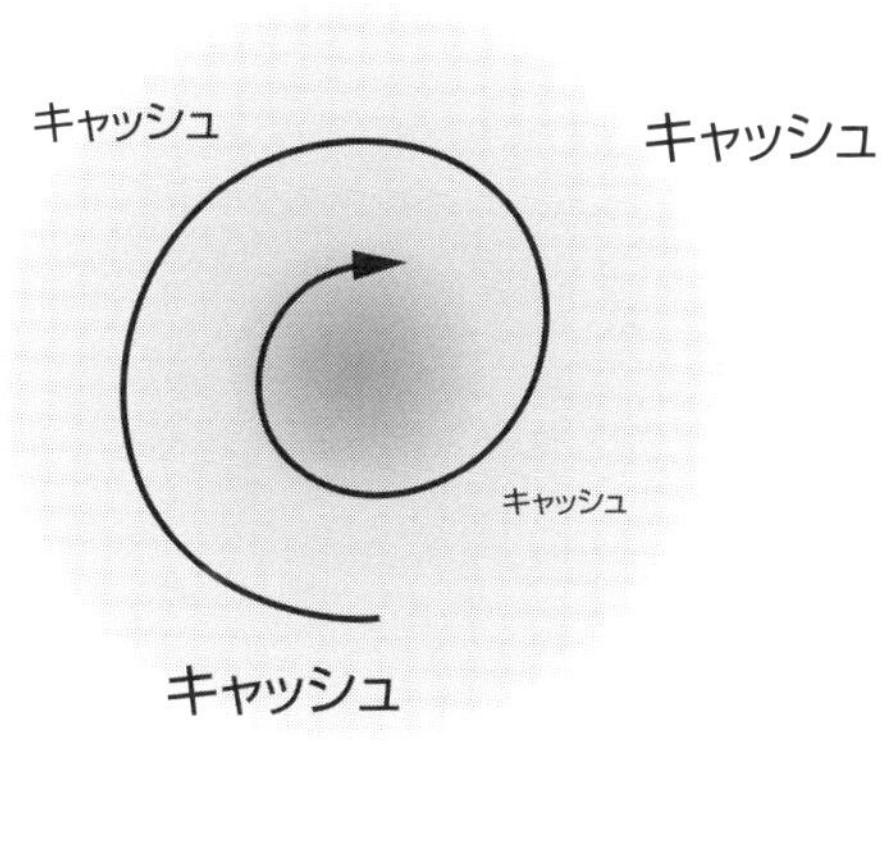

ポイントBOX
①社内都合による余剰在庫の積み上げはブラックホールへの道
②製品在庫に固定費を配賦しなければ、ブラックホールは解消できる

79 減価償却という旧弊を卒業、埋没原価を作らない

固定資産の取得と減価償却が、第二のブラックホール

〈第二のブラックホールへの道…固定資産の除却損や売却損〉

固定資産の減価償却もブラックホールになることがあります。例えば機械装置の場合、その取得費用は減価償却でゆっくり費用化されていきます。これは機械装置が稼ぎ出すであろう将来の利益と、機械装置の取得費用を対応させる目的で行われる計算です。仮に機械装置が5年間利益を稼ぐと見込むなら、その取得費用も5年間に引き延ばしてゆっくり認識する訳です（定額法・定率法）。ところがモノづくりの世界では、多くの機械装置に転売価値がなく、使用開始と同時に価値を失って減価償却が間に合いません。こうした急激な価値低下は損益計算書にも貸借対照表にも表れず、キャッシュフロー計算書上でも見分けがつかないブラックホールなのです。後で急に除却損や売却損が発生して驚かされます。

〈第二のブラックホールを解消する〉

今日、経営環境の変化は極めて激しくなりました。仮に5年先の状況を予測して固定資産を取得しても、その通りに事業が推移することはまずないでしょう。それにも拘わらず取得費用を繰り延べて将来の利益と対応させようとする発想が、誤った設備投資と過剰生産に製造業を導いてしまいます。そこで付加価値会計では、取得と同時に一気に償却（即時償却）してしまうことを推奨しています。

二つのブラックホールの怖さは、**意思決定の失敗を吸い込んで見えなくしてしまうことです**。その結果、製造業の経営はカイゼンされません。設備投資は時代の流行に流されやすく、固定費の逃げ回りも手伝ってプロジェクトの評価は甘くなりがちです。しかしいったんやってしまうと後戻りできません（埋没原価）。ここで更に平準化生産に拘れば、余剰在庫が積み上がり、悲劇は破滅的に拡大するでしょう。

ですから即時償却に耐える覚悟ができない設備投資については、実施を慎重に見直しましょう。

定額法による減価償却

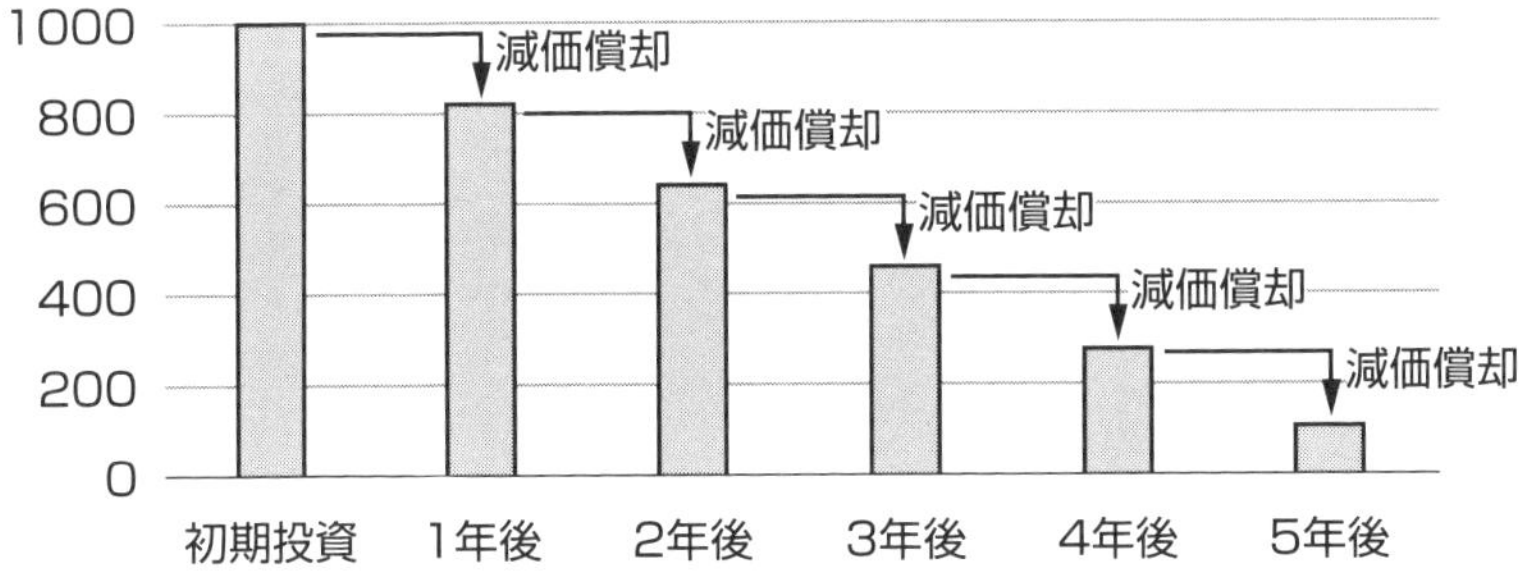

定率法による減価償却

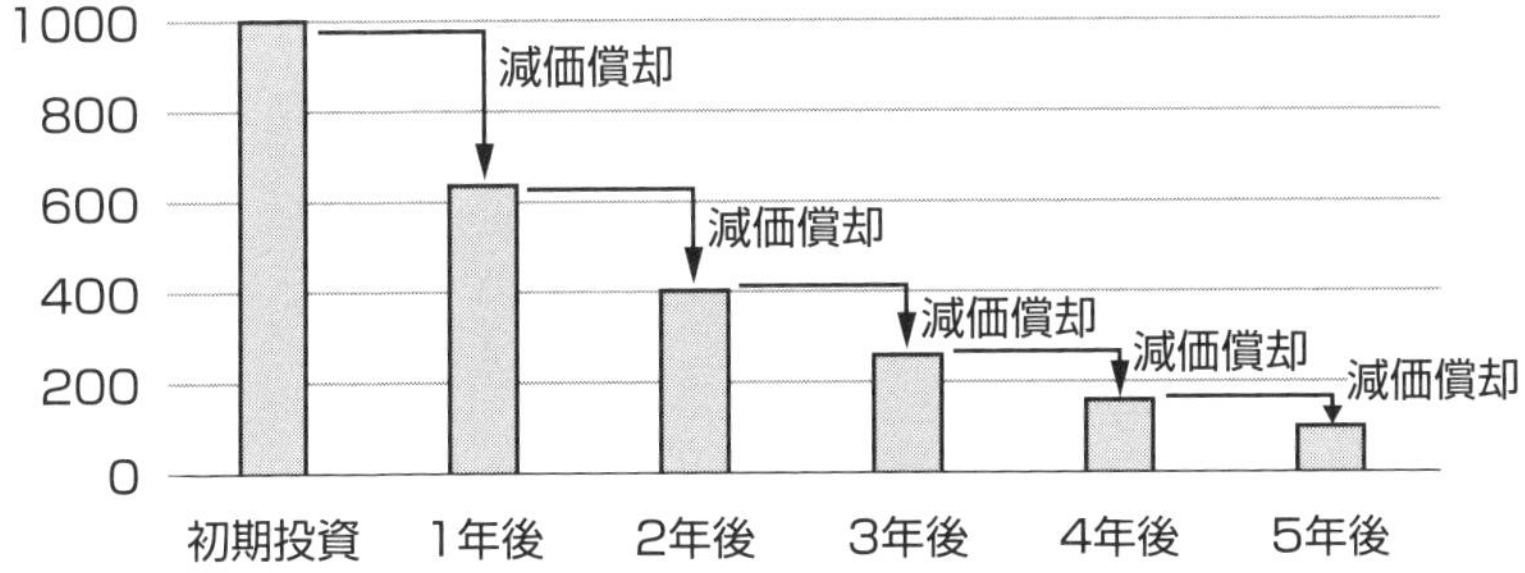

売却可能価値の推移

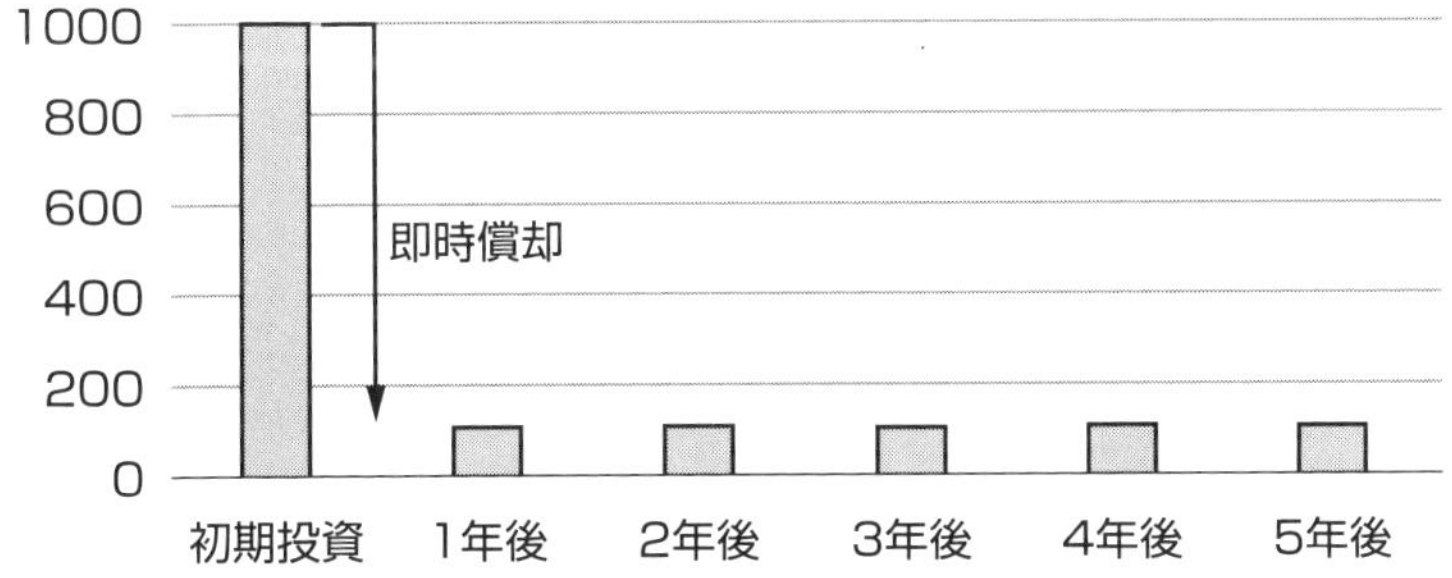

ポイントBOX	①減価償却もブラックホールへの道 ②即時償却を励行すれば、ブラックホールは解消できる

80 これで世界と戦える！

真の経営カイゼンのためには、事業の真実に向き合うことが不可欠

〈残余利益≒キャッシュフロー〉

損益計算上は利益が出ているはずなのにキャッシュが回らなくなって黒字倒産に到ることがあるのはなぜなのでしょうか？　それは従来の損益計算が合法／非合法の会計操作で大きく歪み、事業の真実を示せなくなっているからです。これでは世界と戦えません。

すっかり「嘘」が増えてしまった財務会計を補うため、キャッシュフロー計算書が作られるようになりましたが、二つのブラックホールによって経営の危機を招いてしまう場面がまだあります。

そこで付加価値会計では、在庫への固定費配賦を止め、固定資産の即時償却を推奨することでブラックホールを解消しています。実は、結果として求まる**残余利益は実用上キャッシュフローとみなせる数字になるのです。**

これで経営カイゼンに必要な数字が揃いました。さあ、新しい会計で経営カイゼンのＰＤＣＡ（Plan Do Check Action）を力強く回し、世界のライバルと戦いましょう！

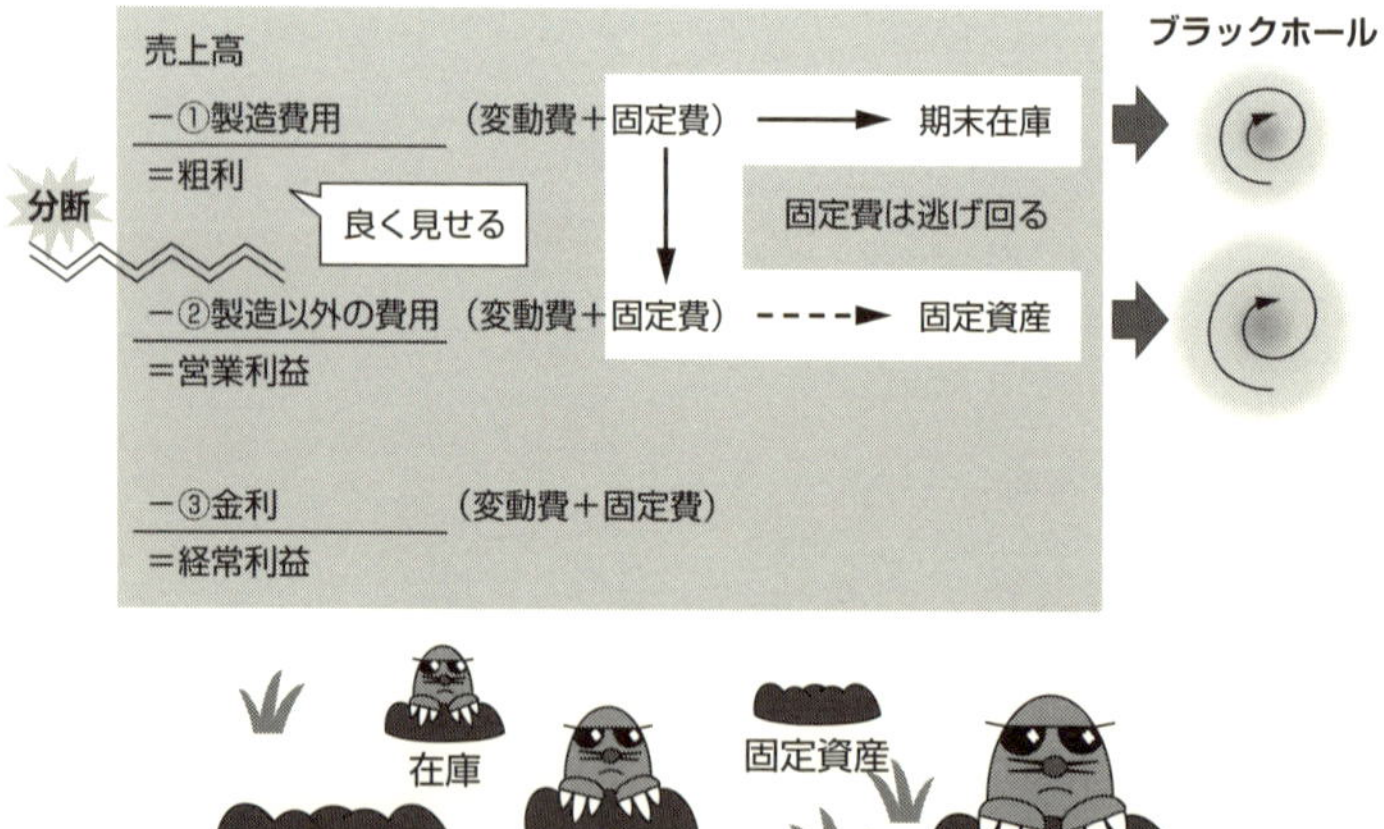

新しい会計で経営カイゼンのPDCAを回そう！

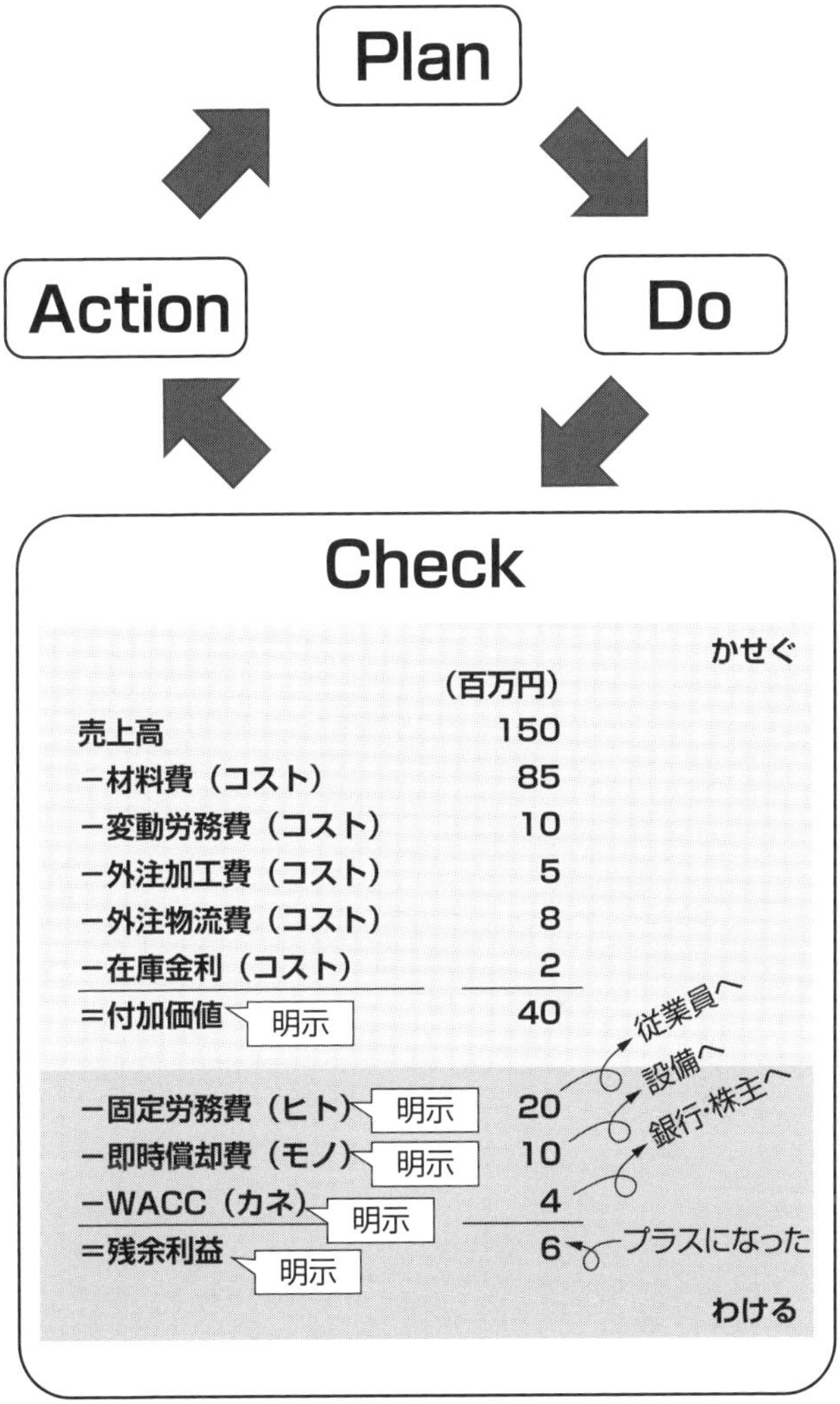

ポイントBOX
①製造業は二つのブラックホールを社内に抱えていた
②付加価値会計は、製造業の二つのブラックホールを解消する

column

目をつぶって運転する会社

過去、何世代にもわたって粉飾決算を繰り返してきた会社がありました。もちろん粉飾で外部の方々を偽ることは違法であり、糾弾されるべきことではあります。しかしながら、経営者が自社の業績を良く見せたいと思うのは自然なことであり、多くの会社で合法と非合法のギリギリを狙って様々な操作が行われているというのが実情なのではないでしょうか。ところが、操作をすればするほど、経営者自身にも会社の事業の実態が見えなくなってしまいます。結果として、勘と気合だけに頼って経営カイゼンを進めていかなければなりません。**これは粉飾そのものより遥かに深刻な問題です。**

仮に合法ではあっても、今日のモノづくりにおいては多くの場面で不適切な会計操作が日常化しています。製造原価と販管費の区分の曖昧さを狙った利益操作、ブラックボックス化した固定費配賦、見せかけだけのカイゼン活動、期末日だけ在庫を減らす（しかも売れ筋在庫を減らす！）という悲劇…。これでは毎日粉飾の練習をしているようなものです。こうした自分自身を欺く行動の積み重ねが関係者の感覚を麻痺させ、真の経営カイゼンに向き合わない空気を作り出していきます。その結果として財務会計による損益計算書や貸借対照表もますます難解で使い難いものになっていきます。

キャッシュフロー計算書が生まれたのも、そんな背景からでした。損益計算では「嘘」をつけてもキャッシュフローという事実では「嘘」をつけないと言われているからです。しかし、キャッシュフローの動きは会社の活動を投影する影法師にすぎません。影法師だけを見ていたのでは、影の主が何をしているのかよくわかりません。影法師ではなく会社が価値を生み出している嘘のない損益計算こそ、関係者が真に見たいものでしょう。

更に問題なのはキャッシュフローにさえ投影されない二つの危険なブラックホールの存在です。その一つ目は在庫の価値の喪失です。在庫は固定費の繰り延べに使われ得るという意味で危険なものですが、この危険性は固定費の配賦を止めれば解消できます。二つ目は減価償却される固定資産の取得です。例えば、同じくキャッシュの流出ではあっても土地と機械装置では危険性が全く異なります。土地であれば価値は維持され、万一の時にも何らかの方法で現金化できますが、機械装置の多くは取得と同時に転売価値を失って現金化できないからです。しかしながらこの違いはキャッシュフローには表れません。この危険性を見える化するため、付加価値会計では即時償却を推奨します。これなら埋没原価に煩わされて経営判断を誤ることもないでしょう。でも実際にどうするかは、それぞれの会社が決めるべきことです。管理会計は、会社が、会社自身の手で、会社自身のために行うものだからです。

IX

未来工場の
カイゼン・マニュアル

ロボット、IT、AI…　素晴らしい夢が実現できそうですね！
え、夢はない？
じゃあ、夢を見てくれるロボットも作っちゃいますか。
でも、夢すら自分で見ないなら、ヒトって何のために存在するのでしょう？

81 1995年、乗り遅れた日本

今やアフリカの大地でさえネットやケータイは当たり前！

〈新たな価値を創り出せなかった日本の現実〉

かつてジャパンアズNo.1と称えられ輝いていた日本のモノづくりですが、今では総じてかつての元気がありません。主要国のGDPの推移を見ると、1995年頃に日本の成長が止まってしまっています。一体、何があったのでしょうか？

1954　カンバン方式、ジャストインタイム、ゼロ在庫、カイゼン、7つのムダ
1964　電卓元年
1979　アメリカで「ジャパンアズNo.1」が出版される
〜
1994　アマゾン創業
1995　インターネット元年／ウインドウズ95／携帯電話の急速な普及
1998　グーグル創業
2007　スマートフォンの普及

1995年は日本のインターネット元年ともいわれる年ですが、この頃から世界の隅々にまで技術や情報が行き渡り、世界のビジネス環境が激変しました。今や世界中がライバルです！　その結果、各国・各社でつくられる製品の機能の差が小さくなり、「作る」という作業の価値そのものも小さくなってしまったのです。それにもかかわらず**日本は電卓さえなかった時代の古びたビジネスモデル**から未だに卒業できていません。

様々な分野で価格破壊が起こり、モノではなくコトや情報や速度に価値が移っていきました。しかし日本のモノづくりは1950年代から時計が止まったまま世界の潮流に乗り遅れています。日本語という閉じた世界の中では古い考え方や誤まった情報がコピペされいつまでもグルグル回っていたりします。今でも国全体では世界第三位のGDPを誇る日本ですが、一人当たりの生産性で見ると先進国では最下位にまで落ち込んでいるのです。

1995年に何があったか？

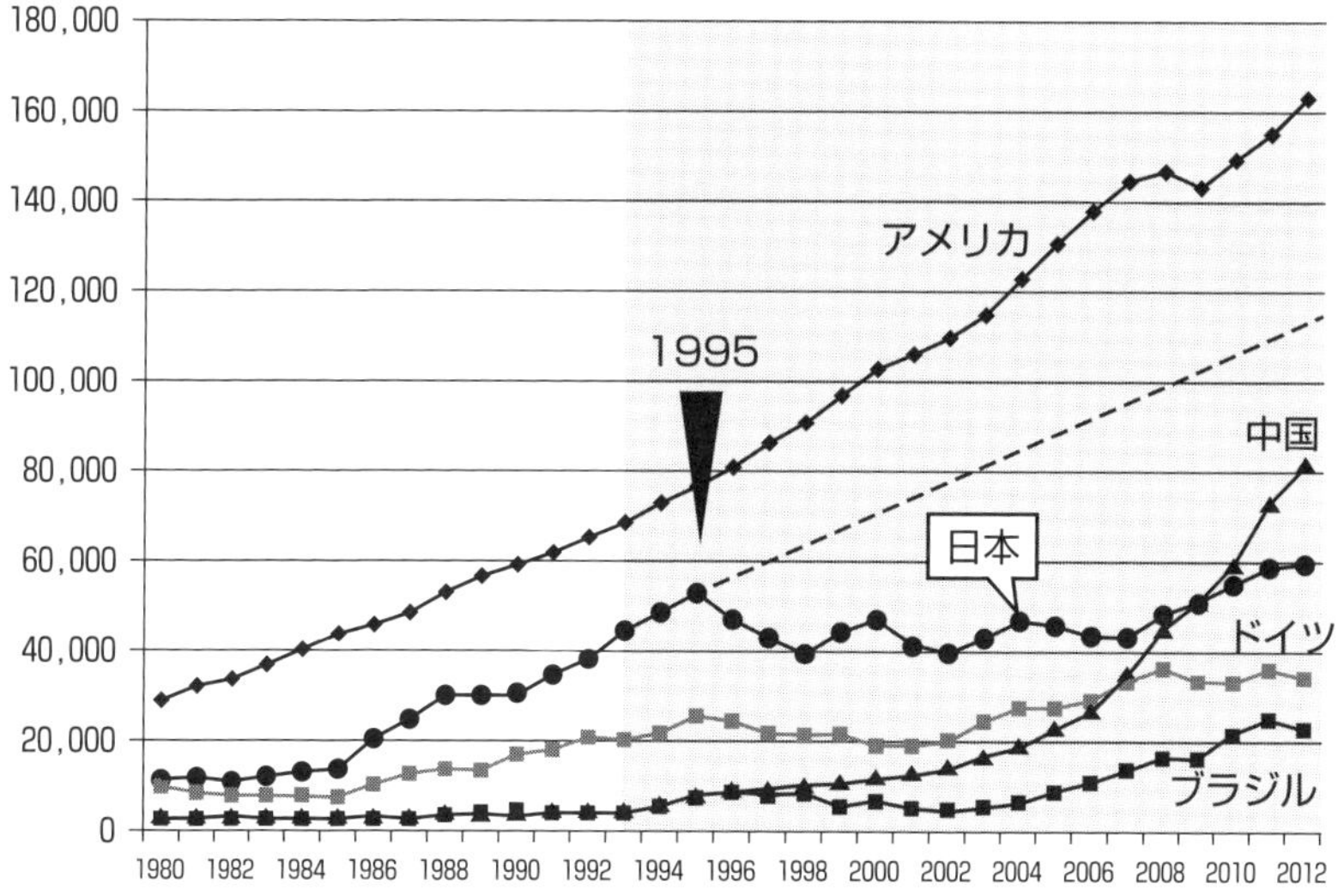

情報技術が世界を変えた

ポイントBOX
① 1995年にインターネットが世界を変えた
②日本のモノづくりは、世界の潮流に乗り遅れた

82 誰も安い扇風機を選ばなかった！

それなのに全員がコストダウンすると答えた

〈本当にコストで負けているのか？〉

先般、小さなセミナーを開きました。出席者は日々モノづくりの最前線で経営カイゼンやコストダウンに取り組む方々です。その方々に私はこんな質問をしました。

「暑くなってきたので扇風機を買おうと思います。ネットで調べたら四つの会社が扇風機を扱っているとわかりました（A社、B社、C社、D社）。扇風機の性能は全て同じですが、納期と値段が違います。さて、皆さんが個人として買い物をするなら、どの扇風機を選びますか？」

値段の安さならC社かD社でしょう。日々コストダウンに取り組んでいる皆さんですから、きっと安い扇風機を選ぶ方が多いだろうと思いきや、実際には90％以上の方がA社かB社を選んだので驚きました。最も安いD社を選んだ人は皆無でした。これは早さこそが価値であることを強く実感させられる出来事でした。

〈それなのに全員がコストダウンすると答えた〉

この小さな実験の結果は驚くべきことを示唆しています。ほんの少しの発想転換で赤字の製品の売価を50％も回復できるかもしれないのです！（例えば1999円→3000円）同じ効果をコストダウンで達成しようとしたらどれだけ大変なことになるでしょうか。

ところが、同じセミナーの後半で、赤字の会社の損益をお見せし、皆さんが社長ならどうやって利益を回復しますかと質問しました。すると全員がコストダウンを推進すると答えたので、再び私は驚きました。

「今朝、皆さんは安い扇風機より、早く届く扇風機を選びました。コストダウンをするのではなく、**もっと積極的にコストをかけ価値を取りにいく必要はありませんか？**」

これもまた、今日の日本のモノづくりが時代の潮流から取り残されてしまっていることを示す出来事です。

本当にコストで負けているのか？

A社：¥3000　納期：翌日
B社：¥2900　納期：3日後
C社：¥2550　納期：1週間後
D社：¥1999　納期：1ヶ月後

あなたなら、この事業をどうしますか？

売上高	2000		
−材料費	1700 →	1620	(過剰品質を改め、2社購買も徹底する)
−変動労務費	100 →	80	(作業カイゼンの徹底で20%削減する)
−外注加工費	0		
−外注物流費	200 →	180	(毎週の定期配送化で10%削減する)
−在庫金利	100 →	80	(在庫削減の徹底で20%削減する)
＝付加価値	▲100		

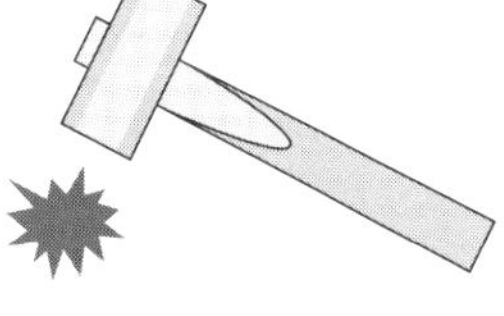

全員がコストダウンすると答えた

ポイントBOX
①個人としての感覚と会社人としての感覚がズレている
②個人の感覚を活かせば、もっと自由に新しいビジネスモデルが発想できる

83

速度、速度、速度が命！

価値はどこにあるのか？発想を変え、新たな価値を取りにいく！

〈コストダウンの発想〉

今、多くの製造業で実際に起こっていることを踏まえ、第82話の事例を分析してみましょう。

材料費は5％くらいは削減できそうでしたが、これは原材料のグレードダウンによるもので製品の品質も悪化します。変動労務費20％の削減は、社運を賭けたカイゼン活動によるものですが、元々の労務費の比率が下がっているため大きな効果になりません。しかも**「無価値作業」と断じられがちな検査**を削減したりすれば重大な品質事故を招き、お客様の信頼を失うのです。

物流費や在庫金利もムダなコストとみなされてきましたが、ムダとは事業の目標次第で変わるものであり、実は近年お客様から強く要望されている短納期化のためになくてはならないものでした。これらをやみくもに切り捨ててしまうことで事業は価値を失い、お客様から厳しい値下げ要求を突きつけられてしまうのです。

〈全体が見えていなかった…〉

こうした分析や反省も、コストの全体と内訳を把握していればこそ可能となります。ましてやコスト（変動費）と資源（固定費）が複雑に入り混じり、製造活動とそれ以外の活動が分断されていたら、何が悪かったか、次にどうすればよいのかが見えてきません。

〈価値を創る発想〉

会社は効果が見込めなくなった作業カイゼンから新しい価値創造に資源をシフトします。在庫金利を確かめながらも戦略的なまとめ買いを容認し、グレードを落とさずに材料代の値引きを狙います。物流費を効果的に使って超短納期の実現も目指します。これで、毎年の値下げ要求でデフレスパイラルに陥っていた売価が回復するでしょう！

このようにサプライチェーン全体を一体管理し、コストの内訳を見える化することで、従来の活動への反省と新しい戦略への発想が可能になるのです。

コストダウンの発想

売上高	2000	1900	(値下げを要求された)
－材料費	1700 →	1620	(品質を落とした)
－変動労務費	100 →	80	(現場叩き、検査の削減)
－外注加工費	0		
－外注物流費	200 →	180	(費用削減→長納期化)
－在庫金利	100 →	80	(在庫削減→長納期化)
＝付加価値	▲100	▲60	

再び赤字

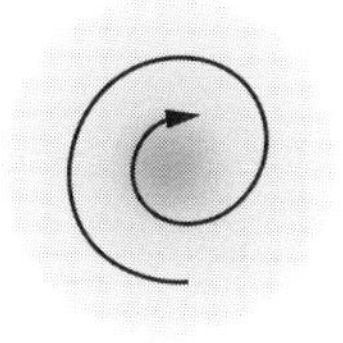

価値を創る発想

売上高	2000	2500	(価格回復を目指す)
－材料費	1700 →	1600	(高品質材料をまとめ買い)
－変動労務費	100 →	100	(作業カイゼンの見合わせ)
－外注加工費	0		
－外注物流費	200 →	400	(超短納期→費用増加)
－在庫金利	100 →	200	(超短納期→積極在庫)
＝付加価値	▲100	200	

価値回復

ポイントBOX

①積極的に費用を掛けることで生み出される価値がある
②コスト全体とその内訳を把握することで、新しい戦略が見えてくる

84 平準化生産を深追いしない

どこで差がついているのか？　プロダクトアウトの発想を止める！

〈プロダクトアウトの発想を生み出す元凶〉

従来のモノづくりには「平準化生産」という目標がありました。これは、常に一定の生産量を維持して工場のフル生産状態を持続し製造原価を下げていこうとする考え方です。もちろん結果としての平準化ができればありがたいことですが、それを事業活動の目的にしてしまうことで様々な弊害も生んできました。なぜなら**平準化は工場の都合でお客様を待たせるという発想**に繋がるからです（プロダクトアウトの発想）。

工場をフル稼働させようとして、市場に背を向けた過剰生産と余剰在庫の積み上げに向かう動機にもなってしまいます。

〈手待ち時間こそが、創造的活動のゆりかご〉

お客様を待たせない受注活動を展開するためには、工場の能力を余らせておかなければなりません。実はこの余った能力（手待ち時間）こそが、お客様に対する新しい価値提案や超短納期を実現する力となるものです。従業員の新しい発想やカイゼンを支え、成長やスキルアップを促すためにもなくてはならないものなのです。

〈会計も変える〉

本テキストで紹介してきた新しい管理会計（付加価値会計）が、固定費配賦をせず即時償却を推奨する理由の一つが、実はここにもありました。配賦や減価償却が工場をフル生産にしたいというプロダクトアウトの発想をどうしても生むからです。その一方で配賦を嫌うあまり、資源に手待ちがあっても有効に活用されないこともあります（第58話）。

製造業が時代の潮流から取り残され、いつまでも変われないでいる原因の一つは、実は100年前にデザインされた古い会計を使い続けていることにありました。なぜなら会社人は常に会計で目標を設定され、会計で成績を評価されているからです。会計が変わらなければ会社人の行動もビジネスモデルも変わりません。

平準化生産の発想

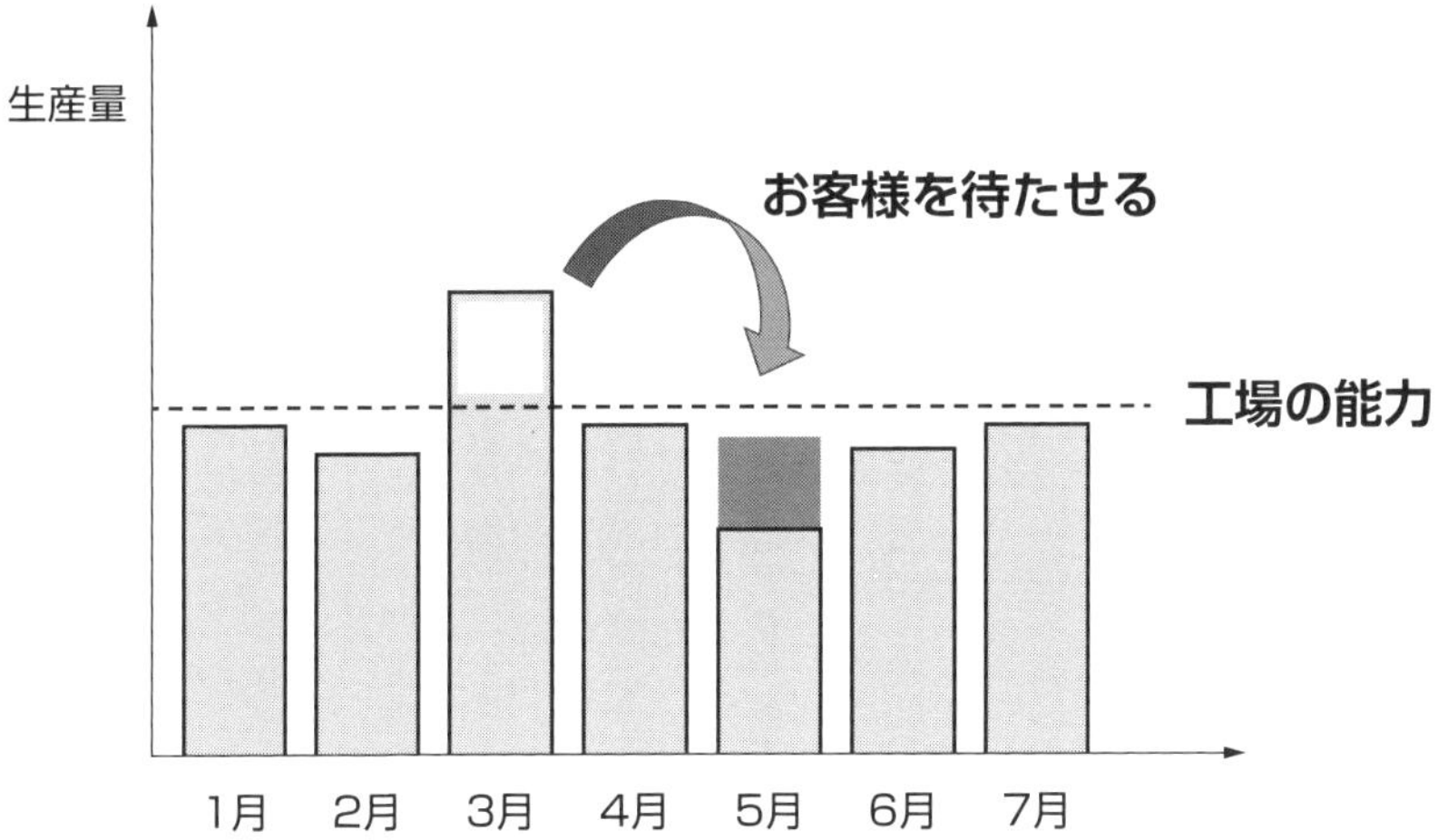

脱・平準化生産の発想

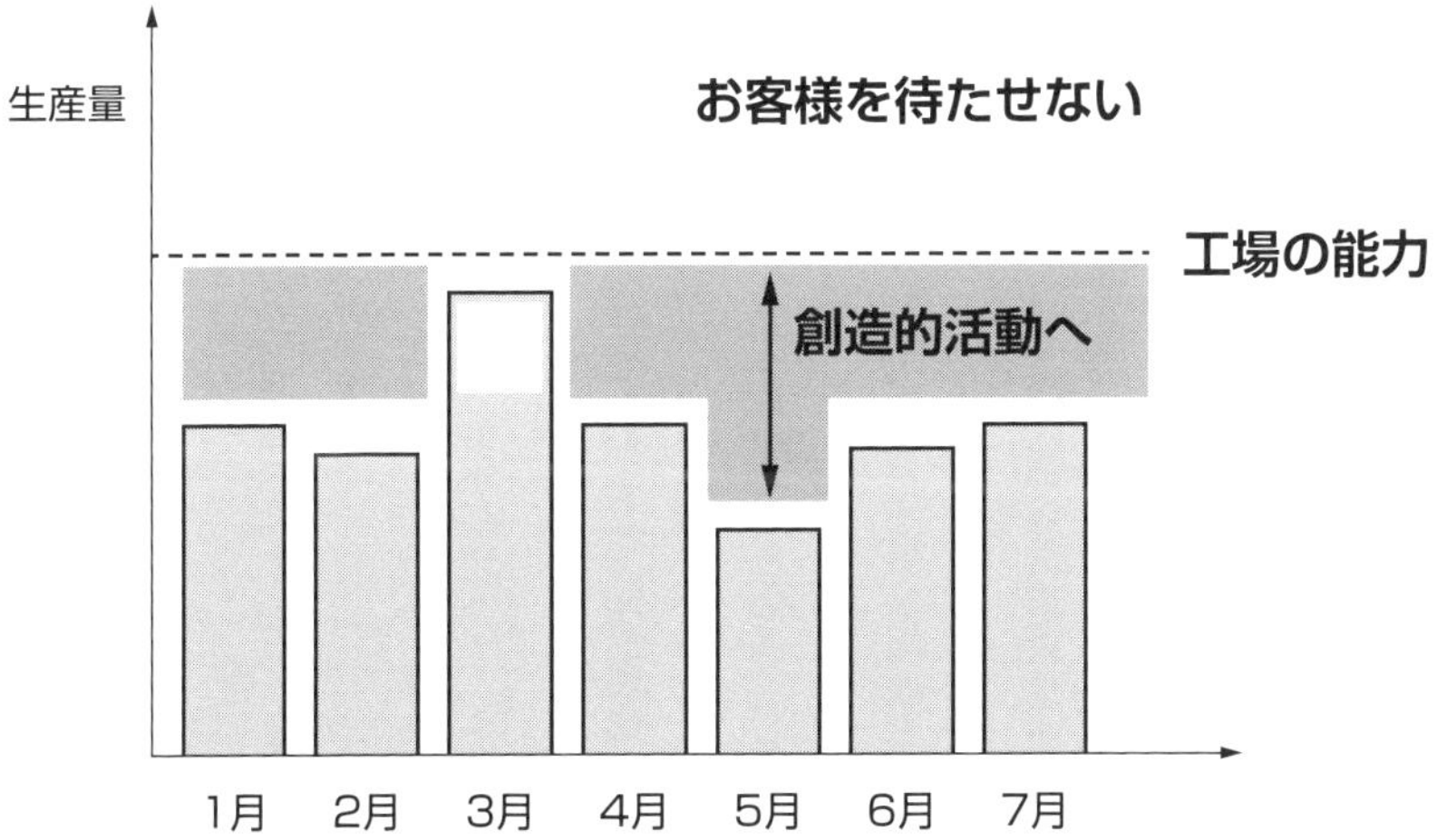

ポイントBOX

①平準化生産という発想が、製造業がお客様に向き合えない原因になっている
②古いビジネスモデルを卒業するためには、まず会計を変える

85 未来工場のカイゼン・マニュアル

ハイテクを駆使して目指すのは投資業か？創造業か？

〈コモディティ化するハイテク、投資業モデルは速度で勝負する〉

近年の技術革新でＡＩやロボットが急速に進化しました。ハイテクを駆使した未来工場のイメージの一つは完全無人のロボット工場かもしれません。しかし無人化するだけでは会社が提供する製品の価値は変わりません。**どんなに高度な技術や設備も、世界中で誰でも買えるものなら競争力の源泉にならないのです。**無人化で削減される労務費がある一方で、高給な保全員や技術者も必要になります。そしていったん自動化工場に大規模に設備投資してしまえば、少なくとも5年間はそれを使い続けなければならないでしょう。その間、会社のモノづくりの進歩は確実に止まります。

もちろん、これらのデメリットを考慮してもなお実施すべき自動化はあります。いつどのくらいの効果を見込んでどのくらいの設備投資をし、いつどのくらいの資金を回収するのか？　自動化は速度の意思決定の途であり、徹底的なコスト管理の途でもあります。新しい会計知識を駆使して戦いましょう。更には工場単独ではなくサプライチェーン全体をどう組み立てていくかという視点も持たなければなりません。

〈ホワイトカラーの生産性で勝負、創造業モデル〉

高度成長の頃の日本のモノづくりは、海外の先端的な製品を模倣し、それを徹底的なコストダウンで安価に供給する、というビジネスモデルでした。しかし今や技術はコモディティ化し、簡単に模倣できる製品も見当たりません。そんな時代に製造業が進むべきもう一つの途は創造業モデルです。それは世界でオンリーワンの製品やサービスを自ら創り上げていく途です。このモデルを成功させるためには常にホワイトカラーの生産性を問い、ヒトを育てていかなければなりません。そしてＩｏＴ等の新しいビジネスを成功させるためにも、やはり会計知識が不可欠なのです。投資業と創造業、どちらを目指す場合にも会計音痴では戦えません！

投資業モデル

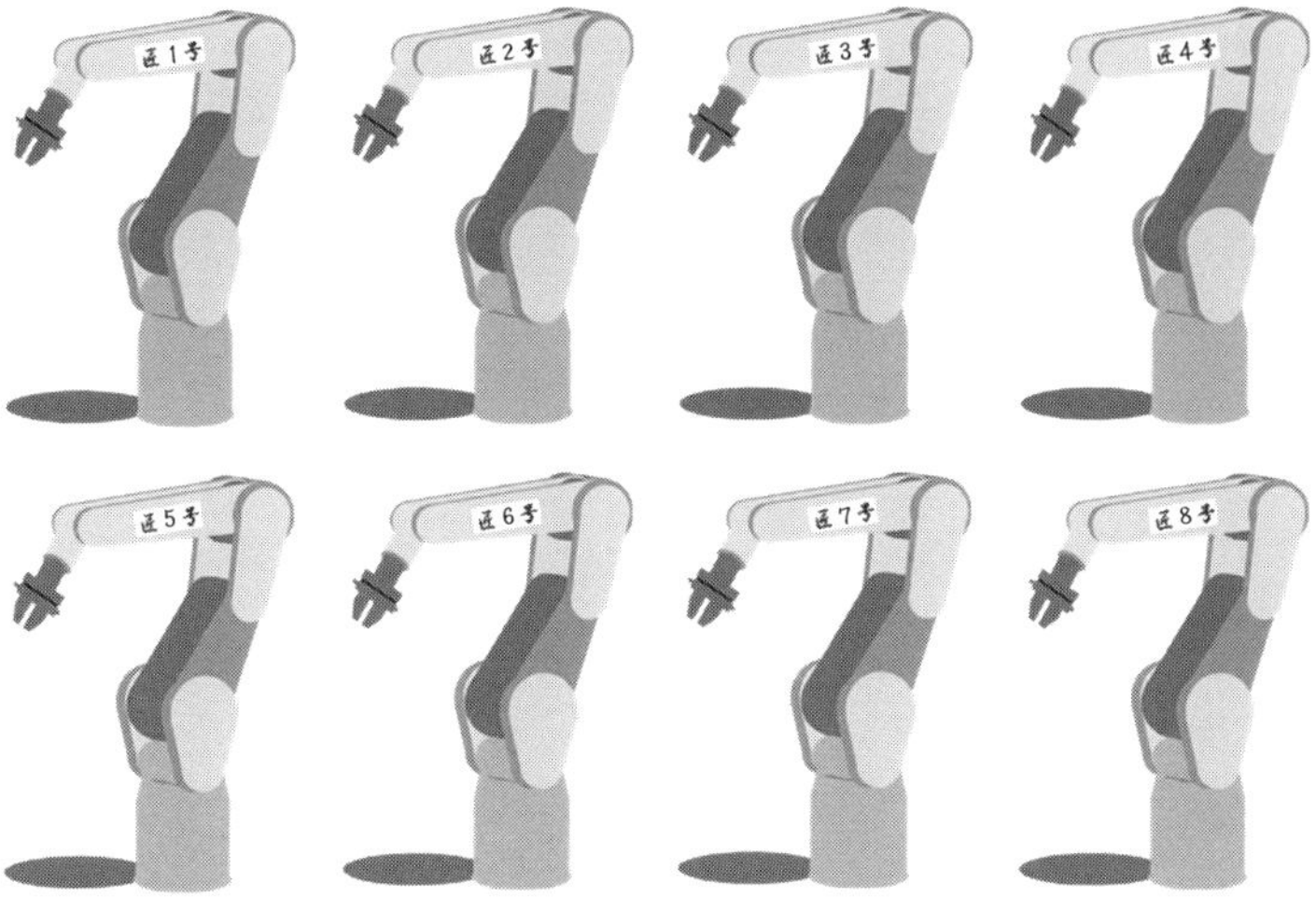

創造業モデル

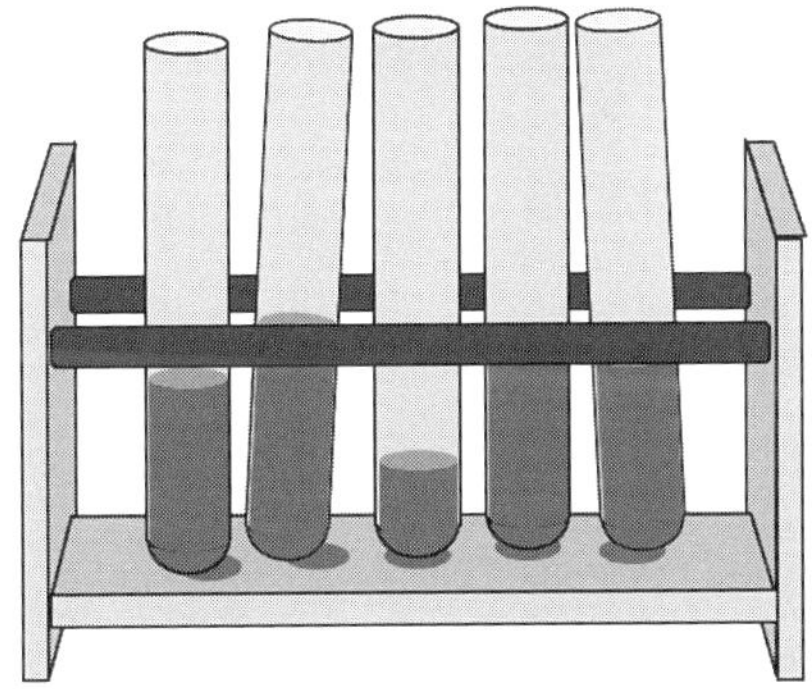

ポイントBOX

①新しい製造業が目指すべきビジネスモデルに、投資業と創造業がある
②どちらを目指す場合にも、会計の知識が不可欠！

86 会計で経営カイゼンのPDCAをしっかり回す

これがなければどう経営？
会計は夢を実現する力！

〈学ぶべきは管理会計〉

甚だ残念なことながら、モノづくりの最前線で働く製造業の関係者や技術者の多くは学校や職場で会計を学ぶ機会を持ちません。知識を持たない技術者が怖さを知らずに数値を操作し、誤った製品開発プロジェクトや設備投資プロジェクトを立ち上げてしまったら、**経理部門や経営者がその誤りをチェックすることはまず不可能です。**会社はそのまま間違った方向に突き進んでしまうでしょう。そして直面する数々の失敗はブラックホールに吸込まれて消えていきます。経営はいつまでもカイゼンされません。ですからこれからは全員が価値創造を担うホワイトカラーとしての自覚を持ち、新しい会計を学びましょう。会計の知識がなければ世界と戦えないからです。

✔ 変動費と固定費の本質的な違いを知ろう
✔ 伝統的な原価計算において、固定費配賦が引き起こしてきた問題を知ろう
✔ 売上原価と販管費の分断が引き起こしてしまう問題を知ろう
✔ 在庫回転数の意味や、そのあるべき姿を知ろう
✔ 付加価値とは何かを知ろう
✔ 標準時間に代わる生産性の測定方法を知ろう
✔ ＷＡＣＣが株式会社という社会的制度の根幹だということを知ろう
✔ ＷＡＣＣを超えるＩＲＲを常に目指さなければならないということを知ろう
✔ 損益分岐点の意味や、損益分岐点の新しい管理方法を知ろう

〈正しくＰＤＣＡを回すために作られたツール…それが本来の会計〉

経営カイゼンのＰＤＣＡを正しく回すためのツールが本来の会計です。ですから「会計が難しい」とは言っていられません！　今の会計が難しければ、難しくない自分の会計を創ってしまいましょう。そして経営カイゼンのＰＤＣＡを力強く回していきましょう。

会計が無ければ、経営カイゼンのPDCAは回せない

目標の売上高
－目標のコスト
＝目標の付加価値
－固定費の予算
＝目標のキャッシュフロー

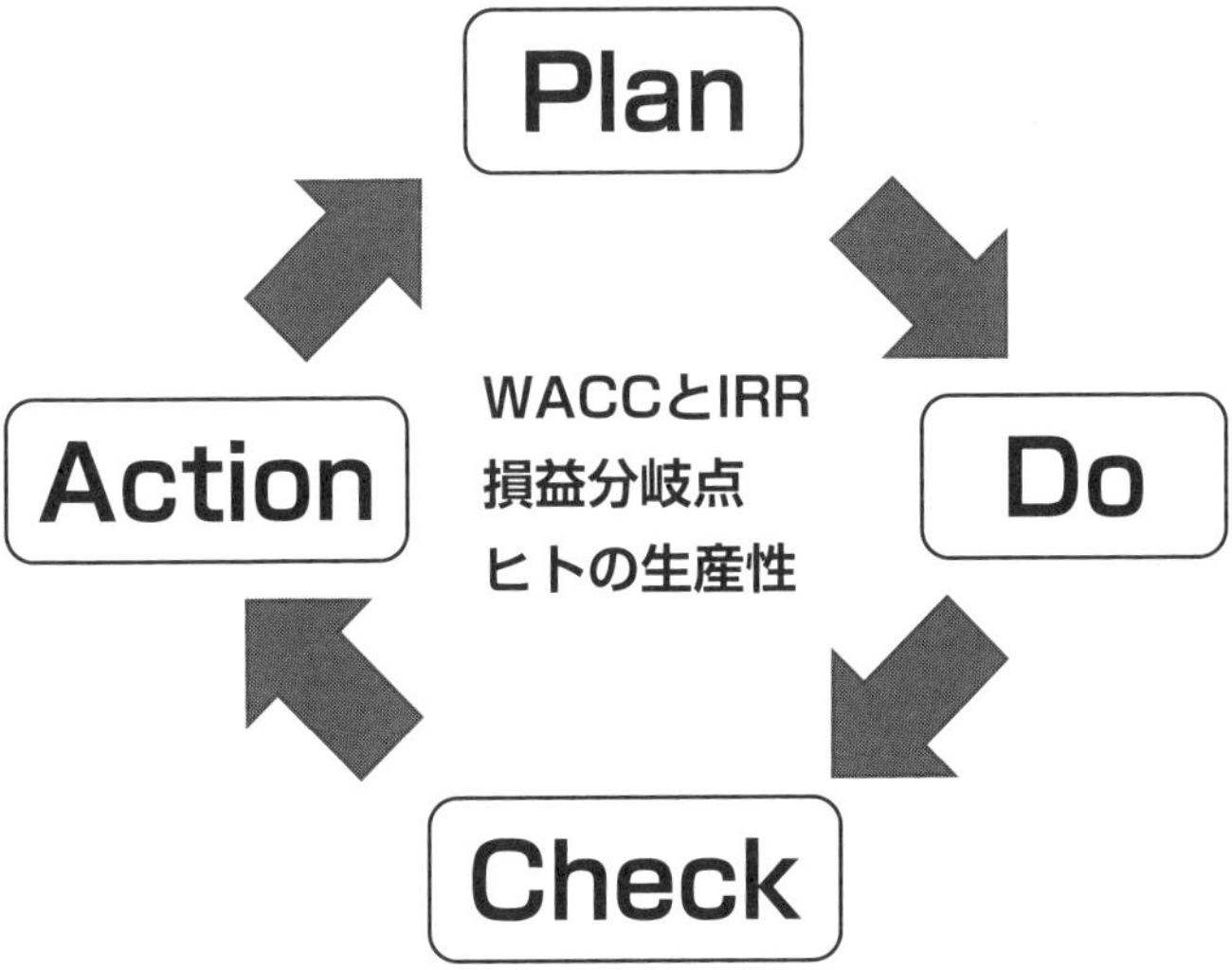

実際の売上高
－実際のコスト
＝実際の付加価値
－実際の固定費
＝実際のキャッシュフロー

ポイントBOX

①経理財務以外の関係者や技術者も、必ず会計を学ぶ
②経営カイゼンのPDCAを回すため、自分自身が使いやすい会計を創る

87 カイゼンを改善する

工場からサプライチェーンへ、更にバリューチェーンへの広がり

〈カイゼンも進化しなければならない〉

情報化社会の進展で、モノづくりのビジネスモデルは大きく変わりました。当然、カイゼンも進化していかなければなりません。

✔ 製造業モデルの段階

これは、かつて日本のモノづくりが輝いていた頃の伝統的なビジネスモデルです。今日でも、自動化が進まず作業者のスキルや手作業に頼る場面が多い製品では有効なケースがあります。主戦場は工場です。作業の徹底的なムダ取りや多能工の養成などが勝負所です（作業のカイゼン）。

✔ 投資業モデルの段階

今日、多くの製造業が到達していなければならないビジネスモデルです。主戦場は工場の中だけではなくサプライチェーン全体です。自動化を含む設備投資や在庫戦略・購買戦略など、的確で迅速な意思決定が勝負所です（意思決定のカイゼン）。サプライチェーン全体の合理性が求められ、コストダウンよりは超短納期の実現や付帯サービスの充実の方が重要な場合もあります。

✔ 創造業モデルの段階

適切なミッションに向ってオンリーワンの価値を実現していくビジネスモデルです。主戦場はバリューチェーンであり、研究開発（基礎研究、新しい製品やサービス、IoTの開発など）が重要です。進化する集団の高度な活動は数値だけでは管理できないため、**考える力と自立心を持つ構成員の育成**が勝負所になります。自立心を育むには、会社が果たして行く社会的ミッションや仕事の進め方に関する企業文化がしっかり共有されていなければなりません（企業文化のカイゼン）。

カイゼンが歩むべき道

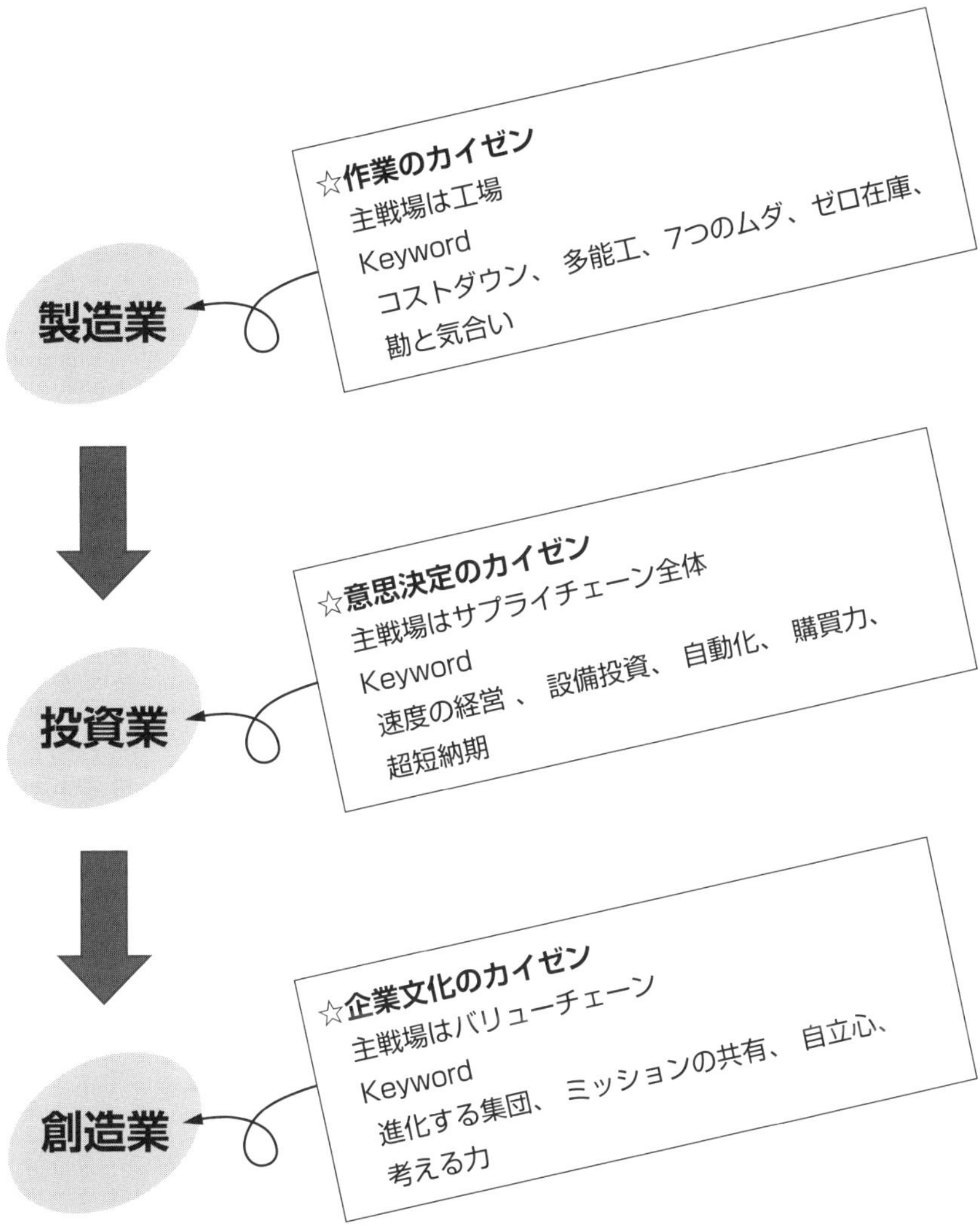

ポイントBOX

①モノづくりは、投資業や創造業へと進化していく
②モノづくりが進化すれば、カイゼンのあるべき姿も変わる

88

世界を変える気概！　原点に戻り儲かる会社を作る

お客様の役に立てば儲かる／立たなければ儲からない

〈結果としての儲け、永遠の真理〉

「会社は社会貢献する存在」と言えば誤解されるかもしれません。それでも確かに会社は社会に貢献するために存在しています。なぜならネット社会の今日、社会を騙して儲け続けることはできないからです。何かでお客様の役に立ち（売上）、それを経済合理的な手段（コスト）で実現することで利益（付加価値）は得られます。そうした使命感が今日のモノづくりでは忘れられているようです。

　仮に利益だけを目標にすると「お客様を騙してでも」「検査の手抜きをしてでも…」という発想を生みます。あれが／これがと経営の軸はぶれ、利益が逃げていくのです。利益や付加価値や株価の上昇は、会社の正しい活動を支持し、その拡大を願う、社会からのメッセージだということを改めて認識しなければなりません。

↑社会の役に立とうとする　↓社会を騙して儲けようとする
↑従業員のモチベーションが上がる　↓従業員のモチベーションは上がらない
↑従業員の知恵が出る、人材が集まる　↓経営の軸がぶれる、人材を失う
↑従業員の行動のベクトルが揃う　↓会計粉飾にも手を染める
↑会社の活動が社会から支持される　↓会社の活動が社会から支持されない
↑結果として儲かる　↓結果として儲からない

〈製造業にしかできないことがある！　モノづくりから、コトづくり・クラシづくりへ〉

　お客様の役に立てば儲かり、お客様の役に立たなければ儲かりません。では何でお客様の役に立てばよいのか？

　世界を見回せば困っている人はたくさんいます。拾い上げるべき新しい使命（ミッション）はいくらでもあるはずです。それができるのは豊富な人材を抱え研究開発を担う製造業だけです。そして、その新しいミッションを力強いコストダウンで実現することは、**日本のモノづくりの御家芸だったはずです。**

　勝ち続けるために、これからも私達は新しいミッションに果敢に挑戦し続けましょう。

日本のモノづくりの原点…儲けようとは書かれていない！

綱領

産業人タルノ本分ニ徹シ
社會生活ノ改善ト向上ヲ圖リ
世界文化ノ進展ニ
寄與センコトヲ期ス

松下幸之助　綱領

「結果として儲かる会社」の実現マニュアル

STEP1：ミッションを考える。「会社は誰の何の役に立とうとするのか？」
STEP2：解決すべきコトやクラシを見定める
STEP3：目標コストを見積もり、それを合理的に実現できる方法を研究開発する
STEP4：資金を調達し、設備投資をして、新しいサプライチェーンを構築する
STEP5：毎日 PDCA を回してコストを管理し、目標を達成する
STEP6：生み出された付加価値を分配し、ヒトを育てる
STEP7：生み出された付加価値を資金提供者にきちんと返済する（WACC）
STEP8：残余利益や新たな資金を、次の研究開発と設備投資に投入する

ポイントBOX

①製造業が儲かっていないとすれば、それは社会の役に立てていないから
②世界を見回せば、製造業が果たすべき新しいミッションはいくらでもある

89 夢を思い描き、人を育てる

まずヒトが回らなければ、会社は何も回らない！

〈ヒトこそが最強の経営資源〉

会社にはたくさんの経営資源がありますが（ヒト・モノ・カネ）、なんといっても最も強力で重要な資源はヒトです。ヒトがいなければどんな資源も回せないからです。

「モノづくりは人づくり」とさえ言われますが、昨今の会社の現実はどうでしょうか？日本の製造業が60年間も進化しなかったという事実は、新しい世代を担うヒトが育っていない証拠です。いつまでも古びたムダ取りやゼロ在庫から卒業できない製造業は輝きを失いました。しかし製造業は今なお膨大な経営資源や研究開発活動を抱え、社会を変えるポテンシャルを持っています。製造業でなければできないことがたくさんあります。

〈ヒトがやるべきことは夢を描くこと〉

「社会的責任投資」という言葉があります。しばしば見失われがちなことですが、会社は本来、社会に貢献するために存在しています。もちろん儲けは大切ですが、それは事業活動の目的というよりは適切なミッションを達成した結果としてもたらされるものなのです。儲けは会社の正しいミッションに対する社会の支持の表れです。会社の活動の更なる拡大を望む社会からのメッセージが儲けなのです。

そしてこのミッションこそがヒトも育てます。ヒトがやるべきことは、より良い社会の実現に向って夢を思い描くことです。それ以外のことは、ＡＩやロボットに任せてしまえば済みます。**全ての社員に成長のチャンスを与え、夢を描く練習をさせましょう。**

ヒトが夢を思い描き成長するためにはムダが必要です。ムダを作って任せなければビジネスの進化は止まり、新たな価値を生み出すこともできません。ただし、ムダを正しく活かすためには強い自立心が必要です。

そのためには全員が本気になれる明確なミッションと企業文化が、社内でしっかり共有されていなければなりません。

まずヒトが回らなければ、会社は何も回らない

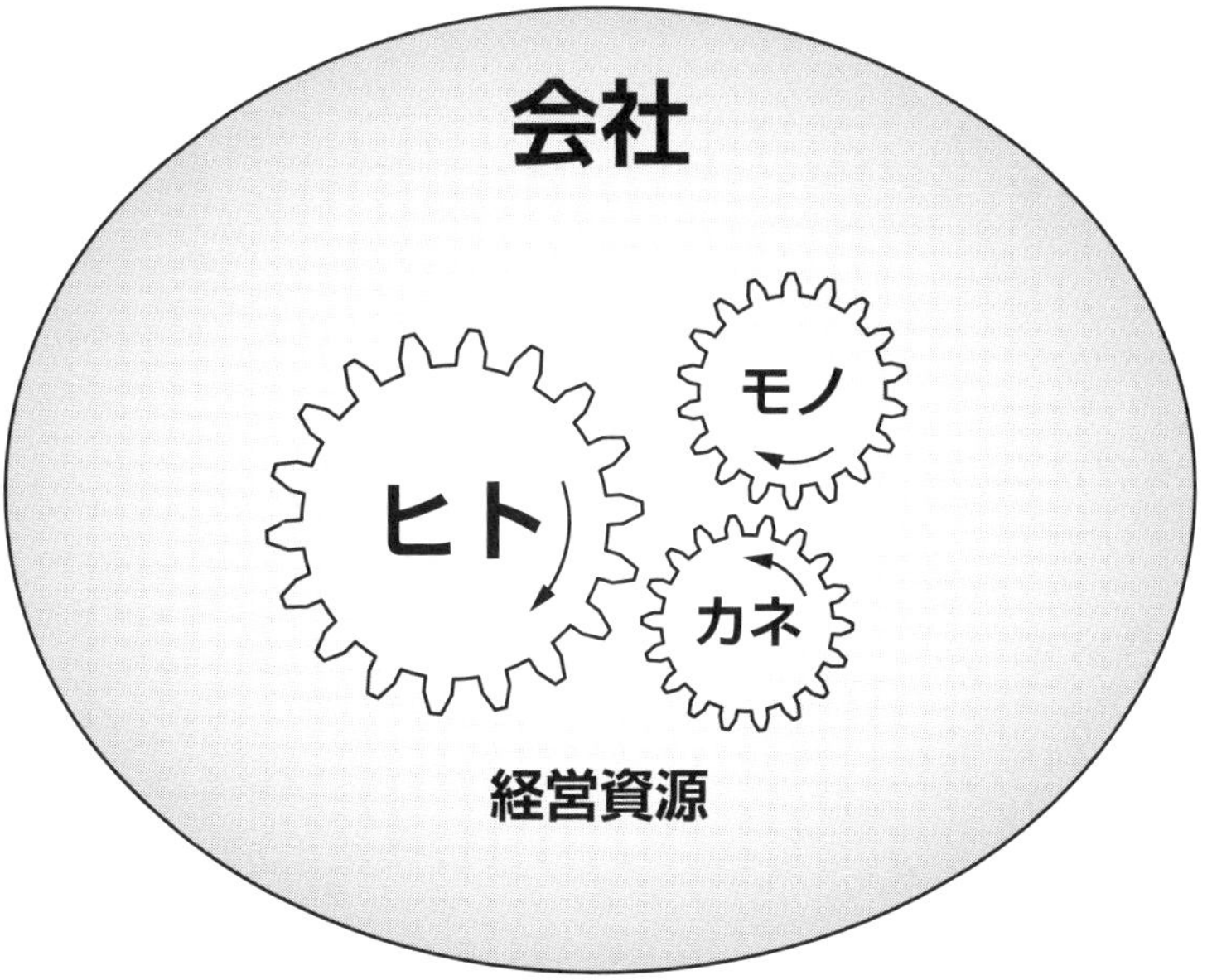

やりたいことは何ですか？　夢を問わなければヒトは成長しない

- ✔ 面接で「どんな職場で働きたいか？」と問い、きちんと意見が言えたら採用する
- ✔ 理想の職場を実現する方法を具体的に考えてもらい、実際に実行させる
- ✔「しなければならない」「してはいけない」でなく「何がしたいか？」を問い続ける
- ✔ 10 年後の自分の成長についてイメージをさせる
- ✔ 本人が自発的に学びたいことを支援し、押しつけスタイルの研修は減らす
- ✔ 自分の裁量で使える小さな時間、小さな予算を任せてみる
- ✔ 小さな予算を創造的に使えたら、更に大きな予算を任せる
- ✔ 朝のラジオ体操を止め、代わりに各自が考えたメニューでストレッチをさせる

ポイントBOX

①ヒトは最強の資源！　進化する集団を目指しヒトを育てる
②ヒトがやるべきことは夢を描くこと。それが新たな価値をもたらす！

90 願って前に進まなければ何も実現しない！

明確なミッションこそが、ヒトを育て技術を強くする

〈滅びのマンダラよ、さらば！〉

どんなに優れたハイテク機器を買ってきて工場に並べてみても、会社がミッションを見失っていれば有効に活かされません。今日の製造業が直面している滅びのマンダラに別れを告げ、価値回復の本気のマンダラへと力強く塗り替えていきましょう

- ✔会社本来のミッションを忘れ、時流に流されたテーマに走ることは危険です。
- ✔誤ったプロジェクト計画を立て、それを費用の操作（固定費配賦や売上原価→販管費側への費用の付け替えなど）によって正当化してしまうことは危険です。
- ✔WACCやIRRの評価をせず、勘と気合の意思決定によって、誤ったプロジェクト（研究開発や設備投資）を承認してしまうことは危険です。
- ✔誤って実行してしまった設備投資の資産価値が急速に失われていることが目に見えなければ危険です（ブラックホール）。
- ✔誤って実行してしまった設備投資の減価償却（埋没原価）を引きずって、市場に背を向けた平準化生産や余剰在庫の積み上げに走ることは危険です。
- ✔余剰に積み上げてしまった在庫の価値が全く失われていることが目に見えなければ危険です（ブラックホール）。

〈本気の製造業は、思い願うことから始まる〉

製造業は生産設備などの固定資産を抱えるが故に、動きが遅く、またお客様に背を向けた行動に陥りがちでした。それ故に製造業は自社が果たすべき社会的ミッションをしっかり見きわめた上で活動しなければなりません。どんな会社を目指し、どんな社会を実現したいのか？どんな未来を願うのか？　世界の誰のどんな役に立とうとしているのか…　願えば何でも叶うわけではありませんが、**願わなければ絶対に何も実現できません**。事業は、その実現を強く思い願うことから始まるのです。

製造業の滅びのマンダラ

✔ 時流に流されたテーマ

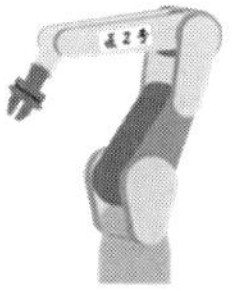

↓

✔ プロジェクト立案の誤り

↓

✔ 費用操作で正当化（売上原価→販管費）

↓

✔ 勘と気合の意思決定

↓

✔ 誤った設備投資実行（ブラックホール）

↓

✔ 誤った在庫の積み上げ

↓

✔ 廃棄損の発生（ブラックホール）

↓

✔ 特別損失として処理

本気のマンダラ

✔ 明確なミッション

↓

✔ WACCの周知

↓

✔ 費用の一体管理

↓

✔ IRRによる意思決定

↓

✔ 即時償却の励行

↓

✔ 価値回復への行動

↓

✔ 付加価値の最大化

↓

✔ 結果としての利益

ポイントBOX

①ミッションを忘れた製造業は、時流に流され自滅の道を歩む
②しっかりミッションを見極め、その合理的実現に取り組めば、利益は必ず回復する

91 日はまた昇る！ 日本の製造業が今やるべきこと

経営を正常化し、パラダイムシフトを成功させるための10の行動

〈進化する集団が実現する良い会社と良い社会〉

1．まず事業の実情を正しく把握しましょう。当たり前のことのようですが、現実には自社製品のコストの内訳すら把握できていない大企業が殆どです。

2．次に適切な組織と会計を整備しましょう。事業の実情が正しく把握できず、次の行動が起こせないのは、組織と会計の在り方が不適切だからです。

3．コストと見定めたものは、目標と実績の比較を毎日行い、異常があれば迅速に手当をしましょう。期末日に差異を出したのでは手遅れです。

4．在庫も正しく把握し管理しましょう。期末日だけ在庫を削減させるという行動は、関係者の本気を破壊し、見かけだけを取り繕うことを善とする風潮を生みます。

5．今日もはや標準時間を正しく見積もることができません。標準時間に基づいたカイゼン活動や原価計算は砂上の楼閣です。新しい生産性の指標が必要です。

6．固定費配賦は自滅のスパイラルへと製造業を導きます。変動費と固定費をきちんと分離した原価計算を行い、会社の付加価値も見える化しましょう。

7．株式会社が絶対に達成しなければならい目標がWACCです。会社の仕組みを理解し、会社が目標とすべきWACCの値を関係者に周知しましょう。

8．設備投資や研究開発はWACCを達成するための活動です。勘や気合いではなくIRRを使ってWACC達成を目指したプロジェクト管理をしましょう。

9．取得の意義や経済性が顧みられる間もなくキャッシュを吸い込み消滅させるブラックホール（固定資産の減価償却）を解消し即時償却を励行しましょう。不確実な経営環境の中で、埋没原価になるものをじっと抱え込む必然性はありません。

10．会社の全ての活動は、最終的には社会的使命（ミッション）を達成するためのものです。ミッションが明確でなければムダを定義して取り除くことも、関係者を正しく動機づけることもできません。元気がなくなってしまった会社は、会社のミッションが古びていないか点検しましょう。**それが経営力イゼンの出発点なのです。**

本気の製造業、今必要な 10 の行動

経営カイゼンの基本の基本
1．事業のコストの内訳をきちんと把握しよう！

SCM のカイゼン
2．サプライチェーンの視点に立ち、一体的な組織と会計を作ろう！

SCM のカイゼン
3．コスト目標と実績の比較をして、PDCA を毎日回そう！

在庫管理のカイゼン
4．在庫の種類別に管理目標を持ち、PDCA を毎日回そう！

生産性のカイゼン
5．標準時間ではなく、付加価値生産性を管理の指標にしよう！

原価計算のカイゼン
6．変動費と固定費をきちんと分け、付加価値を見える化しよう！

設備投資のカイゼン
7．WACC を理解し、それを必達目標として社内に周知しよう！

設備投資のカイゼン
8．設備投資や研究開発で、WACC を超える IRR を目指そう！

キャッシュフローのカイゼン
9．即時償却の励行で、キャッシュのブラックホールを解消しよう！

ミッションのカイゼン
10．誰の何の役に立つかを確認し、関係者の行動ベクトルを揃えよう！

そうすれば、儲かる会社ができあがる！
そうすれば、日本の GDP が回復する！！
そうすれば、全ての関係者が幸せになれる！！！

ポイント BOX
①ミッションの確認が全ての経営カイゼンの出発点になる
②正しいミッションこそが、人を力強く動機づけ経営カイゼンを成功させる

column

他社の製品を売るという提案

「お客様のニーズに向き合う」

口で言うのは簡単ですが、実際に心の底からそう考えて実行するのはとても難しいことです。特に製造業は、自社の工場を抱え、自社の作業者や技術者を抱えて、その膨大な経営資源をなんとか維持していかなければなりません。ですから意識している／していないにかかわらず、どうしても自社の都合を優先する発想に陥りがちです。自社の製品を売りたい、自社工場の稼働率を上げたい、お客様を待たせてでも平準化生産をしたい、異常であろうとなかろうと固定費を配賦し製品を売り抜けたい…。そんな状況を見かねて、私はこんな提案をしたことがありました。

「あの…　もし可能なら、他社の製品も売ってみてはどうでしょうか？」

そんなことはあり得ない！　絶対に不可能だ！　何を考えているのかわからない！　と大騒ぎになりましたが、決して無茶な提案ではなかったと今でも私は思います。なぜなら、お客様から見ればどの会社の製品も変わりはないからです。お客様はネットで比較し自分が欲しいものだけを買います。ですから自社・他社を問わず市場の全ての製品を品揃えし、お客様からの引き合いをいただいた時には、自社製品が優れていたら自社製品を売り、自社製品と他社製品が同等なら自社製品を売り、他社製品が優れていたら他社製品を売ります。他社製品は量販店等から購入し利益ゼロで転売してもよいでしょう。仮にそこで他社の製品を売り渋ってみても、**お客様は自力で探してそれを買うだけだからです**。今日のモノづくりは、こうした「比較の時代」を生き抜いていかなければなりません。

でも全ての引き合いを伺ってみれば、お客様が求めているものがわかるはずです。自社製品が市場でどんな位置を占めているのかが客観的に見渡せます。会社がこれからどんな方向で製品やサービスを開発すべきかがわかります。そして自社製品にかかわらず常に最善の製品を薦めてくれるという評判が立てば、お客様からの引き合いは更に増え、結果的に自社製品をお勧めできる機会も増えていくに違いありません。こうした覚悟こそ、お客様のニーズに真に向き合うということなのだと私は思います。しかし予想していたことではありながら（笑)、そんな私の提案が実行されることはありませんでした。それが今の製造業の姿です。日本の製造業よ、力強く蘇れ！

N
W
E
S
売上高
−全てのコスト
＝付加価値
−ヒトへ
−モノへ
−カネへ
＝未来へ

宝

日本の輝きを取り戻せ

沈黙が支配する工場

今、日本のモノづくりは30年前の輝きを失って苦しんでいます。その理由がどこにあり、何をすれば日本のモノづくりが復活するのかということについてずっと考え続けてきました。そして、ある会社の現場で作業者向けのこんなリーフレットを見つけた時、私は日本のモノづくりが世界に勝てなくなってしまった理由を理解したのです。

「社外厳秘」のリーフレットですから、そこに記されたモノづくりや作業カイゼンのテクニックについては一切触れません。第一ページの「カイゼンの心得」だけを紹介させていただきます。

「カイゼンの心は人間尊重 作業者の人生を1分1秒たりとも無駄にすることは失礼にあたる だから、1分1秒もムダにせず製品にする」

このカイゼン心得は私にとって五つの意味で衝撃的でした。

〈衝撃1〉
まず、どう考えてもこれが人間尊重のメッセージとは思えませんでした。作業者は1分1秒トイレに立つことすら許されず、どんなに頑張っても正社員にすらなれないのです。ですからこれは、明らかに人を使い捨てにする思想の表れです。それにもかかわらず「人間尊重」と謳っている無神経さに怒りを感じました。

〈衝撃2〉
次にこのメッセージは稚拙です。仮に事業の事情として、止むを得ず厳しい作業を作業者の方々に強いざるを得ない状態にあったのだとしても、「あなたの人生を1分1秒もムダにせず製品にします」と言われて「さあ、頑張ろう！」と奮い立つ作業者がどのくらいいるでしょうか？　自立心のある人材が育つでしょうか？　優秀な人材が集まるものでしょうか？

〈衝撃3〉
仮にもし、この心得の通りに作業者から最後の1分1秒を奪い取り、足の運び方や視線の動きなど全てを厳密に決められた作業手順で縛る時、創意工夫によって新しい価値を生み出すための余地（ムダ）が完全に失われることへの恐怖を感じました。これでは進化する集団を目指すことができません。それにもかかわらず経営計画には、現場の「自主的」なカイゼンによって5％の生産性向上を達成すべきことが織り込まれていました。

〈衝撃4〉

作業者に「自主的」なカイゼンを求め、それをあらかじめ経営計画に織り込むことはタダ働きの要求です。正社員ならまだしも、工場の作業者の多くは非正規雇用の方々でした。その非正規雇用の方々に「自主的」な頑張りを強要することは明らかにコンプライアンス違反です。

〈衝撃5〉

そして最も絶望的だと感じたことは（!）、この古びたカイゼン手帳が会社の競争力を支える根本知識として社外厳秘とされていたことです。井の中の日本製造業、大海を知らず…それはパソコンどころか電卓すら存在しなかった50年以上も前にまとめられ、リストラされた多くの人材やインターネットと共に他社や世界に流出し、とっくに時代遅れになっている知識だったのですが。

こうして感じた懸念を工場長様に伝えると、こんなお答えをいただきました。

「ご心配には及びません。この工場では面接の時、『自主的に頑張ります』と約束してくれた非正規だけを採用しています。だから何も問題ありません。情報漏洩の件も、退職の時に秘密保持の誓約書を提出して貰っていますから大丈夫です」

工場長室の外に出ると、工場はシンと静まり返っていました。何百人もの方々が厳しい作業に黙って耐えていることが信じられないくらいの静寂がそこにはありました。

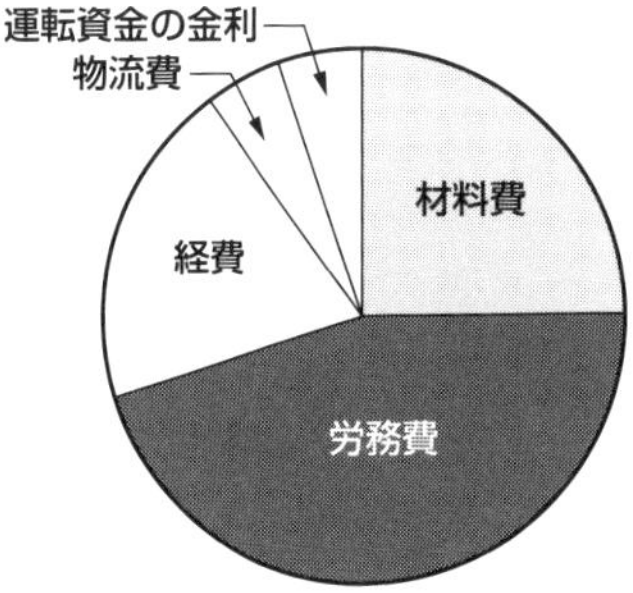

60年前の原価構成

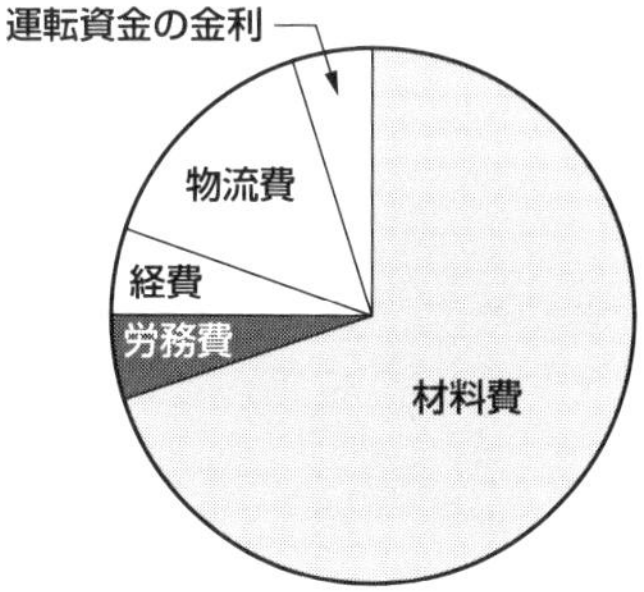

今日の原価構成

いつまでも60年前の仕事の仕方でよいのか?

カイゼンには「七つのムダ」と呼ばれるものがあります。即ち、①つくりすぎのムダ、②手待ちのムダ、③運搬のムダ、④加工そのもののムダ、⑤在庫のムダ、⑥動作のムダ、⑦不良を作るムダ、の七つです。これら七つのムダのムダ取りは、今日でもモノづくりの基本として暗記されることもしばしばですが、既に提唱されてから60年が経過してしまいました。今後とも七つのムダ取りへの取り組みは大切なものですが、それだけをやっていたのでは新しい価値を生み出すことができません。

そのことは製造原価の内訳の変化を見ると強く実感されます。60年前のモノづくりでは全てを手作りしており、製造原価に占める労務費の割合が30～50%を占めていました。そんな時代に提唱された七つのムダは労務費のコストダウンを強く指向したものだったことがわかります。ところが今日、1分1秒まで標準化され自動化されたモノづくりの現場では、製造原価に占める労務費の割合が5～10%程度にまで低下しました。その一方で、世界的な資源の争奪傾向などにより材料費の割合が突出し、80～90%を占めるケースさえ出てきているのです。こうなると、当然に労務費よりは材料費のコスト管理に注意を払わなければなりませんが、60年前の7つのムダを暗記していたのでは、そうした新しい視点を持つことができません。

材料費の占める割合が大きくなると、各社の製造原価には差がつきにくくなります。材料費は市場で比較され調達されるものである以上、その価格には一定のフィルターがかかるからです。更には生産技術のコモディティ化で材料の消費歩留りにも大きな差がなくなりました。従って材料費の管理の主戦場は、工場内の作業ではなく、為替相場や価格変動の見極めといった購買戦略に移ってきています。行きすぎたジャストイン購買で「ゼロ在庫」を指向し機動的な在庫戦略から逃げていたのでは、新しいビジネスで戦わずして負け犬になります。もちろん在庫を持つことにはデメリットもありますが、そのデメリットとメリットをいかにバランスさせられるかという知恵こそが新しい価値の源泉になるのです。

新しい在庫戦略を発動させるために特に注意しなければならない二つのデメリットは、在庫金利と廃棄損です。在庫金利は「お金が寝ている」と表現されるデメリットですが、それを真に管理するためには、見えない在庫（売上債権）や流動比率にも注意を払い、期末日在庫だけを減らすという悲劇・喜劇を卒業して毎日の平均在庫を管理しなければなりません。廃棄損はもっと恐ろしい問題です。なぜなら製造業は平準化生産を指向するあまり、市場のニーズに背を向けて余剰在庫を積み上げてしまう動機を本質的に持っているからです。この動機は在庫への固定費配賦を止めることでかなり軽減できます。

更に考えるべきことは、生産工程の外で発生する検査費、梱包費、運送費などの費用です。これらはムダな活動とみなされ邪魔者扱いされがちですが、今日では製品の機能だけでは差がつき難く、検査費・梱包費・物流費などを投じて創り出される価値が新たな勝負所になっています。社会が一通り豊かになり物質的な欲求が満たされたお客様は、必ずしも単純な価格だけで製品を選んでいる訳ではありません。信頼感やブランド、見栄え、超短納期などで差がつくケースが増えています。常にコストダウンが歓迎されるとは限らないのです。

ですから、いつまでも60年前の「七つのムダ」を暗記していてはいけません。何がムダで何がムダでないかは、ビジネスモデルの在り方で当然に変わってくるからです（製造業～投資業～創造業）。

会計にも問題があった！　役に立たないから難しく、興味も湧かない

製造業がいつまでも昔の仕事のやり方から卒業できずにいる原因は、実は今日まで普通に使われてきた会計（財務会計）にもありました。従来の会計は工場の労務費対策が経営上の最重要課題だった１００年前にデザインされ、工場内の作業管理を強く指向した構造となっているからです。そのことは、作業時間を基準にした固定費配賦の慣行や、製造原価と販売費および一般管理費（これではまるでゴミ箱のような雑な名称です！）という区分によってサプライチェーンが分断されていることなどにも見て取れます。この固定費配賦とサプライチェーンの分断こそ、製造業を時代遅れにすると共に、会計そのものを難解で使い勝手の悪いものにし、結果的に会計が敬遠される原因になってきたのでした。

そこで固定費の配賦を止めましょうと提案すると、「それでは売価が決められず困ります」といった苦言をいただくことがありますが、正にそれがお客様に背を向けた発想の現れなのです。即ち、従来の原価計算に基づく売価決定

変動費＋固定費配賦＋会社が希望する利益＝売価

において、固定費配賦は経営資源の稼働率の良否の影響を強く受けます。それは

「かかったものは仕方がないんだ」

といって、お客様に非効率な会社運営の責任を転嫁するのに等しい行為なのです。しかし市場の価格水準を無視して異常な固定費配賦をすれば、不合理な価格設定となって製品は市場で支持されなくなるでしょう。今はネットで

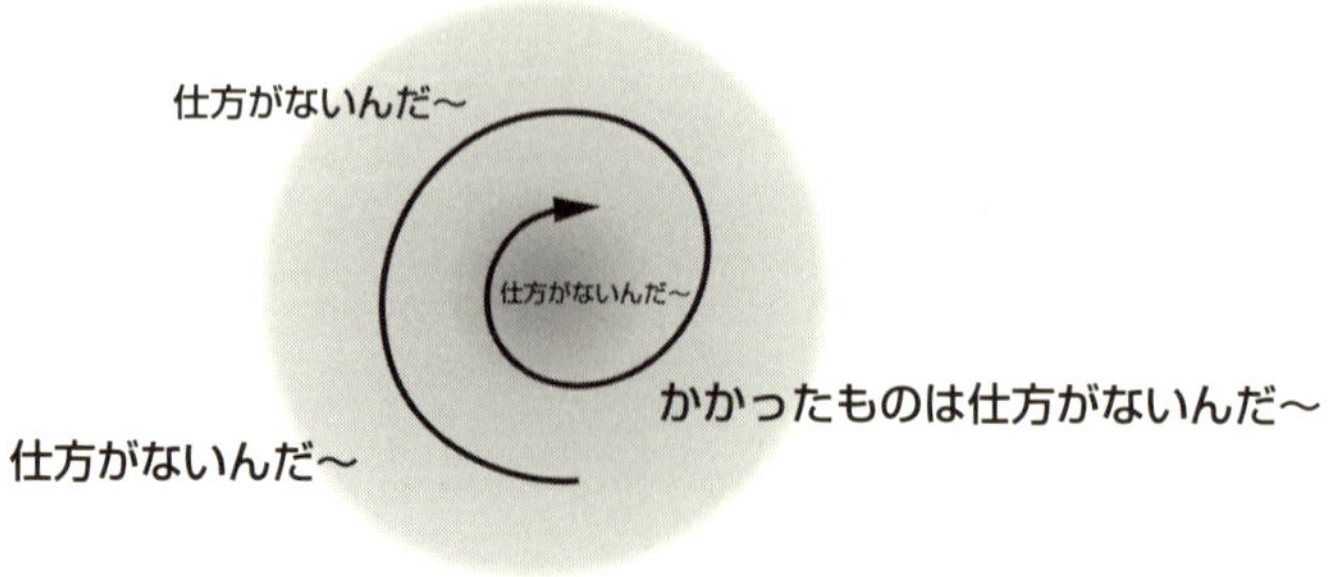

固定費配賦による自滅のスパイラル

何でも比較される時代です。結果として製品の売れ行きは悪くなり、更に異常な固定費が配賦され、更に売れ行きが悪くなるという製造業の自滅のスパイラルが発生するのです。

財務会計における製造原価と販売費および一般管理費の分断構造も、様々な不正の原因となることによって致命的な結末をもたらしてきました。その中で、既に機能しなくなったカイゼンで成果が出ているかのように数値を取り繕うという事例が「カイゼン不正」です。

ある会社のカイゼン発表大会では、全てのチームから30％のカイゼン達成が華々しく報告されていました。しかし損益は少しも変わらないと経理部門の方がボヤいていました。別の会社では10年で４００％のカイゼンが達成されたことを祝う祝賀会が開かれていました。本当に４００％のカイゼンがあったなら何かが大きく変わったはずですが、損益計算にも工場の景色にも何も変化はなかったのです。調べてみると、どうやらそこにはいくつかの「手口」があるようでした。最も典型的な手口は標準時間の見積もりを最初から甘くしておくことです。製品のライフサイクルが短くなり合理的な標準時間の見積が困難になっていますが、この状況を逆手にとって新製品の標準時間を多目に見積もっておくと自動的にカイゼン効果を作り出せてしまうのです。仮に作業時間の実績10分に対して当初の見積もりが15分だったら33％のカイゼン、見積もりが20分だったな50％のカイゼンなどです。しかしこれらは単なる見積もりの失敗であってカイゼンの成果ではありません。

売上高	1000	1000
－製造費用	900	630
＝粗利	100	370
－製造以外の費用	280	550
＝営業利益	▲180	▲180

30%付け替え

売上高	100	100
－製造費用	450	79
＝粗利	▲350	21
－製造以外の費用	350	721
＝営業利益	▲700	▲700

付け替え

100万個作れば35億円の赤字 → 付け替えで2億1千万円の黒字になると報告

もう一つの手口は作業日誌を捨ててしまうことです。過去の作業時間の実績20分に対して、2分に相当する日誌を捨ててしまえば10%のカイゼン、4分に相当する日誌を捨ててしまえば20%のカイゼンがあったように見えます。作業日誌を捨てるという信じられない荒業が現実に実行可能（!）なのには二つの理由があります。一つ目の理由は、多くのコストダウン関係者が会計を忌避し、タイムカード等の会計的な支払データと、作業日誌等のカイゼンのデータを突合してみようとしないことです。二つ目の理由は、財務会計が製造費用（売上原価）と製造以外の費用（販売費及び一般管理費）を分断しているという構造的な欠陥によるもので、この分断を利用して費用の付け替えをすればいくらでも成果を演出できてしまうのです。全てのチームが30%のコストダウンを報告していながら損益には何も変化がないという不思議な現象も、実はこのようにして起こっていたのでした。

この極めて危険な会計操作は、新製品開発や自動化等の設備投資においても頻繁に行われています。研究開発者が新製品の試作費用の一部を「研究開発費」という名目で販売費および一般管理費側に付け替えてしまえば開発の成果をアピールできます。自動化に際して技術者や保全員の労

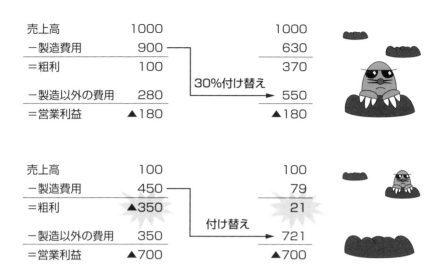

務費を販売費および一般管理費に付け替えてしまえば、自動化の成果をアピールできます。こうして回収期間法の数字を操作し、効果のない設備投資を無理やり強行してしまうのです。後になってから「しまった！」と気づいても、もう手遅れです。そして自分を欺き設備投資の失敗を挽回すべく市場に背を向けた余剰生産に向かえば、製造業はいよいよ自滅への道を歩むことになるでしょう。

そこで本テキストで紹介している新しい管理会計（付加価値会計）では、固定費配賦の停止と、製造原価と販売費および一般管理費の一体的な取り扱いを推奨しています。これで不健全な会計操作の余地がかなり少なくなります。もちろん管理会計は私的な会計ですから、やるやらないは会社の自由です。とはいえ事業の強みを伸ばし／弱みに手当てして会社の競争力を高めることが関係者の幸福に資するなら、新しい会計の導入を躊躇すべきではありません。まずは自分達の目標をしっかり持ちましょう。目標のあり方が必要なツールの形を決めるのです。

それでも世界第3位、やればきっとできるはず！

ところで、国内の付加価値の合計がＧＤＰです。付加価値会計の付加価値と、ＧＤＰの計算の基礎となっている付加価値には若干の定義の違いがありますが、概念としては概ね同じだと考えていただいて大丈夫です。日本のＧＤＰは永らく世界2位でしたが、10年程前に中国に抜かれ、その後も差は開く一方です。そんな日本の低成長を嘆く声がある一方で、実のところ、不思議と私達は今まで正面から付加価値を問われたことがありませんでした。会社の損益計算においても利益は表現されますが、**付加価値は何処にも表現されてこなかったのです！** 表現もされず、問われもしないものが成長する道理はありません。それ故に、残念ながら今日の日本の一人当たりの付加価値生産性は先進国の中では最下位です。それでも日本のＧＤＰが世界2位の水準にあり得たのは、ただ単に日本の人口が多かったからです。そして今、低成長の時代を迎えて、経済全体の大きさよりは一人ひとりの高い生産性が厳

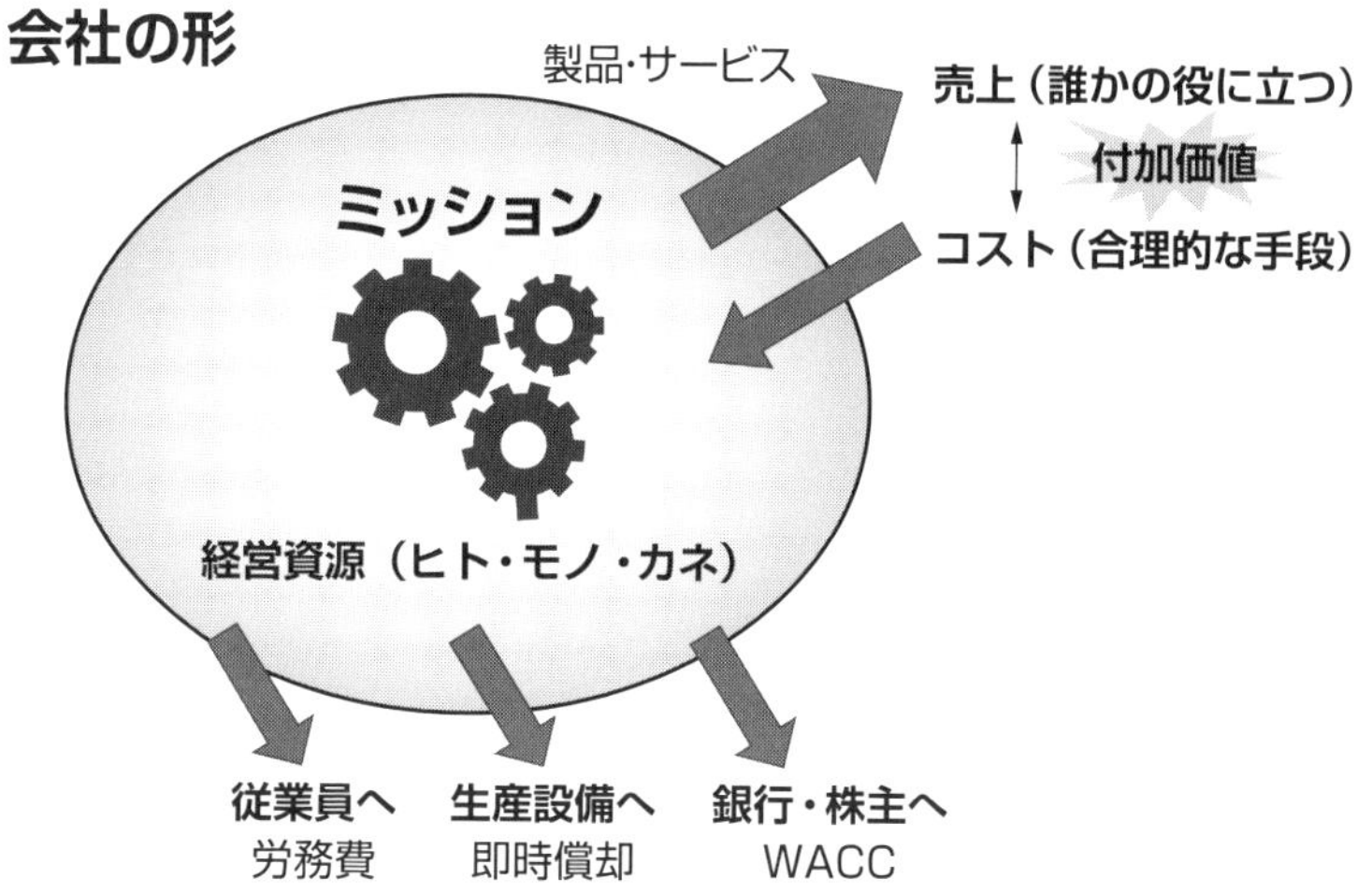

しく問われる時代になりました。

長年、日本の経済は製造業によって牽引されてきました。しかし今、製造業の現場で感じる矛盾は少なくありません。100年前の会計と60年前のカイゼンのセオリーの海辺でどんなに網を打っても、そこにはもう魚がいないのです。創造する力を失った日本のモノづくりは魅力のない仕事になりました。その最も根本的な原因は、既存の会計が今日のビジネスのニーズに合っていないからだと感じます。会計が不適切なら、人も会社も誤った方向に突き進んでしまいます。なぜなら人は会計によって目標を設定され、会計によってその成果を評価されているからです。会計の形が、知らず知らずのうちに会社人の行動に大きな影響を及ぼしています。

「とにかく頑張ります！」と言っても、正しい会計がなければ実際にどう頑張ったらよいのかわかりません。付加価値が見えなければ何も始まりません。そして成長も進歩もありません。付加価値は会社や事業の存在意義を示すものです。付加価値が生み出せなくなった事業は、勇気を持って根本からビジネスモデルを問い直し、新しい可能性に挑戦しなければならないでしょう。体力が残っているうちに！　1日でも早く!!　残念ながらこの30年間、私達は現実から目を反らして逃げ続けてきました。私達はすっか

世界は変わった！

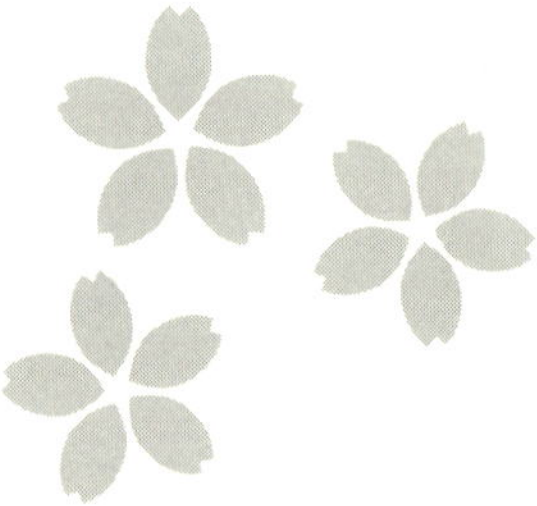

日本はどうする？

り自信を失い、負け犬になりました。しかし考えてみれば、私達はまだ真剣に付加価値に向き合ったことがありません。私達はまだ本気で戦ったことがないのです！　ですから新しい管理会計を導入し、付加価値生産性の改善に本当に本気で取り組むなら、私達はきっと世界に勝てます。勝負は今、始まったばかりです。

明日を生き抜く勇気を！

「できないこと」はできないでよいと思います。どんなに精神論を振り回しても結果が出せなければ仕方がありません。できないことではなく、やるべきことにこそ挑戦しましょう。やるべきことはいくらでもあるはずです。その優先順位は付加価値会計が教えてくれます。歴史的に見ても私達は大きなポテンシャルを持っています。付加価値会計で、一度やるべきことを理解し、正しい目標を持つことができたなら、日本のモノづくりは再び偉大な輝きを取り戻すと私は確信しています。

２０１８年７月

〈著者紹介〉

☆吉川武文　公認会計士・生産技術者

東京工業大学・工学部修士卒。大手メーカーでカイゼンやコストダウンによる子会社再建、自動化、製品開発、研究開発など30年の技術系キャリアを有する異色の公認会計士。出願特許多数。従来のモノづくりの在り方に強く疑問を感じ、業務の傍ら会計を研究。会計士試験に合格後、監査法人トーマツのマネージャー等を経て、現在は外資系の大手グローバル企業の工場長として実地に経営に携わり付加価値会計を実践、王子経営研究会の有志と共に本気の製造業の復活を目指して活動中。日本中の現場で「技術者だったのになぜ会計士？」と問われるたびに「コストの知識なくしてコストの管理はできません」と説明しなければならないモノづくりの現状を変えたいと願う。信条は「ヒトはコストではなく資源」　著書に「モノづくりを支える管理会計の強化書」「生産技術革新によるコストダウンの強化書」「図解！製造業の管理会計入門」など6冊。

☆王子経営研究会

「ヒトが生き生きと働くための仕組みを提供する」

なかなか利益が出ない！　会社全体に活力が感じられない！　といった悩みが広がっています。経営層の方は、株主や銀行など外部からのプレッシャーに耐えながら、精緻な予算制度や人事評価制度を導入して成果を出そうとします。従業員の方は、困難とも思える予算やKPIを突き付けられ、時に上司に机を叩かれながら、あらゆるテクニックを駆使して与えられた目標を達成しようと頑張ります。そしてふと「会社はこれでよくなるんだろうか」という想いに囚われたりするかもしれません。20世紀のヒトは作業者でした。作業を合理的に管理するための仕組みがいくつもデザインされました。実は、日頃当たり前の経営管理ツールとして使われている予算管理制度や人事評価制度もまた作業を管理するためのものだったのです。しかし経済社会の環境が大きく変わってしまった今日、単なる作業者を超える創造力を従業員から引き出そうと模索している経営者の方々が多いのではないでしょうか？　王子経営研究会は、公認会計士、弁護士、社会保険労務士、IT専門家のパワーを結集し、既存の思考に囚われず「ヒトが生き生きと働くための仕組み」で、日本の会社を元気にする専門家集団です。

ヒトこそ最強の経営資源！

図解！　本気の製造業「管理会計」実践マニュアル
経営カイゼン（コストダウン、在庫管理、原価計算）にしっかり取り組む
NDC 336.84

2018年 9月21日　初版1刷発行
2022年 1月28日　初版5刷発行
（定価はカバーに表示してあります）

©　著　者　吉川　武文
編　者　王子経営研究会
発行者　井水　治博
発行所　日刊工業新聞社
〒103-8548
東京都中央区日本橋小網町14-1
電　話　書籍編集部　03（5644）7490
販売・管理部　03（5644）7410
FAX　03（5644）7400
振替口座　00190-2-186076
URL　https://pub.nikkan.co.jp/
e-mail　info@media.nikkan.co.jp
印刷・製本　美研プリンティング㈱

落丁・乱丁本はお取り替えいたします。　2018 Printed in Japan

ISBN 978-4-526-07882-8　C3034